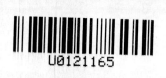

国家出版基金项目
NATIONAL PUBLICATION FOUNDATION

海上絲綢之路文獻集成

總主編　陳支平　陳春聲

歷代史籍編

7

主編　范金民

海峽出版發行集團
THE STRAITS PUBLISHING & DISTRIBUTING GROUP
福建人民出版社

本册目次

百夷傳一卷

〔明〕錢古訓撰

《百夷傳》一卷，明錢古訓撰。古訓號堅齋，浙江餘姚人。洪武二十七年（一三九四）進士，官至湖廣布政司參議。百夷，即麓川平緬宣慰司（今雲南省德宏傣族景頗族自治州境内）。洪武二十九年，麓川、緬甸糾紛致訟，朝廷遣行人錢古訓、李思聰前往調停。因述其山川、人物、風俗、道路，爲書以進。謝肇淛《滇略》誤以爲李思聰同名之作，黄虞稷《千頃堂書目》因之，至《四庫總目提要》地理類存目始定爲古訓所作。是書詳載麓川至緬甸阿瓦之交通路線，百夷之組織、風俗、制度及緬甸歷史情況。録有明洪武帝頒敕麓川平緬宣慰使及緬中宣慰使詔書兩道，可與《明實録》相互參校。據中國國家圖書館藏明祁氏澹生堂抄本影印。

百夷傳序

百夷傳者百夷之所有也山川之險易風俗之好尚無不備載而詳錄之其地在雲南之南越金齒景東踰怒江始至其境以其諸夷雜處種類不一故名百夷今麓川平緬宣慰司是也緬以小邦其地界與百夷相鄰而去夷又遠朝貢往來道經百夷嘗為其所暴掠洪武乙亥冬緬人赴

闕訴聞

上察其情實即命行人司同禮部官遴選行人中素有志操及善于辭令者往諭之祇適為行人司副受命之日不遑寧處於是驗所學察所行時則有若餘姚錢君古訓桂陽李君思聰為稱遂與

偕至
上前可其選時降
璽書以司馬九伐之法
勅二臣肅將之古訓等果能宣揚
上命不負所選入其境令百夷盛陳儀衛鼓吹迎
迎道具所復令酋長夷衆行中國臣子見君之礼
俯伏審聽開諭畢復告以
朝廷綱紀四方之大體鄰邦講信修睦之大義兼
示以禍福之保全夷人凜々畏服不勝感激翕
然興緬結好既而供具皆金銀玻璃寶器委曲承
奉隨撤隨送古訓等堅執不受以書却之復以象

馬敵又書部之時百夷部下將刀干孟謀叛其主
古訓以大義諭其部众而叛者部百夷主司倫發
因固留古訓等俾以示威陰欲如南粤部众殺漢
使事脫有變妄以速禍以遏
朝廷報復舉古訓等心覺其謀乃委曲開諭且因
而啟之使敬服
朝廷以章群下又作書以示之思倫發始悟愆即遣
部下肅儀衛遠送于野古訓等還
朝復
命致使旨絕口不及餘事既退予謂公曰遂傳綸
旨奉使遐方寧不有異聞乎古訓具以前事對祗

曰噫陸賈使南越歸囊千金貽譏後世今公等所為
過陸生遠矣且思命發倔強驕横不减尉佗而公等
奉使宣揚
國威大服夷衆子如不言孰得而知之復與俱至
御前悉陳其所以
皇上覽其書大悦即
命史官付之史館付之
命中官選内帑織金最精者人各
賜衣一襲以
旌其賢居何無陞思聰江西參政古訓尚砥湖廣
參政一日古訓以其傳出而見示且屬予序其簡
端余從而閱之其用心之勤不亦至哉竊惟自古

士夫奉使遠方垂名竹帛者蓋不多見如漢世得
人之盛奉使則稱蘇張焉夫子卿之堅貞大節
固無可疵至如竇使大宛僅得善馬厥後慕其
名者卒皆鑿空無據徒敝中國而取侮蠻夷其視
古訓等一言而排難解紛兩國爲之和好誓不相犯
思命發恐恐心服侍罪闕下其得失優劣當何如
者哉語曰使於四方不辱君命予於古訓等驗之
遂其傳鏝梓庶後之觀者得有考焉古訓姓錢氏
吳越武肅王十六世孫浙東餘姚人也思聰姓李氏湖
廣桂陽人也洪武戊寅仲冬賜進士出身亞中大夫
湖廣布政司使左參政澤州楊砥大用書

右楊砥序錢古訓百夷傳見江蘇國學圖書館影印本為予所得本所未有者因錄之

百夷傳

錢古訓著

百夷在雲南西南數千里其地方萬里景東在其東西天古剌在其西八百媳婦在其南吐蕃在其北東南則車里西南則緬國東北則哀牢今之金齒衛也西北則西蕃回紇俗有大百夷小百夷漂人古剌哈剌緬人結些哈杜怒人蒲蠻阿昌等名故曰百夷漢以前未嘗通中國諸葛征蠻亦抵怒江而止唐天寶中夷人始隨爨歸王入朝其衆各有部領不相統屬元憲宗三年世祖由吐蕃入麗江自渠榆

平雲南明年命將兀良哈台征降夷地遂分為路二十府四甸四十有四部二十有六各設土官置金齒都元帥府領之有所督委官入其地交春即還避瘴氣也至正戊子麓川土官思可發數侵擾各路元將搭失把都討之不克思可發益併吞諸路而遣其子滿散入朝以輸情款雖奉正朔納職貢而服用制度擬于王者思可發死子昭併發立八年傳其子台扁踰年台扁從父昭肖發弒之而自立數年盜殺昭肖發衆立其弟思瓦發

國朝洪武辛酉平雲南明年思瓦發寇金齒是冬思

乜發畋于者闌南甸其述達魯方等輙立滿散之子思侖發而殺思乜發于外即遣使貢白象犀馬方物于朝廷議不忍絶以化外乃命福建左叅政王純率雲南部校郭均美等諭以向背利害約以毎歲貢献之率而遂内附于是授思侖發為麓川平緬軍民宣慰丙寅復寇景東明年部屬刀思朗犯定边天子命西平侯沐英總兵敗之獲刀思朗夷人惧服上以遠人不加约束故官称制度皆從其俗其下称思侖發曰昭犹中国称君主也所居麓川之地

曰者闌猶中國称宗師也其屬則置叨孟以總統
正事兼領軍民昭錄領万余人昭綱領千余人昭
伯領百余人一伍者為昭哈斯領一什者為昭准
皆屬于叨孟又有昭錄令遇有征調亦与叨孟統
軍以行无
中國文字小事刻竹木大事作緬書皆旁行為記刑
名无律不知鞭挞輕罪則罰重罪則死所居无城
池濠隍惟編木立寨郵傳一里設一小樓數人守
之公事雖千里遠報在須刻无軍民之分聚則為
軍散則為民遇有戰鬪每三人或五人出軍一名

搽其壯者為正軍呼為錫剌錫剌持兵禦敵余人荷所供故軍行五六萬戰者不滿二万兵行不整先後不一多以象為雄勢戰則傅身象上畏革兜被銅鐵甲用長鏢干弩不習弓矢征戰及造作用事遇日月食則罷之毀之小百夷居其境之東北邊古剌男女色甚黑男子衣服粧飾類哈剌漂人男女衣服皆類百夷頗人以白布裹頭綰人色黑類哈剌弩人目稍深貌尤黑額顱及口邊刺十字其人屋㬊離者多諸夷言語習俗雖異然由大百夷為君長故各戍敘其所為夷人有名不諱其姓

无醫卜等書不知時節惟望月之虧盈為候有事
惟雞卜是决疾病不知服藥以薑汁注鼻中病甚
命巫祭鬼路側地多平川沃土事稼穡地利不能
尽然多產牛羊魚果其氣候春暖而秋冬晴暘亦
如春晝暄夜冷曉多烟霧无霜春秋烟瘴甚盛其
山水險隘北有高良弓山橫亘二百余里高五十
余里与怒相倚西有馬鞍山山有一關若一人守
關萬夫难入東為麓川江可通舟楫南与金沙江
合而入于西海南下交趾界金沙江之南有東胡
得緬人三國緬之西即西天也緬国古舍利国緬國与虎

連歲構兵洪武乙亥冬緬人訴于朝丙子春
皇帝遣臣古訓及桂陽李思聰至兩國諭以睦隣之
義其諭緬國王曰里路險遠山川阻修風殊俗異
然乃
天造地設也尔能勤使者涉險遠越隣負
以至中夏其使者之難冲烟突霧晨進昏止飢飡
渴飲吞吐烟嵐異風霜而方至其為使者不亦難
乎古人有云誠君子將有事于遠遊千里之外神
交而志通今万里之外尔能勤使而至遠修其好
蓋絶古而惟今然排難解紛之事朕之旨意恨不
一言而止使彼然各罷兵守樂黎民于市野民居

共處譽相隣而同井飲稻雖兩國之民居処难分
惟存閱市有訊是其和也若尔緬不主㩳夷不強
淩如與強弱自保以奉
天道其或不听朕命忿争不已天将昭鑒福善禍淫
遲速可待勅至朕不多識但識可以交　天人尔
其審之毋忘朕諭諭思俞夯曰朕中國先古聖人
馭積礼德各有條章是條章也列圣相继守而
行之上下相安黔黎樂業何也諸侯敬畏世祿子
孫国祚綿長乃九代之功驗也列国敢有憑弱紀
寡者

天子發兵以眚之賊𡩠害民者亦發兵以伐之暴内凌外則與師以壇之野荒民散則用兵以削之負固不服則舉兵以侵之賊殺其親則正其罪以殺之放弒其君則明其罪以誅之犯令遅政則杜而絶之内外亂烏獸行則殄滅之九伐之征如是也

爾思俞衆以中國較之今問憑弱犯寡之由何以見歲以兵寇車里不敢侵掠八百恃強犯緬嫁禍國小民寡而已平之斯説也不过告戒之詞

中國周臨四夷與諸酋長地里相接民居亦相參迷

如此者耳聞之邦若干目之邦若干朕未嘗恃強

憑陵絶戚其嗣者雲南之地已為我有四乎尚強以取之非也乃元世子孫梁王者恃元之苗裔匿我有罪納我逋逃誘我邊守是乃不得已而發問罪之師非無故而興師然乃元運　天更其苗裔不當安處況生事于我隣邦其理勢使然夷如反掌爾麓川之蠢初拡與金齒之後次謀景東而寇定邊理當大發精兵而較勝負朕釋而不較未嘗強爾為約束之邦聽爾自為聲教今又幾年矣近聞蚕食鄰邦意在擴土地而擅有其中又將為我西南之後患未可古中國聖人云有山川地理人

物之類乃神器也非人強有必
天授然後得之尔思倫發不修隣邦之好三面發兵
蚕食諸国其貪也如是其謀也如是彼麓川周臨
之國始古至今各有主者未嘗呑併朕雖不能止
爾听爾自為果　天道使然尔以人事應之或
為而可噫以朕戒尔守全則可不守全而以全動
設若全虧是為全亡莫如守全以圖綿長不亦美
乎由是二國罷兵和好時古訓等遣遇百夷其部
下酋長曰刀干孟者叛其國余等以義諭其部衆
而叛者聞之稍却于是思倫發欲留余等以為援

百夷傳　六

且進以金宝象馬等物故余与書示之曰吾聞
君上有懷遠之德遠人有敬止之誠始古迄今莫違
此義夫君居九重之上雖欲頃刻目尔遠臣未可
得也臣處万里之外即欲朝暮自親
君上亦未得易也故
朝廷有将命之官使之宣德布威而遠方有承命之
宜朗其輸忠納欵今
天子應天順民奉天為治四維八極盡為臣妾无有
専擅不敢違逆而南一區虎酋亦乗惟尔麓川多
蒙　恩寵既授以官復加以服况矣王親臨尔

境而德惠數及尔身為尔計則將度其心量其力
何為而可以尽忠
天子何為而可以致敬賢王又何為而可以安邊境
而不干天怒又何為而可以教百姓而不違法度
借曰邊境不安必思曰我守戒已或有借而民亦
犯上耶于是我則尽其忠去其僭如此則边境自
安人民從教矣且吾以尔目擊效驗明之往年思
危發不服
朝廷輕犯金齒　天子雖未問罪天則假手于達魯
方等而思活發被戮刀思朗不從尔命窮蹙乞边

尔施未能息其兵天則助威于我邊將而刀思朗
等即戚惟尔知天命達人理故能享天祿守人壽
迎来
天子恐尔所為或陟放肆特　勅諭以戒之賢王恐
尔无知或生疑惧特令旨以恤之些息些德穷天
極地尔之披肝露胆開心見誠吾尽見矣爾之尊
重　朝廷敬奉殿下吾亦見矣今爾固留吾輩
其意本美迎者尔甸寨少寧刀干謀異吾將回
朝為尔明白其事尔乃留我使我不速还朝假若刀
干嗚尔留难天使之非于朝則反誤尔敬

君之心矣且尔贈以金贈裀褥馬象等物吾固不受
者非見怪也实相愛也何則
朝廷恩尔抚安尔邦未尝令使者取貨于尔也夫貨
財飢不可充口疾不可救死况　中國金玉成山
象馬若蟻未以為宝也惟所宝者　圣君明王忠
臣烈士強兵勇將孝子順孫等事其他財物如糞
土耳姑以尔境内衆所聞者明之昔隋史万歳守
邊夷而貪財以致殺身梁毗一金不受而大服夷
衆此事甚白吾為
聖朝天使必不為財物所蠱殆恐吾之使令往來小

人不体吾意盡戲尔心特此叮嚀尔甚備審此書
体吾真意早送吾輩迯朝則尔敬
君之心不淺ㄡ也書至思倫發悅服邀至其家設宴
畢与其乗送出境外百夷由金歯蒲漂過怒江即
其境沿江東数十里上有高良弓頗險其嶺有一
寨过一塞下四千里地名恭列自此抵麓川无險
隘之虞由麓川経壺半箐港等路渡謹卯從蒙戞
等甸至麻林界登金沙江之舟下流二十日至緬
國ㄡ王衆呼為卜剌浪王之妻呼為来㲼剌

百夷傳終

百夷傳一卷

〔明〕李思聰撰

《百夷傳》一卷，明李思聰撰。思聰（一三六三—一三九八）字仲謀，號石林。洪武二十七年（一三九四）進士，授職於行人司。洪武二十八年緬王遣使控訴百夷首領思倫發侵奪其境，次年明太祖命行人司同禮部遴選「素有志操及善於辭令者」，往諭緬甸及百夷罷兵媾和，李思聰、錢古訓受薦出使。歸朝後二人捃拾使行見聞，分著《百夷傳》具奏朝堂，皆一卷，詳略不一。李書計三千餘言，舉凡今雲南麓川一帶之地理方位、山川地勢、官制禮儀、驛舍村寨、部落構成、飲食婚嫁、禮俗宴樂、宗教祭祀等，無不述及，可補正史之闕如。辭藻精潔，敘事流暢。據中國國家圖書館藏明祁氏澹生堂抄本影印。

百夷傳

李思聰著

百夷即麓川平緬也地在雲南之西南東接景東府東南接車里南至八百媳婦西南至緬國西連戞里西北建西天古剌北接西番東北接永昌其種類有大百夷小百夷又有蒲人阿昌縹人古剌哈剌緬人結些哈杜怒人等名以諸夷雜處故曰百夷今百字或作伯僰皆非也自漢以來于中國或服或叛各有土豪主之不相統攝元祖自西番入大理平雲南遣將招降其酋長遂分三十六路四十八甸皆設土官

管轄以大理金齒都元帥府總之事有所督則委官以往冬去春回至正戊子麓川路土官思可發數有事于鄰境諸路以狀聞乃命搭失把都魯為帥討之不克而旋遂乘勝併吞諸路而有之乃羅土官以各甸賞有功者然惧再舉伐之於是遣其子滿散入朝以輸情款寢而不問雖納貢賦奉正朔而服食器用之類皆踰制度無不僭制百夷之強始於此思可發卒子聰併發代為宣撫八年傳其子臺扁一年昭併發之弟昭肖發殺臺扁而自立踰年而盜殺之其弟思危發代立壬戌冬其部屬答魯方刁斯郎刁潑郎

等殺思尾發而立其姪即滿散之子思倫發也洪武
辛酉夫兵南下猶負固不服總兵官西平侯沐英遣
部校郭均美往復招徠于是不煩兵而納款內附
朝廷推懷柔之恩乃授思倫發為麓川平緬等處軍
民宣慰使司宣慰洪武丙寅復寇景東明年部屬刁
斯郎復犯定边縣
上命西平侯總兵討之夷兵大潰獲刁斯郎而梟其
首始懼天朝之威而心服矣
上命羈縻之法不加約束听其自為声教故官制禮
樂之屬皆與中國不侔其下稱宣慰曰昭猶中國稱

主人也其官屬叨孟昭錄貽絪之類捴率有差叨孟
捴統政事兼領軍民多者捴十萬人少者不下數萬
昭錄亦萬餘人賞罰皆任其意昭絪千人昭百〻又
貽吟斯五十人貽准十余人皆叨孟所屬也又有貽
錄令遇有調遣則統數千人以行其近侍名立者亦
領人户數百皆听其使令食其所賦取之典制用之
无卩上下僭奢無徵名簿戢輙鬃釵花金銀寶帶官
民皆用笋殼為帽以金玉等寶為高頂為寶塔狀上
懸卜金鈴遍插翠花翎毛之類後垂紅纓貴者衣用
紵絲綾錦以金花金細飾之出入或象或馬從者塞

途俗以坐象為貴以銀鏡十數為絡銀鈴銀釘為緣鞍三面以鉄為闌漆以丹籍以重裀懸以銅鈴鞍後奴一人銅帽花裳執長鈎為疾徐之卩招摇于道自以為貴其相見有合掌之拜屈膝之跪而无端肅拱揖之禮長於己者則跪之有所言則扣頭受之虽貴為把事叨孟見宣慰莫敢仰視凡有問對則膝行以前三步一拜退亦如之賤見貴少見長皆然侍貴人之側或過其前必躬身而趋進宴則貴人正坐僚屬厮役列坐于下有客十人則令十人奉盃行一客之酒〻初行樂作一人大呼一声衆人和之如此者三

既就坐先進飲次具醪饌有差食不用筯每客一卒跪座側持水瓶食畢則盥帨禮物必祭而後食之樂有三曰百夷樂緬樂車里樂百夷樂者斈漢人所作箏笛胡琴響琖之類而歌中國之曲緬樂者緬人所作排簫琵琶之類作則众皆拍手而舞車里樂者車里人所作以羊皮為三五長鼓以手拍之間以銅鐃銅鼓拍板與中國僧道之樂无異其鄉村飲宴則擊大鼓吹芦笙舞牌為樂无中國文字小事則刻竹木為契大事則書緬字為檄无文案可稽无城池可守惟因高山為砦而已无倉廩之積无租賦之輸每年

于秋冬枚成後遣親信往各甸計房屋徵金銀謂之取差發每房一間輸銀一兩或二三兩承行者象馬從人動以千百計恣其所用而后輸于公家刑名无律可守不施鞭朴犯輕者罰重者杀之或縛而置之水中非重刑不繫累軍民无定籍聚則為軍散則為民每三人或五人充軍一名正軍謂之昔剌猶中國之壯士也昔剌持兵器余則負荷以供所需故軍三十萬則戰者不滿十萬師行无紀律先後進退不一倚象為声勢每戰則用繩索自縛于象上悍而无謀軍器少弓箭多長牌為弩以革為盔銅鐵雜革為甲

勝則驕惰争功負則逃竄山谷驛路無郵亭一里半
里構一小草楼五人坐守雖遠千里根在旦夕公廨
與民居无異雖宣慰府亦楼房数十而已制甚鄙猥
以草覆之无陶瓦之蔽頭目小民皆以竹為楼如見
戲狀器皿醜拙尤甚无水桶木甑水盆之類惟陶冶
之器是用其宣慰用金銀玻璃等器其下亦以金銀
為之凡一頭目出行則象馬兵戈及休凳器皿僕妾
財宝之類皆随以行動輙数百人随處宴樂小民苦
之其俗男貴女賤雖小民視其妻如奴僕耕織負易
差徭之類皆係之非疾病雖老不得少息凡生子貴

者以水浴于家賤者則浴於河三日後以子授其夫耕織貴若頭目者有妻百數婢亦數百人少者不下數十雖庶民亦有十數妻者无妻妾之分无嫉妬之嫌男子皆衣長衣寬襦而无裙官民皆髡首黥足有不髡者則酋長殺之不黥足者則衆皆嗤之曰婦人也非百夷種類也婦人則綰独髻于腦後以白衣裹之不施脂粉身穿窄袖白布衫皂布裙桶裙白行纏跣足貴者以錦繡為桶裙其制作甚陋有夫而奸盜則殺之不重處女其通媒匹記者甚罕年未笄聽其與弱冠者男子通而相得者約為夫婦未聘輙引至

男家姑親為之濯足數日至送父母家方用媒妁以羊酒財帛之類為禮為而娶之凡子弟有職名則父兄跪拜受之自若父母亡不用僧道祭則用婦人祝于尸前諸親戚鄰人各持酒物於喪家聚少年百數人飲酒作樂歌舞達旦謂之娛尸婦人群聚擊碓杵為戲數日而後葬亡則親者一人持火及刀前導送至葬所以板數片如馬槽之狀瘞之其人平生所用器皿盔甲戈盾之類壞之以懸于墓側而自去後絕無祭掃之禮也又有死三日之後命女巫剎生祭送謂違之遠去不使復還家也民家無祀先奉佛者小

百夷風俗頗同蒲人青紅布裹頭項帀青綠小珠貫而係之多者為貴无則為賤也下穿花裩身掛花套長衣膝下係黑藤数遭婦人綰髻于腦後項帶青綠珠以花布圍腰為裙上係海肥帶十数圍以渉羅布係肩上為盛服赤脚而行渉水登山其疾如飛阿昌雲南誌作峩昌蠻者男子衣帽類百夷但不髡首顯足及語言為異婦人以花布係腰為裙脛裹青花行纏余與蒲婦同哈剌男女色如漆黑男子以花布為套衣亦有百夷粧飾者婦人類阿昌以紅黑裙藤係腰数十圍古剌男女色黑尤甚男子衣服粧飾類哈

剌以白布聚頭衣短衫露其腹以紅藤纏之莎羅布爲裙兩接上短下長男女同耕縮人色黑類哈剌男子以白布裹頭衣白布大袖衫腰纏以布爲枝貴者布大袖太余賤者不盈太婦人頜阿昌但以白布裹頭而披花布爲衣也哈杜稍類哈剌怒人頗類阿昌蒲人阿昌哈剌哈杜怒入皆居山嶺種苦蕎爲食余則居平地或水边也言語皆不相通又有結些者以象牙爲大环從耳尖穿至頰車以紅花布一尺許裹頭而垂帶于後衣半身衫而袒其右肩婦人則未詳也憂里境上諸夷風俗雖異然習百夷所爲者多夷

人无陰陽醫卜僧道之流事无大小皆以鷄骨占凶
吉无推步日月星辰躔次之書不知四時節序惟望
月之出没以測時候人病則命師巫于路傍祭鬼而
已地多平川土沃人繁村有巨者户以千百計然民
不勤于務本不用牛耕惟婦人用钁鋤之故不能尽
地利春夏多雨而秋冬多晴夏濕熱尤甚冬月常如
中國仲春晝暖夜稍寒素无霜雪春秋因瘴居多人
病單熱者必至不起者寒熱女伴成瘧而可愈草木
禽獸皆有異者有草小穩而尖实地方二三尺許穗
自結爲一　衣染衣須臾至身有此草處烟瘴居多

路傍大木多二幹並生高三五丈許結爲連理鷄鳴无時自更深鳴至徹曉牝鷄亦然魚有鮎魚頭而鯉魚身者牛有水牛頭而黄牛身者又有牛峯如駝者市有滇池一畝許水沸如湯人不敢近飢者多以生肉投池煮而食之物之珍者犀象孔雀鱗蛇雲母琥珀皆産其屬境白金齒過蒲縹將至怒江有屋牀山乃云南百夷界限也高山夾箐地險路狹馬不可並行過是山三里許即怒江渡江即百夷地也沿河下數十里上高黎共山即今之通今之通衢也高黎共山路亦頗險上二十里下一陡間復上三十里至山

嶺夷人立柵為砦過砦復下四十里許平地即莽列驛乃麓川江上流過此則无險阻之地矣一路從怒江西上二日程至騰衝府七日許到麓川一路從雲南縣白崖過景東從木通甸至灣甸渡河入芒市約十日程到麓川自怒江上流蒙來渡至景東淞河小渡十數處皆可人境也

寶顏堂訂正四夷考八卷

〔明〕葉向高撰

《寶顔堂訂正四夷考》八卷，明葉向高撰。向高（一五五九—一六二七）字進卿，號臺山，福建福清人。萬曆十一年（一五八三）進士，官至禮部尚書、東閣大學士。此書分《朝鮮考》、《日本考》、《安南考》、《女直考》、《朵顔三衛考》、《哈密考》（附赤斤蒙古、安定、阿端、曲先、罕東、罕東左、沙州等衛）、《西番考》、《土魯番考》、《北虜考》、《鹽政考》、《屯政考》、《京營兵制考》等篇，記述明代四裔各國及邊疆地區各族之歷史淵源、世系及與明朝之關係等。清乾隆間曾遭禁燬。據中國國家圖書館藏《寶顔堂秘笈》本影印。

寳顔堂訂正四夷考卷之一

福清葉向高進卿　著
華亭陳繼儒仲醇
繡水沈德先天生　同校

朝鮮考

朝鮮箕子封國漢初爲燕人衛滿所據傳至右渠武帝攻殺之置眞番臨屯樂浪玄菟四郡漢末公孫氏晉高氏並據其地高本扶餘别種人

改國號曰高麗居平壤即樂浪也已爲唐所破東徙後唐時王建代高氏并有新羅百濟地益廣東徙松岳以平壤爲西京元至元中西京内屬置東寧路總管府畫慈嶺爲界國朝　高皇帝洪武二年王顓来賀　即位遣符璽郎偰斯齎金印誥文封顓爲高麗國王使者入謝　上從容問王居國何爲城郭修乎甲兵利乎宫室壯乎頓首言東海之波臣朝夕禮佛王甚恭他

逐甚失朕意丞相其明以諭王八年顓獄死子禑嗣貢不如期却之羈其使周誼仍勑遼東守臣絶勿通十七年表請故王謚及嗣封不許十八年許之明年貢馬千匹布萬疋謝請易冠服不許指揮高家奴自其國市馬歸言禑辭馬直上令給之二十一年國相李仁人廢禑立王昌歳中兩請入朝皆不許李成桂復廢昌立定昌國院君瑶瑶嘗遣子奭來朝奭未歸而成桂廢

瑶自立王氏自五代至今傳數百年絶其國評議司表言禑昌不當立瑶暴虐失人心國虚無王舍成桂莫適與也惟朝廷命之　上曰彼夷耳吾何誅成桂更名旦徙居漢城已請更國號詔仍稱朝鮮二十八年入貢表語謾逮撰表者鄭總羈留之旦老請子芳遠嗣永樂元年賜冕服經籍從芳遠請也六年世子禔來貢八年獻馬萬匹助征虜十三年表更立子裪為世子是

年芳遠老請以裪嗣宣德元年遣使賜裪五經四書及性理大全綱目通鑑因謂禮臣是書有國家所當知朕嘉惠遠人故賜之四年裪進海東青制詔珍禽異獸非朕所貴其勿進方物效誠而已毋金玉器裪再進再諭之已請遣子弟入學不許仍賜諸書俾學于國中正統四年建州夷酋凡察童倉逋居朝鮮界上別酋李滿住以爲言詔問裪亡何凡察歸建州裪表言凡察

以窮歸臣臣遇之善卵翼而遂飛必索之凡察復言裪羈留其私屬請檄還不則隨以兵詔兩解之且慰藉裪國家以王爲東藩如凡察直夷畜之何敢望王彼其懷鳥獸心去留無恒王第善自備毋與較景泰元年賜裪世子珦冕服裪卒珦嗣三年卒子弘暐嗣穉而孱遜其叔瑈天順三年邊臣疏瑈私與建州夷酋董山通已又殺毛憐酋郎卜兒哈累詔戒諭之成化三年進

海青白鶻却之時方征建州琮遣中樞府知事
康純等率兵助王師捕斬李滿住及其部落遣
使來獻俘璽書褒嘉之明年琮卒子晄嗣六年
晄卒從子娎嗣復出兵助擊建州提聞遣中使
賚王金幣并及其將士弘治八年娎卒子㦕嗣
㦕病風遜其弟懌嘉靖二十三年懌卒子峼嗣
未踰年卒子峘嗣時日本入寇舟漂至朝鮮及
姦民往來海上私與倭市峘輒捕以獻　上亦

厚賜予答其意隆慶元年峘卒從子昖嗣李氏
自成桂以來事朝廷恭歲時朝貢如慶慰報謝
無常期行李踵于道王嗣立則使者往封有大
事則須詔其國他夷不敢望也始成桂立　高
皇帝雖置不問然心惡其篡而傳者復以成桂
爲仁人子故　祖訓謂其父子先後弒王氏四
王其後嗣當永樂正德嘉靖間累表白言恭
愍之弒由嬖臣倫仁人誅倫立禑禑既立則遣

兵侵遼東先臣成桂懼于上國返其兵禑遜
位于子昌而恭愍妃安氏以禑昌皆非王氏不
當立乃黜昌立瑤瑤復不道國人請命　高皇
帝立先臣瞻瑤別邸終其身先臣實未嘗爲弒
而虛蒙此聲又家世出新羅司空故以爲仁人
子皆寃甚乞下史館昭雪之　今上初乃得請
其地東西相距二千里南北四千里分八道統
府州郡縣其設官略倣中國以田制俸刑法不

苛俗柔謹崇釋尚鬼惡殺茅屋苧衣知文字喜
讀書上下威儀燦然可觀矣山川九都神嵩北
岳海鴨綠江爲大產金銀鐵水晶鹽紬苧布白
硾紙狼尾筆果下馬長尾雞貂豽海豹皮八梢
魚昆布秔黍麻榛松人參茯苓其貢道由鴨綠
江歷遼陽廣寧入山海關達京師成化中吉女
直邀刼請改道職方郎劉大夏持不可議遂寢
論曰隋唐之際高麗勍矣觀其勦萬乘抗爾雄

回東夷之雄也　明興濡沫仰流皇風渝被俎
豆詩書爲冠帶　國聲教遠矣彼戚之而不來
此柔之而愈服雖招攜有經亦先聖之遺化也
成祖初興逆取順守引于今茲藩封勿替可謂
盛矣而襲休日久積弱形成　高皇前言徵于
左卷神聖之所豫謨有國家者曷可忽哉

日本考

日本古倭奴國在東海中地分五畿七道三島

又附庸國百餘大者五百里小者百里最强土
築紫漢滅朝鮮通使稱王者三十餘國其後天
材雲尊立累傳皆稱尊神武天皇立累傳皆稱
天皇亦間立女王時與中國通唐咸亨初改號
日本元世祖使趙良弼招之不至遣唆都范文
虎將十萬兵往征至五龍山暴風舟覆軍盡沒
終元世絕不通　國朝洪武二年倭寇山東淮
安明年再入轉掠閩浙　上遣趙秩語其王

懷良爾能臣則來毋患苦吾邊不能則善自爲備
良懷言蒙古嘗使趙良弼好語餂我襲以兵今
使者得毋良弼後乎其亦將襲我也欲刃之秩
爲具言所以來宣　國家威德耳豈狙汝耶良
懷氣沮乃遣僧隨秩奉表稱臣入貢　上亦遣
克勤仲猷二僧往諭然其爲寇掠自如瀕海郡
縣迄無寧歲乃下令造海舟防倭德慶侯廖永
忠請備輕舸以便追逐從之七年來貢無表文

其臣氏久私貢並却之九年表貢語謾詔詰責
之十三年再貢皆無表以其征夷將軍源義滿
所奉丞相書來書倨甚命錮其使明年復貢命
禮臣爲檄數而却之已復納兵貢艘中助逆臣
胡惟庸惟庸敗事發　上乃著　祖訓示後世
毋與倭通而命信國公湯和江夏侯周德興分
行海上視要害地築城設衛所摘民爲兵戍之
方御下甚周倭不得間小小入與我軍相勝敗永

樂元年王源道義遣使入貢　上賜冠服文綺紵金印道義稍捕獲諸島寇來獻賜賚甚豐封其山碑而銘之予勘合十年一貢八年道義死子源義持立遣使往封頃之我兵獻海上俘其首皆倭人羣臣請誅之　上釋歸璽書下義持爾父畏天事大職貢不愆先烈之不圖而輕于上國爾罪在必討朕所以隱忍者未忘爾父之恭耳爾其思之義持奉表謝罪禮其使遣歸未

幾復寇遼左都督劉榮大破之初榮偵倭至郎伏兵望海堝而別遣奇兵斷其歸路倭中伏奔捕馘無孑遺當是時我方招來諸島夷絡繹海上倭乘爲欺詐瀕海復騷賴是捷遂戢論功封榮廣寧伯宣德七年以日本貢久不至命中使諭其王源義教明年來貢自後遞貢遞掠備嚴則貢得閒則掠與之期不遵我亦取羈縻示寬大而已倭益肆無忌至焚官庾民舍縛嬰兒竿

上沃以沸湯卜孕婦男女剖視賭勝爲樂慘毒不忍言至成化時廷臣始有發憤議却其貢者而竟格不行正德四年王源義澄遣宋素卿來貢素卿者鄞人朱縞也逃入倭有寵于其王易姓名充使其族人相與耳目爲奸利守臣白發之禮臣恐失外夷心置不問素卿厚賂閹瑾賜飛魚服遣歸嘉靖二年再奉使至是時國王源義植孱諸島爭貢以邀利大內藝興遣宗設謙

道先素卿至俱留寧波故事夷使以先後至爲序市舶中官賴恩墨素卿財先素卿宗設大忿相讐殺燬指揮劉錦袁璡大掠寧波奪舟去巡按御史以聞禮臣仍右素卿以給事御史言乃下素卿獄論死没其貲絕貢者十七年至嘉靖十八年其王源義晴復貢乞易勘合還素卿貲不許仍申約貢必如期舟三人百不者却勿受夷性婪違約如故內地奸豪往往與爲市不償

直吏索逋急則恫喝官府以縱寇爲辭兵出則陰泄之倭速其去且樹德也如是者久之倭大恨言我挾王貨而來不得直何以歸報因盤據島中我亡命無賴及小民迫於貪酷饑寒困苦者咸相率從亂東南之禍大作于是朱紈以巡撫莅治之紈日夜飭兵嚴糾察上章暴勢豪交通罪奸謀稍解紈竟爲豪所中自殺賊益猖獗三十一年殘浙東明年犯太倉破上海崇德嘉

善諸邑時王忬爲巡視忬經略擒發頗有緒旋移大同去李天寵代將則盧鏜湯克寬俞大猷是時倭至無虚月屯據柘林川沙窪青村陸涇壩諸處四出流剽而柘林賊最劇鏜戰孟宗堰大猷戰金山衛天寵合諸將兵戰烏程縣之塞墩皆不利別將李逢時率浙東兵戰新涇橋小勝隨大敗三十三年張經爲總督經前總督兩廣有威惠討調廣兵禦倭其未集而工部侍郎

趙文華以禱海至文華素夤緣大學士嵩貴幸屢促出師經以兵機秘業已刻師期不告也文華遂劾經養寇并及天寵詔逮訊時經已與賊大戰王江涇破走之斬首千九百八十有奇進攻陸涇壩賊又敗之斬首二百七十有奇焚其舟三十餘艘倭大創經上疏自理不聽竟論死西市以周琉代經胡宗憲代天寵琉未幾去以

楊宜代屬文華督察其師倭來者益多大衆掠江北焚漕舟文華盛集兵戰于陶宅敗績遂還朝應天巡撫曹邦輔再戰再敗惟蘇松參政任環戰稍捷賊別部自日照登掠贛榆自上虞登掠高埠皆不滿百人官兵莫能禦高埠賊轉掠浙西南直破南陵溧水橫行數千里殺傷無筭至蘇州乃滅諸將大猷等逐賊海上頗有斬獲而閩廣倭大至三十五年楊宜罷去宗憲代宜

鶚代宗憲文華復出督師時浙賊惟陳東最強徐海後至與之合叅將宗禮率所部河朔兵九百人與戰于崇德三遇三克追踰橋橋陷兵潰禮死之賊進圍鶚于桐鄉鶚固守不能拔乃解去而宗憲欲構二賊乃遣人至海所若爲好語者東疑之宗憲則厚賂海使執東自贖海許諾門計擒東及其黨麻葉等百餘人以獻而自率其衆別營梁庄官兵遂圍東巢盡殲其餘黨進

攻海于梁庄海死別部據舟山俞大猷攻之未下會夜大雪大猷督兵進賊拒戰敗歸巢擁柵自固我兵縱火焚之斬首百四十餘級餘悉死巢中兩浙平其明年誅王直王直者徽人也嘯逋海上能號召諸夷治大船巢五島中好商王激葉宗滿謝和王清溪等共集衆與相署置倭之來皆直等導之宗憲欲招之乃迎其母妻至杭供具犒慰甚厚而先是鄞生員蔣洲者上書

督府言能說直使禁戢諸夷毋内犯宗憲遣洲行以生員陳可願副之至五島直邀入爲言日本方亂往無爲也誠令我輩得自歸無難倭矣遂遣養子毛臣同可願還具白直語而傳送洲至豐後島其島主留洲稍爲傳諭諸島居二歲乃遣僧德陽及夷目四十人隨洲來入貢直亦許俱至而宗憲亦遣毛臣歸報直所以遊說百端至是直乃來御史王本固疏言不宜招直異

議閧然直至覺有異乃先遣王激入見宗憲曰吾等奉招而來謂宜信使遠迎[illegible]犒交至也今行李不通而兵陳儼然公毋誑我乎宗憲曰國法宜爾毋我虞也與約誓堅苦直終不信曰果爾可遣激歸宗憲立遣之復以指揮夏正爲質直乃使毛臣王激守舟而身入見頓首言死罪且陳其與洲戮力狀宗憲慰藉甚至令居獄中俟命疏聞詔誅直始宗憲本無意殺直以本固

爭之强議者且謂其受直金欲貸其死故宗憲懼不敢爲請直死王滶毛臣殺夏正率餘衆據舟山征之踰年乃解三十八年倭寇江北分數道入巡撫李遂馳至如皐與賊遇白蒲諸將言宜及其未定擊之遂曰夫戰貴得地賊方鋭而我軍未嘗見大敵郎小挫難復矣約勒軍中毋得言戰賊益進遂策曰賊分道入過如皐必且合合則道有三自泰州逼天長鳳泗即　皇陵

驚最要自黃橋逼瓜儀揺南都而梗漕次之若從富安而東海濱荒涼擄掠無所得至廟灣絶矣乃吾得地時也於是部諸將防遏令毋得過天長瓜儀而分兵綴賊後賊果走廟灣遂欲以策困之通政唐順之以視師至促戰斬獲甚衆順之會有他役釋去遂益合兵攻圍賊困甚欲遁副使劉景韶督兵焚其舟賊救舟我兵水陸攻之大潰斬首八百餘級江北倭悉平其寇福

建者張甚連攻破寧德福清永福諸邑巡撫阮鶚罷去王詢劉燾游震得相繼撫閩無尺寸功宗憲檄叅將戚繼光往援時賊據寧德之横嶼阻水爲營路險隘官軍坐守踰年莫敢進繼光軍令嚴所部用命至則令軍中人持束艸塡河進力戰大破之生擒九十餘人斬首二千六百餘級焚溺死者無筭奪所擄三千七百餘人歸乘勝剿福清牛田倭又破之繼光初至福清邑

令及父老請師期繼光曰吾兵疲且休矣俟緩圖之賊偵者歸告不爲備其夜督兵行三十里黎明破其巢邑人尚未知兵出也繼光歸賊復肆四十一年攻陷興化總兵劉顯去賊一舍而軍不敢戰復命繼光往時賊方巢平海聞繼光至欲逃爲俞大猷所扼不得出繼光督軍薄戰大猷繼之因風縱火賊皆糜集中無脫者支黨寇仙遊連江諸處盡討平之當是時微繼光幾

無聞未幾廣東倭亦爲官軍所敗逃至甲子門
將奪舟入海暴風盡溺得脫者僅二千餘留屯
海豐俞大猷就圍之賊食盡欲走副總兵湯克
寬伏兵待之賊至伏發擒斬幾盡倭患遂息自
東南中倭以來十餘年間中外騷擾財力俱詘
生靈之塗炭已極倭亦大傷至盡島不返隆慶
時海上連寇曾一本等復稍稍勾引入犯閩粵
我亦嚴爲備旋至旋撲非如嘉靖之季矣始倭

盛時議者以市舶罷夷無所衣食故反宜開市
如諸番叅將大猷以爲倭與諸番不同諸番產
物多舶至而征之其利厚倭之市僅一刀一扇
無他產可利也而又生禍端國初絕之今忍開
之乎且倭能苦我者以我陸而禦之主客反而
勝敗分也吾以海爲塹以舟爲家明風候嚴約
東來擊去追倭可創矣舍此不圖而輕與之市
爲國家生事後必悔之大猷習海上事後多用

其畫其地北跨朝鮮南盡閩浙其往朝鮮也自
對馬島開洋信宿至閩浙順風旬月至其王居
山城故稱山城君山城之南爲和泉又南爲泖
界泖界之東南爲紀伊紀伊之西爲伊勢山城
之西爲丹渡左爲攝津左之西爲攝摩右爲但
馬右之西爲因幡丹渡西爲美作左爲備前左
之西爲備中右爲因幡右之西爲伯耆美作之
西爲備後之北境出雲之南境備後之西爲安

藝出雲之西爲石見安藝石見之西爲山口谷
國即古之周防州也山口之西爲長門關渡狂
馬渡此而西爲豐前其南爲豐後又其南爲日
向豐前之西北爲筑前西南爲筑後筑後之南爲
大隅大隅之西爲薩摩豐後東南懸海爲土佐
爲伊豫爲阿波阿波相近懸海爲炎路土佐豐
後之間爲佐加關薩摩之北爲肥後又其北爲
肥前肥前西懸海爲平戶平戶之西爲五島北

為多藝為伊岐極北則對馬島諸島皆有酋長山城君弱空名耳倭不稟其號令內相攻強則役屬而豐後最大其入貢必由博多歷五島而行回則徑趨長門每歲清明後至五月重陽後至十月常多東北風利入寇故防海者以三四五月為大汛九十月為小汛其入寇多薩摩肥後長門三州人次則大隅筑前筑後博多日向豐前豐後和泉諸島俗喜盜輕生好殺每戰必

單列緩步為蝴蝶陳前一人揮白扇為進止朱弓竹矢以骨為簇刀極剛利中國不及也男子魁頭斷髮黥面文身婦人披髮跣足間用屨土氣溫煖宜禾稻桑麻產金銀琥珀水晶硫黃水銀銅錢白珠青玉蘇木胡椒細絹花布漆器扇刀劍鎧甲貢道故由寧波達于京

論曰四夷為中國患從來久矣而皆發於西北狡然島夷狂逞肆噬則明興實甚豈盛衰之數亦遞乘軼夫以　高皇帝之威靈北暢南洽獨倭馭之而不馴綏之而愈貳此其不可以禮義化誨懷服視諸夷為特甚矣東甌江夏傪力經營保障之具犂然畢舉廣寧一戰威震殊俗起赴虎臣于今為烈矣頓鉅防隳于平世疆事弊于匪人東南之禍其亦有必然者也重以匪茹罔懲包荒太甚郊關弛禁虎兕狎遊遂令貢使內訌姦氓外市紛紜糾結于戈日尋毒流海內

千載不休　祖訓之嚴於絕倭淵乎卓哉眞萬世之龜鑑矣

安南考

安南唐虞時南交也秦為象郡漢初南越趙陀據之武帝平南越置交趾九眞日南三郡光武時女子徵側徵貳反馬援討平之建安中改為交州置牧唐置都護府改為安南五代時土豪曲承美據之已為南漢所併宋初丁璉有其地

封交趾郡王自是稟爲夷璉傳弟璿黎桓簒之
桓傳子龍挺李公蘊簒之公蘊八傳嗣絶爲其
壻陳日煚所有元攻下之封其子光昺爲交趾
郡王終元世貢不絶亦時時侵掠邊郡不敢大
爲寇　國朝洪武二年國王陳日煃遣使同時
敏等來朝貢　上命侍讀學士張以寧典簿牛
諒齎詔封日煃爲安南國王給鍍金銀印未至
日煃卒侄日熞嗣請　詔印于以寧拒之吾受

命封先王何以得擅予若日熞請于　朝乃遣
編修王濂主事林唐臣封日熞嗣王而嗟嘗以
寧得使臣體日熞拜詔甚恭未幾爲陳叔明所
簒叔明老弟煓代視事煓攻占城敗死弟煒代
先是　上嘗戒安南占城毋相攻至是以叔明
兄弟怙强速禍復遣使　諭之叔明表謝連歲
貢　上厭其數令三年一貢毋侈方物進犀象
以勞吾民二十一年黎季犛弒煒立叔明子日

焜命絶其貢叔明八年死上　上以叔明身自爲
簒　勑禮臣毋弔而遣行人陳誠呂讓諭還所
侵思明五縣不聽日焜旋亦爲季犛所弒季犛
大誅殺陳氏更姓名曰胡一元子蒼曰胡㚝潛
號紀元國曰大虞永樂元年表言陳氏世絶㚝
爲陳甥求署國事從之已眞封爲王會陳氏故
臣裴柏耆走闕下乞師而老撾亦傳送故王孫
陳天平來朝安南使者見天平多泣下詔詰季

犛季犛詭請迎天平歸還以國天平行命都督
黄中呂毅率兵五千送之季犛遣使迎具牛酒
犒師偵騎往壺觴道相屬也不爲虞行至芹站
伏發殺天平及大理卿薛嵓中等引還　上大
怒以成國公朱能爲征夷將軍率新城侯張輔
西平侯沐晟等二十五將軍出廣西雲南兩道
討季犛而以尚書劉儁督師尚書黄福大理寺
卿陳洽督餉親幸龍江禡祭戒諸將毋縱吏士

暴掠毋輕進貪功罪人得則歸國陳氏擇立其
子孫能行至龍州卒輔進破隘留雞陵等關傳
檄數犂賊二十罪師次新福縣晟亦自雲南至
白鶴江遣人與輔會　上命輔盡護諸將兵代
能時賊恃宣洮富良諸江爲固緣江樹柵立椿
別築土城備禦甚嚴欲老我師輔晟合攻之下
令軍中丈夫報國立功在此時矣先登者賞不
次士皆奮啣枚舁攻具薄城裨將蔡福先登衆

繼之舉火城上銅角齊鳴賊披靡退驅象巷戰
遊擊將軍朱廣以畫獅蒙馬神機銃翼而前象
奔賊大潰斬獲及蹈藉死者無筭進克東西都
賊焚城遁連戰萬劫江木丸江悶海口皆大破
之諸郡邑相繼降附輔偏宣　上意令安業隨
窮追季犛父子于奇羅海口都督柳升以舟師
會悉擒之安南平得戶二百一十二萬象馬牛
羊舟糧器械無筭捷聞詔求陳氏後無存者父

老合辭請郡縣視內地乃置交阯都指揮布政
按察三司府十七州四十七縣一百五十七衛
十一所三市舶司一以尚書福總布按二司事
勑輔求交阯有能學藝者舉以聞六年輔振旅
還論功進輔英國公晟黔國公升安遠伯餘陞
賞有差已交人簡定反　命晟討之儁復督師
晟戰敗績儁及都督呂毅叅政劉昱皆没賊黨
陳季擴鄧宗異等猖獗乃命輔往輔率諸將

敗賊鹹子關又敗之太平海口追至清化殲其
黨季擴自言我陳王後也請立不許請降許之
以爲交阯右布政使輔歸復反竟復遣輔轉戰
連年賊乃獲自輔之下交南凡三擒僞王威震
西南夷中遂留鎮其地而尚書福有威惠交人
懷之弭伏莫敢動十五年召輔還以豐城侯李
彬代久之福亦歸尚書陳洽代時中官馬騏墨
而殘交人怨之三年之間叛者四五起彬先後

取之而黎利最劇連結老撾出沒縱横彬不
能制詔以爲清化知府利許諾然竟不赴而攻
切日甚先後破茶籠州諒山府茶籠守琴彭諒
山守易先皆堅守力盡俱死之洽力言利詐宜
亟誅而中官山壽持撫議甚堅擁兵自衛諸將
陳智方政復不相能彼此牽掣師遂敗事聞
章皇帝下璽書切責而以成山侯王通總兵討
賊通戰寧橋中伏大敗尚書洽死之已敗賊交

趾城下殺萬餘人諸將請乘勝壓賊通不從賊
知通怯益聚衆肆掠攻昌江城守將李任顧福
日夜拒戰焚其攻具賊益起土山以飛鎗射城
中任福率敢死士夜開門殺守土山者襲破其
營賊爲地道入鑿横溝應之從溝中發石擊殺
賊甚多賊恐大軍至據其城攻圍不休相拒九
閱月城中將士三千餘人至是亡其半力竭不
能支城遂陷任福皆自刎死中官馮智北向再

拜誓不從賊與指揮劉順知府劉子輔俱自經
死軍民感其義同死者甚衆　上遣安遠侯升
黔國公晟分道往援以尚書李慶督師升剛而
輕既連勝易賊慶言宜少戒升不聽竟中伏死
慶及副總兵梁銘相繼病没參將崔聚率兵進
至昌江賊大驅象而前軍亂聚被擒兵尚書福
在行交人得福環跪泣公在我曹不至此競送
之歸而晟兵竟不出通懼大賂遺利與盟而旋

師按察使楊時習爭之强不聽羣臣劾通并馬
騏下詔獄論死通後竟脫利表言前國王遺嗣
暠今在老撾請嗣封　上集大臣議英國公臣
輔尚書臣義臣原吉皆言交南本中國地勞苦
而得之不宜棄成功示賊以弱大學士臣士奇
臣榮頓首言兵興以來天下無寧歲今瘡痍未
起而復勤之臣不忍聞且求立陳後者太宗皇
帝心也求之不得而後郡縣叛亂相尋至深厪

先帝憂、因其請撫而建之以息吾民於討大便漢棄珠崖前史榮之安在為示弱乎　上曰卿二人言是　先帝指賥固知之明日出暠表論羣臣賥以止戈為武卿議者未同無庸恤羣臣頓首稱善於是命禮部侍郎李琦工部侍郎羅汝敬齋詔召安南文武吏士皆來歸弁覈陳氏後當立者以聞利遣頭目黎公僎等送還官吏百五十七人戍卒萬五千一百七十人馬千

二百四其陷沒不得歸者無算且言暠死陳氏種絶　上心知其妄然業置之乃詔利權署安南國事八年利死子麟代之正統初以麟事朝廷恭詔封為安南國王諭令還所侵欽州地及逋民二百餘戶麟卒子濬嗣遣兵攻占城執其王摩訶賁該以歸詔歸其王不聽濬為庶兄琮所弒弟灝嗣輒侵我土司地攻殺老撾宣慰使刀板雅蘭掌父子為八百敗歸累詔戒諭之灝

驁横自如屢攻占城併其國我無以禁而中官錢能鎮雲南復私與灝通闗結諸夷姦宄繹騷幾危雲南賴巡撫王恕發其姦亂乃弭弘治十年灝死子暉嗣使者入貢乞改所賜常服從王制不許十七年暉卒弟誼嗣阮种弒之立灝庶子晭晭孱甚政在羣下盜起國亂正德十一年陳暠弒晭自立莫登庸逐暠立晭兄子譓專其國暠奔據諒山死譓迫於登庸奔清化庶弟懬

立交人云懬登庸子也無何死登庸遂竊安南王其子方瀛譓竟死清化故臣共立譓子寧居木州漆馬江倚老撾為援嘉靖十六年寧遣鄭惟僚來乞師　上以登庸弑逆又久不庭當誅議討之以咸寧侯仇鸞為帥尚書毛伯温督師伯温至廣區畫諸便宜為進兵計廣守臣多難之且謂莫之篡黎猶黎之篡陳先後事同不足誅登庸亦遣人自歸廷議未決伯温駐師境上

檄諭交人懸重賞購登庸父子懼請束身待罪歸欽州四峒故地世世奉職貢乃於鎮南關築壇具儀登庸率其屬繫頸徒跣北面匍匐上表降伯温承制受之詔赦登庸歸廢勿王以爲安南都統使世其職仍覈黎寧果黎後則升以所據地否則已制下登庸已死授其孫福海二十六年福海死子宏瀷幼阮如桂等擁立之族人莫正中欲爲亂不克來奔三十年命宏瀷嗣四十三年貢使黎光賁至京光賁以國難羈留南寧者十五年至是乃達其後貢遂絕萬曆間莫茂洽爲都統使茂洽死國大亂數年鄭惟憭子鄭檢立黎曄後黎維邦爲王維邦死檢子松復立維邦子維潭嗣盡逐莫氏遺孽莫敬用寓居高平府敬璋敬恭寓居東海府保樂州復内相讐不幾敬璋爲黎兵所殺維潭遣使浮海詣督臣歸罪請欵關輸貢移文擅用前國王印守臣

詰之維潭飾辭對然請欵愈堅因與約必以高平居莫氏如黎氏漆馬江故事維潭心難之業爲期啟關有日矣遂遣去須之復欵具言其恢復之義歸附之誠第謂高平乃其故土且莫氏篡臣不宜以漆馬江爲比守臣曰莫氏在先世雖爲篡逆今日乃國家之外臣也爾安得滅之以彼奔敗之餘使得假息一隅毋遽殄絕是我國家所以鎮撫四夷共其患難之意也且彼此分定我諸土司亦毋敢黨亂以遺爾憂于爾豈不利焉而愛此尺寸之地爲維潭乃聽二十四年夏四月築壇具儀受其降具如登庸故事督臣陳大科疏聞因盛言莫之篡黎其事逆　先朝猶赦其愆况黎之復讐其名正今日宜許其順以夷治夷　祖宗成法事下兵部議如大科言詔以維潭爲都統使予莫敬用以高平令維潭毋得侵害安南復定其地東至海西至老撾

西接占城北連思明衡二千八百里縱一千七百里庚獠雜居獷悍喜鬬其君長尤後僭有二名以僞名事中國自黎氏以來雖奉貢稱藩然自帝其國中如趙佗故事死則加僞謚黎暉之弑或云鄭惟鐐爲之陳暠討惟鐐而僭焉者也譓者惟鐐所立也鄭宗强亡黎者鄭也登庸乘亂而竊其柄者也寧者非眞譓子也傳聞死不得而詰矣其俗惟交愛人倜儻驩演人淳秀有

華風文學則驩演爲盛其山川佛跡勾漏傘圓富良江宣光江爲大產金珠珊瑚玳瑁冊砂諸香蘇合油胡椒羚羊角犀角兕白鹿猩猩狒狒白雉翡翠蚺蛇蟻子鹽醢波羅密菴羅果烏木蘇木

論曰安南自宋以前雖內屬然叛亂代有固南服之外疆也季犛之討彼惡已盈寧廟中國屢大輕用武哉掃氛驅孽還我舊封　皇靈暢矣而銅墨朝頒羽書夕至元戎三遣旋戢旋發昆明百粵之區戈船下瀨之士騷擾相奉困敝已極國家曾不得其尺縷斗粟之用憣然舍旃與之更始兵革不興版章無損豈非繼述之善而明聖之所圖歟惟時反側初安刑餘肆毒官徇苟且之政將乏折衝之才遂啟戎心卒廢成業故談者有遺論焉黎莫相戕盛衰迭禪程凶較逆無所等差然皆先後輸誠叩關請命王封承

削國體彌尊威已加矣然後醳之操縱有宜抑亦參伍于前事也昔成化時閹宦倖功數從中開所司征安南故籍劉忠宣匿不與事乃中寢嗚乎茲藎臣之用心哉

寶顏堂訂正四夷考卷之二

福清葉向高進卿　著
華亭陳繼儒仲醇　同校
繡水沈從先尊生

女直考

女直古肅慎氏在混同江東東濱海西接兀良
哈南鄰朝鮮漢爲挹婁元魏爲勿吉唐爲黒水
靺鞨其部落曰女眞金祖也後避遼諱曰女直

元滅金以其地置軍民萬戶府五　國朝分爲
數種居海西者曰海西女直居建州毛憐諸處
者曰建州女直極東最遠者曰野人女直又諸
小種甚多皆勇悍善射耐饑渴喜戰鬪建州居
中爲雄長地最要害其人知耕種紝紡居處飲
食頗有華風永樂元年野人酋長來朝巳悉境
歸附先後置建州等衛一百八十四兀者等所
二十都司一曰奴兒干官其酋爲都督都指揮

十百戶鎭撫俾統其部落列爲站爲地面各七
不領于衛所並約歲一朝貢野人遠無常期巳
又開馬市開原城設安樂自在二州居降夷縻
文皇帝世諸夷奉職謹徵發惟命我亦厚賞賜
金帛以結其心諸來朝及款邊通市者悉聽而
建州衛指揮阿哈出及其子釋家奴皆以有功
賜姓名阿哈出曰李思誠釋家奴曰李顯忠顯
忠弟猛哥不花亦以内附故俾領毛憐衛累都
督同知父子兄弟光寵矣顯忠死子滿住嗣猛

哥不花死子撒滿答失里嗣宣德四年滿住請
入朝充宿衛不許其年海西野人女直數寇邊
都督巫凱請討之　上不欲勤兵第賜勑戒諭
仍令凱厚恤入貢諸夷毋苛留正統初建州左
衛都督猛可帖木兒爲七姓野人所察弟凡察
子童倉逃居朝鮮童倉弟董山嗣爲建州衛指
揮亡何凡察童倉歸建州數與朝鮮相告言語

左朝鮮傳中方七姓之難建州亡其印詔更給
比後得故印詔上更給者凡察匿不出乃更分
建州左衛置右衛剖二印使董山領左凡察領
右正統末北虜數煽誘諸夷與寇邊滿住董山
等咸耳目虜入寇不絕殺掠遼東吏民無筭景
泰中巡撫王翺遣指揮王武經歷佟往招之稍
歸所掠而身自入謝然是時諸酋多死子孫以
從亂故盡失其賜　勑不得官以舍人入貢賞

賜大減恨恨也成化二年都御史李秉言建州
毛憐諸部來朝貢邊臣以禮部定名數驗方物
貂皮純黑馬臕壯始聽不則拒之殊非厚往薄
來中國所以待夷狄之意請更其制下兵部議
如秉言而董山糾毛憐海西夷入盜邊無虛月
遣都督武忠往諭并　勑考郎兀諸酋撒哈良
等毋黨叛皆頓首謝董山亦悔走闕下自歸責
而遣之然暴橫自如語言不遜詔羈之廣寧尋

詐之以武靖伯趙輔爲靖虜將軍都御史李秉
師討之分三道入擣其巢朝鮮亦發兵遏其東
走輔斬首虜多滿住死明年築撫順清河靉陽
諸堡邊備日嚴夷稍稍創而朝廷亦欲羈縻之
勿絕復以董山子脫羅爲指揮滿住凡察後皆
得襲諸從叛者視先世遞貶一官諸夷復貢然
往往以報董山讐爲辭患苦塞上巡撫陳鉞不
能禁輒襲殺降夷以捷聞時大閹汪直方倖功

鉞揣其意疏言建州夷連結海西名雖屏蔽實
懷獸心得利則朝失利則寇宜大發兵創之而
通事王英者復說直是可乘也毋爲他人功直
鋭甚請行詔以兵部左侍郎馬文升經略之直
亦繼往文升至則具言夷所以叛無他端起于
二三酋豪失職怨望及貢使苦關吏求索相梃
爲亂耳宜嚴罰吏而稍寬夷使自新可不煩兵
服也直心害文升而文升遇直無詘禮鉞復搆

之遂劾繫文升謫戍蜀時諸夷業已聽撫有次
第會文升去鉞遽言夷酋伏當加修怨怙亂不
誅無以示警乃遣直行而以撫寧侯朱永爲師
襲破之頗有斬獲道遇貢使哈速郎秃等以爲
賊捕送京師誅哈速等五人竄郎秃等七十餘
人論功進永保國公鉞右都御史直歲增米三
十六石諸將校陞賞有差而夷大忿怨益深入
殺掠焚刼慘于往時矣御史强珍暴其狀旋爲

直陷謫戍邊遼事益壞守臣苦用兵思復親夷
會其酋完者秃貢馬乞入謝請于朝許之自是
諸衛復奉貢請襲如故少入寇塞上稍休至正
德間海西夷加哈叉竹孔革等爲亂阻絶朝貢
旋撫諭解散嘉靖初夷酋速黒忒最强諸部畏
之入貢亦最恭以補殺叛夷猛克功賜綵幣金
帶大帽奬慰之以風勵諸夷其後請乞煩大率
以詐冐得官入貢浮于常額乃從兵部議勑遼

東守臣夷來必嚴覈如制方啟關否毋納二十
一年建州夷李撒赤哈等入寇巡撫孫禬禦之
失亡多頃之於敖爲巡撫坐減賞物夷人譁不
能定顧詐殺譁者夷挾忿數入塞殺掠如成化
時復時時與虜合爲邊患撫臣連以不任罷去
遼東西大困已復稍戢朝貢至今不絶其地有
長白山横亘千里高二百里巔有潭周八十里
南流爲鴨緑江北爲混同江險隘則五嶺喜昌

石門夷視爲咽喉土氣極寒冬常穴居喜馳獵
上下巖壁如飛浮馬渡江河不用舟楫恃其獷
捷故屢入寇然貪惜官賞雖叛輒服焉産楛矢
石砮赤玉真珠金麻布鹽馬鯨睛膃肭臍海東
青鷹鶻鴉鶻兎鶻牛魚粟麥穄葵菜及貂鼠青
鼠虎羆狐狸海中豹驢騾牛狗猪諸皮貢以冬
月爲期非期者邊臣且請其陞襲以 禎給勑書
爲驗久稍濫嘉靖雖禁不能盡覈也

論曰女直之興微矣極其勢至於亡遼蹙宋基
中國大禍患生於所忽蓋謂茲歟勝國驅除
明興豢養稍馴狎矣彼其屋居耕食分地世官
非專事射獵遷徙無常如胷奴比故可得而羈
縻畜也歟奔豕突夷性則然而此叛彼歸朝侵
暮款信使一臨扣關相望假令恩威尼服其心
而擾馴毋失其宜一疆吏辦之矣顧夸者徼之
以爲功貪者漁之以爲利自我致寇亦復何尤

夫以馬端肅之經畫夷方悔禍勞之不圖而反
爲罪首卒使奄竪快心邊陲飲痛謀國如此以
制夷撻虜能哉

朶顏三衛考

三衛在大寧都司北曰朶顏福餘泰寧其地在
春秋爲山戎秦爲遼西郡北境爲奚契丹所據
東漢征敗之其酋走匿松漠間後魏之先復居
故地號庫莫奚後屬契丹名兀良哈今循仍其
稱元郎奚都地置大寧千戶所國初置行都司
及營州等衛洪武十四年封子權爲寧王守北
藩時宋國公馮勝征納哈出　上諭今據大寧
塞分兵列戍以控制之至出內帑鈔募兵輓粟
餉軍勝遂築大寧寬會州富峪四城毋師出
輒留重兵為守卒破降納哈出二十一年故元
宗室遼王阿里失禮及朶顏諸酋奏願內附詔
立三衛以居自錦義歷廣寧至泥河爲泰寧衛

以阿里失禮爲指揮使塔賓帖木兒為同知自
黃泥窪踰瀋陽鐵嶺至開原爲福餘衛以海撒
男答爲指揮同知自全寧抵喜峰近宣府爲朶
顏衛以脫魯忽察兒爲指揮同知各領部落爲
外藩畜牧遷徙從其俗靖難兵起先襲破大寧
盡挾諸軍及三衛胡騎挾寧王入松亭關事平
詔三衛奉職如　高皇帝時盡官其酋與約歲
再貢衛毋過百人其後屢告饑許以馬易糧小

小入犯璽書詰責許以馬贖罪比馬至復償以
布其易糧者上馬至于五石絹三疋邊爲之困
後乃以都督劉江議裁馬直半給布絹是時寧
王徙藩江西都司及諸衛皆遷內郡大寧地虛
三衛因竊據出沒塞下外[illegible]就中國而內通虜
永樂二十年　上北征阿魯台曰虜恃兀良哈
耳必剪兀良哈乃簡步騎五萬令諸將分五道
往而身率兵邀其西走五軍會兀良哈果驅馬

牛羊車輛西走陷澤中　上麾兵蹙之斬首數
百級相蹂躪死者甚衆已乘高望見寇衆復聚
乃分左右翼夾擊而令甲士持神機銃入深林
中爲覆曰寇至乃發已寇突而左左師馳之走
林中林中伏卒起虜驚走渡河大潰死傷略盡
餘數百人躍馬走　上曰此虜酋所居疾擊之
追奔三十里蕩其巢而還三衛自是創復稍稍
自歸　上亦貰其罪待如初　昭皇帝立更給

福餘衛印并釋前所俘虜部酋帖格反從指揮安
出請也　章皇帝初貢不時至邊將請討之詔
飭部伍防守而已毋輕議兵宣德三年秋　上
大閱行巡邊駐驆石門守將奏兀良哈萬衆侵
邊已入大寧經會州將及寬河諸將咸欲擊之
或請益徵兵　上曰孽虜無能爲也朕以鐵騎
三千出其不意擒必矣遂決親征下令選士三
千人人二騎挾十日糧夜銜枚出喜峰口馳四

十里昧爽至寬河距虜營二十里虜望見我軍
以爲來障卒易與悉衆來戰　上中分其騎爲
兩翼親射其前鋒三人殪之兩翼矢如注繼神
機銃疊發虜大潰走　上以數百騎追之虜望
見黃龍旗知　上親在也悉下馬羅拜生縛之
斬其酋命諸將摟山谷務窮虜巢忠勇王金忠
者故韃靼名王子也及其甥都督把台請自效
上從之或言虜其類也往必不反　上不聽竟

遣之忠與把台果大獲虜人馬牛羊數百至
上命酒賜以金爵顧謂侍臣王者用人宜誠如
朕昨懐疑聽人言將失二人心或言夷族叵測
上曰漢用金日磾何不可耶時 天子神武開
於兵士馬精强所任皆效力故一戰大克六年
詔諭三衛蠲其罪使自新其明年更給泰寧衛
印以舊印奪于虜而福餘印亦以虜再失至正
統元年再給 睿皇帝初三衛復通虜酋脱懽

及女直伺塞下屢詔戒諭之三年春三衛酋阿
魯歹等以五百騎掠葭州爲邊兵破歸獨石守
將楊洪邀之西涼亭生擒百戶乞麻里等奪所
掠 上命集兀良哈使臣於市戮示之隨諭都
指揮安出等近邊臣屢擒盜邊者訊之皆爾部
人爾其縛首惡來獻毋匿叛安出使指揮伯都
哈孩等入貢具言其人已遠遁無從捕再勑索
之其明年夏三衛酋歹都等言賞薄互市失利

非 文皇帝故事 上因其使陛辭勑諭歹都
文皇帝以爾通阿魯台歲徵爾馬三千匹贖罪
爾俛首聽命朕實爾寬而妄意無厭是速敗也
其亟改圖不者將貽悔其秋楊洪復破其五百
騎于白塔兒璽書褒洪五年使者易農具歸關
吏阻之其酋以爲言詔聽歸其明年福餘所部
脱火赤完哈等以射獵爲名掠邊關被擒其明
年復掠遼東守將曹義擒其酋字台皆命磔于

市其明年虜酋脱懽死子也先嗣益驁横屢犯
塞朶顔乘是愈擾邊然多不過百餘騎明年秋
三衛乃並入寇命成國公朱勇率諸軍分道出
喜峰口諸處都督同知楊洪出黒山東西齊舉
並擊兀良哈勇等渡柳河經大小興州過神樹
至全寧遇福餘逆戰敗之次虎頭山及流沙遇
泰寧朶顔又敗之洪至克列蘇俘斬安出部賊
各奏功自是三衛寖衰然怨我刺骨因通也先

導之入寇矣而其朝貢中國如故安出反都言
友直來侵且修怨詔戒止之亦時時以尾剌暴
掠聞輒賜勑存慰許急則避居近邊十二年春
都御史王翺同總兵曹義巡塞外至廣寧兀良
哈伏林中義團擊敗之別將胡源出開原集禮
出寧遠各有斬獲褒賞翺等有差十四年福餘
泰寧結也先入寇朶顏獨扼險不肯從虜不得
利大掠二衛人畜去二衛益衰而朶顏獨強盛

竟與虜合我是以有土木之變嗣後三衛入貢
往往雜入北虜使中窺我遇北使厚心不能無
望且以我虞虜也故常挾虜爲重以結婚迤北
聲邊吏盡沒遼河東西三岔河北故地薊遼從
此眘眘多事矣景泰三年三衛遣人言也先將
以冬月往哈剌莽來召衛酋往議事兵部尚書
謙議也先貢使絕而三衛使遞至疑爲虜閒宜
令邊臣嚴爲備因條上防禦諸事詔從之五年

泰寧都督僉事革于帖木兒上書乞大寧廢城
及甲盾謙復持不可　帝心難予城又重絕三
衛懽乃用廷臣議遣譯者語之大寧城迫近塞
不便射獵又炎暑恐生疾疫非所宜居其去塞
二百里住牧毋犯邊吏約甲盾不爾吝寇至則
給其明年革于帖木兒及朶顏諸酋來朝乞犂
鏵種糧及耕地自給詔予糧三十石其明年入
邊叅政葉盛督軍破走之天順三年虜酋孛來

謀掠三衛詔諭革于帖木兒使修備緩急來告
隨晉革于帖木兒爲左都督其明年革于帖木
兒死弟兀研帖木兒代領衆部落不附乃從朶
顏都督朶羅干請以其子脫脫孛羅爲都督僉
事領父職是時三衛多與孛來通貢使浮常額
故事貢道由喜峰口景泰末已闌從獨石萬全
右衛入至是乃隨孛來使者俱入雲中邀厚賞
我待之如故仍戒邊臣毋盡納至成化元年孛

來爲請賞結三衛心詔諭孛來國家待四夷輕重有等成憲具存三衛違貢道舍東而西無誅爲幸其又何厚焉其年復犯邊遣都督季鐸往諭至泰寧而還兵部劾鐸奉使無狀請逮治詔貸之泰寧衛酋隨請于塞下市牛及農具并乞蟒衣制勿與蟒其他聽與民交易其明年詔虜使毋通朶顏已又戒邊臣備朶顏通虜五年詔三衛常貢外毋進海青兒鶻其後屢以馬市請

兵部持不可至十四年命兵部侍郎馬文升和輯女直三衛而通事百戶王英嫉幸奄汪直使攘文升功三衛乘間中前請且欲改貢道從開原復以兵部議格而三衛亦要索無已時大抵自天順後北虜諸酋反覆相殘蹂並陰結三衛伺我然亦不敢大爲寇而總兵梁銘頗以威名著弘治二年請增貢不許其後小小入邊或絕貢我輒嚴備至十年守臣張瓚楊友出塞燒荒

擣殺邊釁遂起十七年朶顏通小王子入寇上御煖閣召輔臣議語在北虜傳時朶顏部落益蕃累侵盜而諸部花當爲貴種花當次子把兒孫恃驍勇敢深入益爲中國患正德四年泰寧酋滿蠻率部落二萬餘欲附居塞下避北虜守臣以聞兵部議許居故鎮安堡第戒邊臣毋縱虜內蹂從之其後花當累請增貢且謂不得請則絕貢詔暫增今歲後如故而花當請益堅

我不得從乃遂通小王子部落自黏魚關毀垣入殺參將陳乾及指揮談茂馬英等遣都督桂勇討之兵尚書王瓊建議諭花當必以把兒孫償乾乃罷兵許貢花當言把兒孫已遠遁請入馬贖殺乾罪瓊初持議堅後竟許花當貢班師未幾復入寇參將魏祥全軍沒終正德世不能討　肅皇帝立都御史孟春言把兒孫修貢謹又歸我人畜請予一秩詔予千戶給事中許復

禮部不宜予車乃格是時把兒孫與小王子婚屢誘虜入寇都督馬永禦之頗有斬獲已而復請毋借一官以弭虜御史盧瓊疏罷之未幾把兒孫死華蘭台爲都督華蘭台父華列字羅花當長子也早死把兒孫狡悍謀奪嫡然種人不附附華蘭台至是乃得襲時嘉靖十年也華蘭台立隨入寇漁陽諸小關皆殘破撫臣王大用頗有遠略欲厚賂城其霧靈山不果華蘭台又

乞晉秩大用持不可屬虜酋阿堆哈利亦數殺掠建昌喜峰口太平諸塞御史連疏詆大用啟釁奪其官虜益張邊廢耕牧而朶顏亦益輕我二十年華蘭台遂復求增貢不許時時暴塞下輒云結小王子旦夕入寇會虜自雲中深入太原邊臣恐因曰山海關諸邊連歲無警亦是酋功也宜予賞詔從之其明年復誘虜犯青山口內部以侍郎胡守中往剿撫守中憸嗜利盜開

賂金多又擅出塞盡伐遼金以來松木百萬自撤藩籬偏索富人舊將領金錢言官劾守中論死西市巡撫徐嵩以阿事守中削籍已有發嵩乾没狀者逮謫戍其明年總兵郤永出塞襲李家莊斬四十級李家莊者朶顏別部也善盜邊然不通大虜亦能盜虜馬每往輒呼我戍卒曰吾往盜馬耳無我虞也狡而善射虜追之輒入險不能逼頗爲邊障是役後遂恨我往往合大

虜爲梗而遼東塞亦以朶顏故連中虜我兵禦之互有勝敗二十七年華蘭台死子影克襲故事三衛酋皆以貢時身受職闕下至華蘭台父子乃遣人代請我不能詰頃之有庚戌之變虜時言遼陽軍導我來虜呼朶顏爲遼陽軍故云自是調邊兵入衛及移戍薊無虛歲三衛滋匈引莫誰何三十年咸寧侯仇鸞請征之樞臣道錦督臣何棟議不可撤藩籬引寇自近事遂寢

其年冬誅逆酋哈舟兒陳通事舟兒通事皆逆民爲夷酋幹堆板卜所獲更姓名充貢使大爲虜諜先是虜諜犯京東舟兒爲言潮河川可入北逼古北口復傳虜西還誤我畿甸爲殘至是虜求開市舟兒煽構其間何棟計擒之始伏法其後楊博爲總督復購殺其首惡過漢夷稍戢三十八年虜把都兒十萬騎挾朶顏酋影克犯孩爲鄉導我諜多被殺虜遂潰墻深入督臣王

忬誅死其明年影克勾把都兒犯一片石遊擊郭琥敗之四十二年糾東西虜二十萬由墻子嶺入大掠畿內督臣楊選誅死隆慶元年夷酋董忽力勾土蠻十萬入寇勢甚猖獗折墻出至棒棰崖迷失道墜坑死無筭語具虜傳是後督臣譚綸總兵戚繼光協謀練兵增垣控制有方迄隆慶三衛奉職稍謹虜亦無大舉邊恃以安衛制首泰寧次福餘而朶顏末今朶顏盛故以

爲首稱曰朶顏三衛云三衛皆勾虜而朶顏爲甚大抵夷性喜偷剽善反覆虜衆至則逢之爲導而貪中國賜予燕撫厚亦時時以虜信告我得預防故迫之則敺使爲虜信之則墮其計善馭之則因用爲間雖藩籬失而耳目猶在不能絕亦不可絕也其地東接海西西連開平北抵北海南達薊遼俗與韃靼同其山曰馬孟廣袤千里以中峰形似故名産馬橐駝黃牛青牛瑪瑙鶻樺皮白葡萄

論曰兀良哈之爲中國利害甚明也分閫建藩高皇之慮遠矣內徙于　文皇非得已也干戈初戢障塞尚虛愛弟之請難裁征戍之勞在念權宜移置姑待後圖觀其次鳴鑾鎮有滅殘虜守大寧之諭彼何嘗遽割以資夷哉犂庭甫定榆木變興雄謨莫究遺憾可知　章皇寬河之役威折奸萌假令乘勝長驅刈殘酋復舊疆善

繼善述誰曰不宜顧上有雄略之主下無謨遠之臣後且并開平而失之遂使要害犇于犬羊而宜遼隔若胡越禦戎之策從茲絀焉夫西河套而東大寧失之皆我害也然河套猶明知其奪于虜而時圖恢復乃大寧藉口于　文皇職方氏遂視若三衛之固有無敢談及故實莫稽而傳訛日甚可勝嘆哉

寶顏堂訂正四夷考卷之二終

寶顏堂訂正四夷考卷之三

福清葉向高進卿　著
華亭陳繼儒仲醇
繡水沈德先天生　同校

哈密考 赤斤等衛附

國初畫嘉峪關以西先後置衛八曰哈密曰赤斤蒙古曰安定曰曲先曰阿端曰罕東曰罕東左其先置後廢者曰沙州而哈密最西近土魯番去肅州千五百里爲西域咽喉以故重凡諸夷入貢必哈密譯其文乃發其地故漢伊吾盧唐西伊州元族屬威武王忽納失里居之後改封肅王卒弟安克帖木兒嗣永樂元年遣使貢馬明年乞封詔仍爲王改稱忠順賜金印其部落有回回畏兀兒哈剌灰三種皆領以都督統於王安克帖木兒立一年卒無嗣兄子脫脫先是俘繫夷邸　上厚撫之使歸嗣王設衛置官以

華人周安爲長史劉行爲紀善駸駸視內藩矣未幾脱脱爲祖母速哥失里所逐詔還其王與祖母睦如初朝貢不絶然湎酒昏縱部下不附九年卒命都指揮哈剌哈納爲都督僉事守哈密是年封脱脱從弟免力帖木兒爲忠義王忠義王時哈密稍輯惟瓦剌一入寇忠義王以聞詔詰瓦剌旋解去宣德元年忠義王卒詔以脱脱子卜答失里嗣王仍稱忠順以幼故復立忠

義王子脱歡帖木兒爲忠義王共理其國正統四年忠順王卒子哈力鎖魯壇嗣王別名倒瓦答失里嘗爲其母乞醫藥　上嘉予之仍勑罕東諸衛還所掠哈密人畜無何瓦剌攻哈密刼王王母去詔詰瓦剌歸王及王母哈密自是畏瓦剌稍貳于我璽書諭王朝廷樹立之恩於先世甚厚背德不祥愼毋爲人所誑惑也然竟不悛益通虜拘留漢人因而轉賣者甚衆使者復

暴横至毆殺護行軍校邊臣請絶其貢詔曲貸之天順元年倒瓦答失里卒弟卜列革嗣王乞朝服束帶母妻冠袍及兵器諸物詔下有司予王朝服母妻罟罟冠餘勿許隨以王母努溫答失里請先後賜乘轎洗盆金箔茶香及諸藥物甚夥其後請以部人必剌牙失里爲國師　上曰國師以優西僧之有戒行者難輕授其命爲都綱天順末卜列革卒世絶王母署國請以族

人阿兒察嗣阿兒察辭乃命把塔木兒爲右都督守哈密把塔木兒者故忠義王脱歡帖木兒外孫也初王母以非族類不宜立而哈密酋母維法兒等及國人請之堅故有是命把塔木兒死子罕愼嗣爲都督成化九年土魯番强控弦可五萬其酋速檀阿力尤雄黠速檀華言王也攻破哈密執王母及金印去罕愼寓居苦峪城甘肅守臣以聞兵部議哈密我藩籬土魯番無

故奪之此而不問則諸衛將盡爲蠶食嘉峪之
外皆敵疆矣必復之乃使都指揮詹昇諭赤斤
蒙古諸衛以輔車脣齒宜自爲計而遣都督同
知李文右通政劉文討之至則調赤斤罕東兵
數千駐苦峪不敢進謬言阿力欲擣二衛虛還
其兵使自守而身自歸朝阿力遂輕中國益侵
我內屬諸夷時遣使稱王毋死還金印城池以
虛辭謾我十四年阿力死子阿黑麻稱速檀未

壯守臣請乘間納罕慎哈密至十八年罕慎入
哈密晉左都督罕慎貪殘失國人心西域諸貢
使苦要索有怨言弘治元年奸回誘阿黑麻使
攻哈密阿黑麻亦壯乃曰罕慎非脫脫族安得
王王故應我因好語罕慎與結姻乘盟殺之遣
使入貢言罕慎病死請代王領西域職貢兵尚
書馬文升議諸夷各有分地安得相併兼夫以
北虜之强我尚卻其款何物小酋欲與我媾且

惘然王也格不予而遣哈密部酋寫亦虎仙諭
阿黑麻以金印歸擇所宜王文升謂夷俗重種
類且服元久非是族也不可使守乃行求忠順
近屬安定王裔孫陝巴爲王以奄克孛剌阿木
郎輔之二酋輕重不相得陝巴空名耳無與爲
守阿黑麻乘間攻殺阿木郎執陝巴去而以阿
木郎奪賞物掠其牲畜爲解事聞賜勑切責遣
侍郎張海都督同知緱謙往經略之會上魯番

使來海請羈之肅州而再勑阿黑麻令歸陝巴
廷議勑無爲也我愈發而夷愈重不如海自以
檄往不聽則伺隙誅之或閉關絕之制在我矣
通事王英言罕東及野也乞里諸夷怨土魯番
次骨我撫而用之皆吾兵也西域使者方扣關
倚互市爲利我聲阿黑麻罪謝西域毋與通彼
窮而歸怨皆吾間也如是則土魯番勢孤自保
不暇烏能有哈密哉詔從廷議命海檄上魯番

須陝巴歸貢乃許不則留前使毋遣而絕其後使仍以寫亦虎仙等爲都督轄三種夷奄克孛剌爲之長如罕慎故事海等不待詔遽歸下獄謫免阿黑麻遂自稱可汗略罕東諸衛聲取甘州于是戍其使四十餘人于兩廣而稍用王英策閉嘉峪關絕西域貢令怨阿黑麻是時阿黑麻已西去留其將牙蘭以四百騎據哈密文升計是可襲而虜也謂肅州撫夷指揮楊翥汝熟

夷情策安出翥言罕東有徑路達哈密不旬日至襲之必以罕東兵爲鋒我兵繼之文升喜屬河西巡撫許進總兵劉寧使副將彭清以三千騎往遲罕東兵不至乃循大路行乏水艸騎不得馳牙蘭詗知遁去兵入哈密獲陝巴妻女并牛羊三千有奇脅從八百人我士馬亦多物故文升意大望遣節制取空城無益不當賞獨軍士勞苦遠征當賞　上念邊臣出師塞外功宜錄

各陞賞有差而哈密夷衆久苦兵困甚不能支盡焚其廬舍內徙肅州先是奄克孛剌并種人亦寄居赤斤守臣并爲請居之苦峪給牛種耕牧自便奄克孛剌遣寫亦虎仙來貢請乞無厭至訐訴曹郎禮部尚書徐瓊疏逐之十年秋阿黑麻以絕貢失互市窘乞歸陝巴易故四十餘使貢如舊詔起前威寧伯王越帥諸路議還其使其明年陝巴歸復故封遣兵護之國以奄克

孛剌寫亦虎仙等佐之奄克孛剌以兄罕慎故怨土魯番越復以罕慎女妻陝巴結其心稍稍立而陝巴嗜酒掊克部酋阿孛剌復搆阿黑麻迎其次子眞帖木兒爲王陝巴奔守臣令董傑諭阿孛剌還陝巴不聽傑與奄克孛剌等擒斬阿孛剌復其王送眞帖木兒還土魯番時阿黑麻死諸兄雠殺眞帖木兒懼不敢歸以母罕慎女也依奄克孛剌守臣恐與陝巴嫌使居甘州

而其兄滿速兒稍定國亂自立矣正德元年陝巴卒子拜牙郎嗣滿速兒與通好上書求眞帖木兒兵部議我方質其所愛不宜予六年議予之湯沐衣幣遣歸以都督寫亦虎仙滿剌哈三爲護行至則留不歸反以我情輸滿速兒導之侵我奄克孛剌以開因具言拜牙郎欲叛中國從土番國且不守遂奔肅州塡之滿速兒遂拜牙郎使其將火者他只丁守之詔都御史彭澤

督師往討時鄧璋爲總制給事御史言兩帥並置莫適任也宜罷遣不聽澤度滿速兒強未易兵定乃以繒綺二千白金器皿入土魯番庭說令和好滿速兒喜許歸金印城池澤召還而拜牙郎尚爲所留我益幣索之卒不應滿速兒益驕日夜與寫亦虎仙牙木蘭等謀入犯縱騎蹂關外及苦峪諸城會滿速兒以他事怒寫亦虎仙將殺之火者他只丁爲解許至肅州歸幣千

五百疋滿速兒喜釋弗誅遣入徵幣無有也遂復奪哈密城大入爲寇遊擊芮寧與戰死之亡七百騎賊迫肅州城下僞請和而陰約諸降夷及夷使爲內應兵備副使陳九疇廉得其情收繫捶殺之嬰城守而使使媾瓦剌連兵掠其巢滿速兒狼狽走我乘之頗有斬獲副總兵鄭廉及奄克孛剌再敗之瓜州滿速兒復請和巡撫都御史李昆以聞時方逮彭澤及中貴人張永

往視師疏至罷行而滿速兒實無意和語張甚又竟不歸拜牙郎九疇議夷兄弟方內競安能加我且俗無積聚師行則徵發煩擾未戰已先困矣我內地早收堅壁待之可坐破也宜絕其使勿通都御史昆議異謂不宜絕請　上裁兵尚書王瓊右昆議從之瓊雅欲修郤彭澤又心害九疇能日媒蘗西北事姦夷覘知本兵指又度　天子多嬖臣可斯中則相與鬨通上書訟

九疇激變邊先後并肅守臣逮下獄澤奪官罷
謫參政議殺九疇戶尚書澄持不可乃削籍而
寫亦虎仙者以貢至夤緣倖臣以秘術干 上
得侍左右橫甚至冒國姓嘉靖改元暴其罪并
子婿論死西市逮王瓊戍之起彭澤爲兵部尚
書九疇以都御史撫甘肅三年滿速兒以二萬
騎入甘州九疇先登戰疾力走之殺火者他只
丁部下傳滿速兒死九疇以聞上方念河西危

急遣兵部尚書金獻民都督杭雄率師西討未
至以捷聞獻民等實不見賊而滿速兒故無恙
事頗上聞諸議禮貴臣故善王瓊欲甘心澤九
疇使錦衣百戶王邦奇劾奏之 上怒甚大學
士楊一淸爲請不能得下法司議勒澤獻民歸
里九疇且不測兵尚書胡世寧力言九疇雖輕
信所部上功失實然其人忠力足任也且土魯
番所忌惟九疇游辭反間變詐百出罪九疇是

快夷心自隳干城非計乃戍之窮邊是時哈密
巳大饑餘衆千餘人走入塞守臣撫存之歲給
耕種多五百石少百石而夷酋請乞傾我無以
應乃以兵備副使趙載議裁其賜而滿速兒旣
敗歸亦數使牙木蘭款關求貢尚書王憲遣夷
使往諭復不報六年秋乃遣馬黑麻虎力嬭翁
來稱貢隨令牙木蘭入寇于是留其使肅州明
年夏牙木蘭降牙木蘭者曲先夷也幼爲土魯

番所掠壯而黠滿速兒倚之數苦邊至是以入
寇不從欲誅之懼而來奔頃之虎力納咱兒犯
肅州趙載彭濬擊却之督臣王瓊以所斬獲示
馬黑麻等械下獄其年冬滿速兒請歸哈密瓊
以聞下 廷議時頗有言哈密難守不宜復營事
霍韜力言置哈密者所以離戎虜之交外領西
域內蔽邊郡不可失也或難其守欲棄之則甘
肅難守亦棄甘肅乎第宜嚴夷禁明討軍實下令

有能和輯諸戎屏我西陲則畀以　其地毋規規
忠順後爲也尚書世寧疏言先朝不惜棄交趾
大寧何有于哈密且我實封殖忠順以爲外藩
而自罕慎以來三立三爲虜後遂與戎比而窺
我耗金幣勞士馬竭財力無尺寸功徒使戎得
挾以爲資以邀索我臣以爲此與　初所封元
孽和寧王順寧王安定王等耳安定王又在哈
密西最近邊于皆存亡不可知我一切勿間而

獨戀戀于哈密何也昔光武閉玉關後世善之
臣愚謂宜謝哈密專守河西毋煩僃中國報聞
滿速兒時往來關下遣人索前使及欲得牙木
蘭釋械事聞將報許世寧復爭牙木蘭本我屬
夷土魯番安得索之且彼所持者寫亦虎仙火
者他只丁今皆斃而牙木蘭復來歸是無柰我
何我料兵食以備之結瓦刺以撓之拊新附賞
有功內治既修何憂乎狄夷　上是之章下瓊

瓊引夷使伏堦下風諭朝廷威德爲言牙木蘭
已他徒釋馬黒麻虎力嬭翁俾入貢滿速兒再
使來語稍恭瓊慰犒之遂以哈密歸然我竟不
能有至二十五年復爲馬黒麻速檀所據語具
土魯番傳中諸酋亂吉孛剌等瓊皆爲請襲招
居近地耕牧河西入貢如故哈密名存而地久
沒矣初阿力虜王母以不助掠赤斤王母頗有
威嚴能馭下王母虜赤斤諸衛相繼沒土魯番

日以金印爲市遁歸遁奪我自楊翥議襲後無
能以一騎踰關而西一闚其境徒重棄金印議
論紛拏遣將召兵迄無虛歲而金印竟不返世
寧發憤力爭不能格也都御史唐澤御史劉濂
疏曰今之處土魯番與哈密迹有已然理有當
然勢有必然撫之以恩則驕滋震之以武則力
屈此已然之迹也順則綏之而備愈嚴逆則禦
之而武毋黷此當然之理也處置得宜則彼此

惧寧不則禍連而不解此必然之勢也蓋師戒
輕舉寇難横挑其大者有五焉尺藉空虛屯田
榛蕪兵食不充一也我屢挫而怯彼方勝而鋭
二也我失罕剌之援進則無資彼合瓜州之力
退且有據三也河東臨洮創夷未蘇赤斤諸衛
零落殆盡根本既揺藩籬亦撤四也西南苦虜
東北苦戎并力則捉襟深入則拐腹五也况哈
密遠在磧外豺狼是鄰强驅垂亡之部落彼還

久失之封疆兵必難留勢將自潰爲宜寛而撫
之聽其自歸蒐乘補卒愼擇將帥募民廣屯塞
下使軍實日充然後蹈瑕遘釁惟吾欲爲招罕
剌城瓜沙輿哈密襟喉西域拱衛中華將無不
可矣若今日則非其時也始王瓊與譎戍以議
禮諸臣薦鋭意哈密後心知其難卒請從澤等
議焉

赤斤蒙古

赤斤蒙古周西戎戰國月氏秦漢屬匈奴武帝
取爲酒泉燉煌二郡晉屬晉昌郡唐屬瓜州後
沒於吐蕃宋入西夏元仍屬瓜州其地有白山
多艸木禽獸永樂二年故韃靼丞相苦木子塔
力泥率五百人來歸設赤斤蒙古千戶所以塔
力尼爲千戶賜誥印所尋爲衛千戶爲指揮僉
事十年叛寇老的罕走匿赤斤命右庶子楊榮
同豐城侯李彬議討之彬榮言道險轉餉難且

隆冬興師非司馬法請止兵　上從之以勅諭
塔力尼遂擒老的罕來獻賜綵幣襲衣晉指揮
同知塔力尼卒子且加失旺嗣晉都指揮同知
宣德七年所部韃人祖失加卜等來歸命居之
正統元年且加失旺表言與韃靼戰有功
晉都指揮使五年晉都督僉事明年勅諭且加
失旺及都指揮革古者可兒即等曰近使者至
哈密命爾與沙州衛護行爾獨果朕命不遵輩

古者又時率其屬往來沙州為盜暴苦行旅甚
負朝廷所以建衛設官封殖爾等之意其改圖
毋忽其年赤斤蒙古以罕剌寇掠乞內遷肅州
之白城山詔止之已請建寺其地守臣謂寺而
不已且予之巢勿許便從之旦加失旺卒子阿
速嗣為都督僉事指揮同知鎖火者乞晉秩且
言肅州都指揮胡麟阻其市易勑戒胡麟而以
鎖火者為都指揮僉事先是且加失旺嘗言罕

剌也先來求婚未即聽至是也先遣人要阿速
往受聘阿速以聞復請內遷避罕剌報詔也先
求婚朕向許爾父自擇便自心中阻顧受聘非
宜往而見詐悔將何及赤斤爾世守地柰何棄
之爾第保險綏眾善自備朕且命邊將緩急爾
援是時罕剌強赤斤蒙古與沙州罕東名內屬
然陰與虜市至受平章等官沙州酋辟令以為
言詔詰責之十一年赤斤酋鎖合者赴闕下乞

携部落來歸　上遣還下其事于總兵任禮始
苦术娶西番女生塔力尼又娶于達達生鎖合
者及革古者乃命分所部為三帳自領中帳使
塔力尼領左隸以西番人鎖合者領右隸以達
達人至且加失旺父子相繼長赤斤部衆強欲
并右帳相讐殺不休鎖合者窘故自歸未幾死
以其子坊塔兒嗣為指揮同知而哈密使者往
來道赤斤為其部酋劫掠阿速不能禁我兵捕

獲劫者械至京釋之景泰元年以擒叛寇功晉
阿速都督同知諸部下陞賞有差後復晉左都
督五年罕剌也先以書誘赤斤諸衛脅使助巳
阿速白其書　上命守臣遣人諭阿速毋與罕
剌通成化二年阿速卒子罕撒塔兒嗣為左都
督六年以其叔父乞巴失加卜丁二人為指揮
僉事佐罕撒塔兒從夷族請也其明年罕撒塔
兒卒子賞播塔兒嗣十四年夷酋復來言賞播

塔兒幼不更事指揮加定爲衆所服乞晉秩入
視事賞播塔兒亦自請之報可以加定爲都指
揮僉事仍令侯賞播塔兒壯還衛政是後土魯
番陷哈密侵掠赤斤至正德間奪其印種人散
亂多走塞下衛遂虛

安定　阿端

安定韃靼部也東爲罕東北抵古沙州地廣袤
千里無城郭俗以馬乳釀酒氊帳爲廬產馬駝

玉石洪武七年撒里畏兀兒安定王卜煙帖木
兒遣使貢鎧甲刀劍等物賜織金文綺分其酋
長爲阿端阿眞苦先帖里四部給印章明年獻
故元所授金銀字牌請立安定阿端二衛詔從
之以夷酋沙剌等爲指揮等官永樂二年來貢
馬五百匹遣河州衛指揮康壽往受之壽言令
甲諸番貢馬償以茶官爲轉輸今安定遠不便
請給布絹報可安定王立未幾爲曲先指揮沙
剌所殺部落潰散至永樂十一年其孫亦攀丹
來朝復故封歸安定賜以印誥二十二年中使
喬來喜等往西域至必立出江死于賊都指揮
李英率兵至罕東問故罕東指揮綽里加言賊
中使者安定曲先酋也英進兵擊安定斬四百
八十級虜七百餘人獲駝馬牛羊十四萬有奇
曲先遁去安定王詣闕頓首謝宥其罪遣歸宣
德二年以安定僧賞觶領占爲戒淨慈應國師

給誥命銀印是後安定王與國師屢入貢而國
師之外復有禪師正統時國師則桑出郗眞禪
師則攝剌藏卜攝剌藏卜者禪師賞竹領眞之
姪也賞竹領眞自永樂時來歸居西寧卒而攝
剌藏卜嗣仍留西寧都指揮汪清疏其歸伺內
地恐患邊詔歸安定輔其王九年安定酋那南
奔等掠曲先我估　　爲所掠敕戒亦攀丹
約束部落毋生事　　年亦攀丹卒子領占斡

些兒嗣王尚幼以甘　思恭巳爲都指揮僉
事佐之成化時爲土魯番所破苗裔散失至弘
治初安定王領真斡即兒子千奔請嗣王許之
終弘治世千奔時入貢正德七年亦卜剌破安
定奪誥印據其地餘衆内徙嘉靖間復令部酋
嗣爲指揮領其衆然安定王後無傳而阿端久
没莫知其處矣

曲先

曲先在安定西古西戎部落元置曲先荅林元
帥府洪武四年設曲先衛以上酋散即思爲指
揮同知其後爲朶兒只巴所攻并曲先入安定
居阿眞地永樂四年指揮哈三散即思三即等
表言西番侵暴乞仍立衛徙治藥王淮報可以
三即領衛事給印章并徙安定治所於昔兒丁
永樂末散即思及安定酋劫殺中使洪熙改元
命朱英討破安定追踰崑崙西數百里至雅令
濶地曲先遠遁英還師都督史昭言叛酋未獲
宜窮追詔巳之宣德二年散即思復掠使者及
西域貢使命史昭率安定罕東兵討之散即思
懼而逃遣弟千戶堅都等進馬贖罪　上以遠
夷不足較宥之還其俘令居故部指揮那那罕
表言二女四弟及部落五百餘人皆爲安定所
虜及餘衆潰居西番江不敢歸詔安定王亦攀
丹索部下遣還仍諭居西番江者使復業其後
屢入貢然亦苦土魯番内徙失故地

罕東　罕東左

罕東在赤斤蒙古南亦西戎部落洪武二十五
年侵塞涼國公藍玉討之將佐諫勿深入不聽
師至阿眞川土酋哈昝等皆遁去不見虜而還
三十年酋長鎖南吉剌思遣使入貢立罕東衛
以鎖南吉剌思爲指揮僉事永樂二年與其兄
答力襲等十六人貢馬晉指揮使塔力襲爲指

揮同知頭目奴奴爲指揮僉事皆賜冠帶鈔幣
自是貢不絶洪熙元年指揮那那奏所部夷人
以貢內供馬逃赤斤復坐宵兵討曲先相驚欲
爲亂　上令守臣招撫之使復業曲先之役罕
東頭目班麻思結率所部從擒斬首虜獲駝馬
牛羊以獻宣德七年論功授指揮使九年罕東
別部剳兒加邀劫使者命都督史昭劉廣討之
廣昭相與計寇負罪重必深匿我以討叛名而

逋逃之弗誅兵且無震乃先使指揮祁賢以百
騎往覘敵行月餘渡畢力术江剳兒加詣賢自
歸請還所掠貢馬謝廣等以聞命宥之正統五
年赤斤蒙古言指揮鎖合者殺人逃罕東且誘
其部落哈密亦言罕東擅相攻虜掠人畜兩詔
戒諭之十四年班麻思結言哈密來侵　上念
諸夷數相告言搆怨無已時而哈密又累誘尾
刺盜塞下詔都御史馬昂約勒忠順王毋與罕

東讐且令偵虜情報我成化九年土魯番攻奪
哈密都督李文右通政劉文奉命調罕東兵往
討逡巡解歸是時罕東諸夷皆困土魯番而夷
酋奄章先因與諸族讐殺逃居沙州朝廷許其
耕牧輸貢部落日蕃班麻思結卽奄章子也至
是其孫只克以沙州衛既廢請立罕東左衛治
其地下兵部議從之以只克嗣其祖官領衛事
已晉都督僉事弘治八年土魯番掠沙州迫諸

夷自附只克請救用兵部尚書馬文升議發罕
東兵襲之我師出罕東失期不能有大功自是
土魯番入寇每假道罕東令給食而亦不剌安
定數掠其資罕東愈微至弘治時往往款肅州
塞求恤矣只克卒孫日羔剌嗣爲都督嘉靖初
與別酋帖木哥土巴先叛附土魯番者皆來歸
邊臣請分其衆半居肅州白城山半居威虜仍
擇其壯勇練習之番休迭上皆聽日羔剌約束

部落侵番而我邊以餉夷糜倉粟坐困

沙州

沙州與赤斤接境洪武二十四年王子阿魯哥失里遣使朝貢永樂三年置衛以其酋困即來買住二人為指揮使給冠帶印誥困即來領衛事遞進都指揮都督宣德七年來告饑　上語戶部困日救災恤患朕固不吝然勞內以事外非計其命肅州具糧五百石使困即來自取之

頃之言諸夷侵掠請徙居察罕舊城不許正統四年所部都指揮阿出不花等遁入哈密及罕東酋班麻思結等竄居其地困即來以聞　上命哈密罕東還其逋并歸侵地仍諭困即來善撫部落毋盜鄰啟釁其後屢貢瓦剌哈密事情遣使來告　上嘉勞之賜綺幣晉其子都指揮僉事喃哥及指揮僉事薛令等各一秩七年令邊將率戍卒助修苦峪舊城從困即來請也城竣入謝賜綺幣襲衣歸言瓦剌也先欲為弟娶其女詔聽自便九年困即來卒困即來受職四十餘年朝貢頗恭官為祭賻以喃哥嗣為都督僉事弟克羅俄領古為都指揮使佐喃哥領衛事明年沙州衛都指揮兀魯思不花貽書邊將言指揮乃兒不花等欲誘瓦剌掠沙州守臣以聞　上曰是書無喃哥名何也其令總兵任禮使人任覈之其明年任禮疏言喃哥弟鎖南奔

為瓦剌偽封令喃哥復言其就婚罕東虜有他變勅禮招撫之十三年禮擒鎖南奔以獻兵部請正法　上以其父兄恭順釋弗誅是時喃哥以困瓦剌率部屬二百餘戶一千二百三十餘人來歸命居之山東平山東昌二衛自都督而下給糧及耕地有差沙州遂廢未幾喃哥卒克羅俄領占嗣後賜姓名羅秉忠

論曰明興諸夷自北虜外其傾德中國則哈密

爲甚虜紛我者也哈密我自紛也夫土魯番雖
勁不能當虜十一然而驅諸衛蹂近關加雄兇
然則安在其爲我藩哉情見勢彰恩威俱詘權
衡操縱此爲其時而猶欲噓既燼之灰戀將棄
之肋捐厚幣市空城以庶幾悔禍于戎心亦已
過矣議者徒見其縮轂西戎懼委成勞不知燉
煌置郡始自漢武今哈密諸衛即其地也輪臺
一詔即武業悔其罷之晚矣　二祖之封殖益

云以夷防夷寧借彼以勞我哉王恭襄方臣經
營招附亦頗有勞以收敗名謀國者鑒諸

寳顔堂訂正四夷考卷之四

福清葉向高進卿　著
華亭陳繼儒仲醇
繡水沈從先尊生　同校

西番考

西番古吐番地本羌屬凡百餘種散處河湟江
岷間至唐時并吐谷渾始盛唐末復衰宋入貢
不絶元世祖始郡縣其地以番僧八思巴爲大

寳法王帝師領之嗣世弟子號司空司徒國公
佩金玉印明興洪武二年遣使持詔諭之隨寇
臨洮守將韋正禦之時河水未合師不得濟正
祝天賊若平者則合河水頃之有冰如巨屋自
上流而下風隨之冰合即渡河擣其營賊大驚
請降自是諸部相繼來歸六年令諸酋舉故官
授職以攝帝師喃加巴藏卜爲熾盛佛寳國師
給玉印置烏思藏朶甘二指揮使司及宣慰司

招討司元帥府萬戶府官故國公南哥思丹八亦監藏等爲指揮宣慰招討元帥萬戶等官領之明年置烏思藏朶甘爲都指揮使司置西安行都指揮使于河州以韋正爲使統二番司復封番僧爲大寶法王大乘法王闡教王護敎王闡化王贊善王凡七王各給印誥俾導其衆約比歲或間歲一貢使者時往撫諭八年川藏族殺我使鞏哥鎻南等於是命衛國公鄧愈爲征

西將軍沐英副之討川藏師分三道進覆其巢窮追至崑崙山俘男女一萬口馬五千匹牛羊十三萬而還十二年洮州十八族番酋三副使汪舒朶兒癭嗉子阿卜商等叛據納隣七站復命英討之英兵至洮州賊皆遁去斬叛逆土官阿昌失納等築城于東籠山南川留兵戍之疏聞　上曰洮州爲西番門戶城之是扼其喉矣命置洮州衛英兵進擊三副使癭嗉子悉破擒

之斬獲人畜甚衆十五年勅松州衛指揮耿忠命指人討戶出馬充賦名爲差發二十年禁番使闌出麻鐵二十五年建昌衛指揮使月魯帖木兒絳忽樂等叛都指揮使瞿能討之月魯帖木兒遣人請降諸將疑其詐請擊之能不聽賊遂遁去　上命涼國公藍玉討之月魯帖木兒與瞿能戰敗玉誘執之送京師伏誅玉因言四川地曠山險控扼西番連歲蠻夷梗化盖由軍

衛少而備禦寡也宜增置屯衛杜遏奸萌從之王又請籍民爲兵幷討長河西朶甘百夷　上曰民勞甚復籍之其何以堪長河西諸夷姑待後舉王遂班師明年製金牌信符遣使領給諸番諭之曰往者朝廷有需于爾必以茶貨償之未嘗暴有所徵也近聞邊將多假朝命爲徵爾等朕甚惡之今後遇有差發必合符乃應不者械至京罪之既立茶馬司於洮河二州聽番人以

馬易茶民一毋得私市違者死遣曹國公李景隆至番市馬以茶五千餘斤得馬一萬三千五百餘匹分給衛士復令禮部檄長河西打煎爐番酋責以納馬修貢諸番咸稽首奉約茶法大行永樂元年遣使賜番酋及諸國師白金鈔幣定番族來朝賞格四年迎番僧尚師哈立麻至京封爲大寶法王厚賜遣歸明年遣指揮劉昭等往西番設驛遞使仍撫諭軍民昭還遇番賊劫

掠率衆攻敗之洪熙時曲先安定二衛酋邀殺中使朱英討破之以番兵從征功國師宛卜格剌思巴等皆晉秩給誥命銀印宣德元年遣太監侯顯等使諸番更三歲方歸正統四年生番隨渠等八百二十九寨寨首曲吾巴等各遣僧入貢初諸番有欲貢者爲生番所阻松潘守將趙得遣人諭之故相率貢指揮趙諒與番僧商巴有隙因與得誘執之掠其財其弟小商巴率

衆入犯遣都御史王翺都督李安討之翺察其枉出商巴于獄具以聞諒伏誅得謫戍復命商巴爲國師十四年停西番金牌歲遣行人四人視茶政景泰間西番黒樓等三十一處男婦一百餘人朝貢諸番衆服獨董卜韓胡都指揮使克羅俄監粲稍桀驁悖慢屢詔讓之未幾死天順五年番寇涼州圍都督毛忠總兵宣城伯衛穎戰却之八年西寧番族把沙作亂穎與巡撫

都御史吳琛率衆討破之初番僧入貢不過三四十人景泰漸增至天順遂至二三千人前後絡繹賞賜不貲所至騷動成化元年禮臣以爲言詔諭闡化王令遵貢期三歲一至毋多人毋雜用國師禪師等印未幾番僧劄巴堅參等以秘密法進　天子愛幸之法王封號至累數十字道從用執金吾仗賜予駢蕃其徒錦衣玉食至數千人矣九年岷州番入寇千戶包景禀之

被害十七年給烏思藏諸番王及長河西魚通寧遠等宣慰司勅書勘合令貢時四川陝西驗入十九年以都御史阮勤言歲運四川茶十萬斤至陝給賜番僧二十四年罷行人巡茶以御史一人代之自景泰後茶政稍弛番馬多不至非復國初時矣弘治末命都御史楊一清理其事一清請復金牌信符舊制疏曰臣考前代自唐時回紇入貢以馬易茶宋熙寧間行之所謂

摘山之產易廐之良無害而有利計之得者我朝納馬謂之差發如田之有賦身之有庸必不可闕非虐使于番也因納馬而酬茶體尊名順非互市交易之比也且非獨以馬故也盖西番之爲中國藩籬久矣自漢武帝表河西列四郡斷匈奴右臂而漠南無王庭今金城之西綿亘數千里北有狄南有羌狄終不敢越羌而南者以羌爲世讎恐議其後也不然則河洮岷隴之

區能無戎馬之跡乎夫羌夷之人本非孝子順孫徒以資茶于我絕之則死故俛首服從此制番控虜之上策前代略之而我朝獨得之者也頃自金牌制廢私販盛行雖有巡茶之官卒莫能禁坐失重利垂六十年豈徒邊方乏騎乘之用將來遠夷無資于我跳梁自肆將生意外之憂撤藩籬之固甚非計也請下所司申明舊制昭示番族使知朝廷修復信符各供差發其不

受約束者徵兵問罪以警其餘奏上議行之正德初番僧復肆法王綽吉我些兒者烏思藏使也以術得幸出入禁中請授其徒二人爲國師還居烏思藏如大乘法王例入貢禮部尚書劉春言烏思藏遠在西方性極頑獷雖設四王撫化而其來貢必爲之節制令毋患邊而已今無故遣僧往萬一詐誘羌胡妄有所求請因以冒利不從便爲失異俗意從之則反生事端其害

甚大請罷之不聽尋遣奄劉允入番取佛禮部
尚書毛紀及臺諫連章諫止俱不聽是時西海
蓮虜亦不剌暴掠西番無寧歲徵兵逐勦虜避
走松潘旋歸故巢費以萬計竟無成功嘉靖元
年西番反鎮守都督鄭卿討之不能克自是歲
入境殺擄人畜卿與諸將各擁兵不戰總督尚
書王憲以聞詔讓卿八年洮岷番賊數入鞏昌
隴右騷動兵部議西番爲患皆因茶禁弛廢處

置失宜故相挺而起此所司之過且聞番衆爲
亦十剌侵苦因以役屬番胡交通益肆猖獗何
以善後昔漢趙充國不戰而服羌段熲殺羌百
萬軍興煩費內地爲之虛耗是知用舅將者逞
目前之快任老成者獲萬全之安乞廣宣帝之
明專充國之任制馭方略悉聽總督尚書王瓊
假以便宜毋有所撓從之瓊徵集大衆開諭諸
番示以禍福多聽撫惟若籠板爾及剌啣等族

不服乃分兵攻之破若籠板爾二族蕩其巢剌
啣等族震慴稽首聽命凡斬首三百六十餘級
降七十餘族諸番復定十二年烏都鵠鴿番爲
亂四川巡撫楊守禮討破之是時金牌爲海虜
所掠盡散失二十八年劉崙以爲言兵部議番
族變詐不常北虜抄掠無已脫給而再失失而
又給而又失之如國體何夫番人納馬欲得茶
耳誠嚴闌出之禁雖無金牌馬將自集不然終

無益也宜給勘合如成化故事從之四十二年
烏思藏闡化等王請封　上以故事遣京寺番
僧遠丹班麻等爲正副使以通事序班朱廷對
監之班麻抂途騷擾廷對歸白其狀禮部議自
後請封即以勑付其使毋別有所遣從之封諸
藏之不遣番僧自此始也王瓊既定諸番亦卜
剌亦爲虜所收復西陲稍寧至隆慶末虜俺答
以迎佛爲名復駐牧西海聲食日甚番人大困

矣其地自烏思藏朶甘二都指揮使司外爲指揮使司一曰隴答宣慰使司三曰朶甘曰董卜韓胡曰長河西魚通寧遠招討使司六曰朶甘思曰朶甘隴答曰朶甘丹曰朶甘倉溏曰朶甘川曰磨兒勘萬戶府四曰沙兒可曰乃竹曰羅思端曰別思麻千戶所十七曰朶甘思曰剌宗曰孛里加曰長河西曰多八參孫曰加八曰兆日曰納竹曰倫答曰果由曰沙里可哈思的曰

孛里加思東曰撒里土兒干曰參卜郎曰剌錯牙曰泄里灞曰潤側曾孫皆洪武間所置其後亦時有增設及族種甚繁不勝紀焉番有生熟其受差發者爲熟番不者爲生番俗質直朴曾上下一心君臣爲友吏治無文音樂尚琴惡食酪衣氈居毛帳務耕牧好很闘貴壯賤弱懷恩重利尊釋信詛其山川崑崙山可販海黄河析支湟水爲大物產犛牛　羱羊艸上飛骨篤犀金剛鑽馬價珠銅佛天鼠皮瑠璐沙棠樹黑驢爲奇貢道由四川陜西慶達約多人且不如期至隆慶三年俱限三年一貢定名數毎處赴京毋過十人餘留邊候命賞賜有全有減者爲令

論曰西戎爲患自三代然矣盛于漢熾于唐而馴服于明非向背之情異也合則强分則弱勢固然耳然當其强也足以抗虜及其弱反折而入于虜抗虜則虜虞是虎爭之形也折而入于

虜則我虞是蠶食之漸也是又無全利全害者也夫正嘉以前河湟之守未失虜不西也自亦卜剌連俺答譎而青海爲虜穴矣負嵎而眈眈我其能久有羌哉以羌合羌尚爲我患以虜合羌憂方大耳夫欲制羌命伐虜謀則有　高皇帝之神謨在其毋泄泄然以羌予虜也

土魯番考

土魯番本漢車師前王地晉屬高昌郡唐爲交

河縣在火州西百里永樂六年番僧清來率其徒法泉等來朝貢方物命清來爲國師法泉等爲土魯番僧綱司官賜鈔幣遣歸九年土魯番總統古麻剌失里十一年萬戶賽因帖木兒各遣使貢十三年吏部員外郎陳誠使西域歸土魯番遣使隨誠入貢後遂授其酋長爲都督都指揮等官宣德五年番酋都督僉事尹吉兒察及指揮僉事猛哥帖木兒等各率其孥來朝請

留京師自效　上嘉其誠從之賜居第什器尹吉兒察死其子卜洞川兒復自土魯番來歸授指揮僉事正統天順間土魯番朝貢不絕成化初阿力始強自稱速檀猶王也累引兵刦掠哈密諸郡地幾盡九年遂入哈密據其城執王母奪金印阿力死子阿黑麻嗣阿黑麻死子滿速兒嗣相繼擾哈密及赤斤蒙古諸衛攻掠甘肅爲患不休嘉靖初王瓊招撫之復歸哈密語具

哈密傳中滿速兒死子沙速檀嗣次子馬黑麻復據哈密耕種沙州遣使求貢并求給地以居守臣以聞兵部議土魯番父子世濟兇惡今馬黑麻結婚瓦剌潛耕屬衛意在西抗彼兄東侵我土奸謀發露乃始款關求貢請居近地此正欲爲窺伺甘涼之謀漸不可長宜令守臣諭以華夷界限不可踰越毋妄乞地方毋盜種沙田毋殘害哈密毋苛取貢夷乃可許其通使如執

迷不悛陽順陰逆則宜徵兵征討閉關絕貢詔可二十六年馬黑麻赴關納款土魯番使火者阿力克等八百餘人因而扣關總兵仇鸞巡撫都御史傅鳳翔盡延入關居之甘州故事土魯番五年一貢貢使半留肅州半留甘州至是諸夷貢不如期且請毋拆居屬楊博代鳳翔不許因稍爲調停示寬恤詔姑從之仍奪鸞鳳翔博俸有差嘉靖末沙速檀以潛掠北虜中流矢死

弟馬速嗣屢貢隆慶時馬速死馬黑麻嗣其弟瑣非速檀虎來失速檀阿卜撒亦並遣使求貢守臣爲請禮部言瑣非等所請本非令甲但遠人效甚難以終絕而一姓四使又於禮不可宜姑令瑣非等各附一使於馬黑麻使中以示羈縻制可其地去哈密千里中經黑風水艸俱乏難以遠據而自阿力以來皆挾哈密以徼利至隆慶後不復言哈密事土魯番亦衰始陳誠使

回言其國城西百里有靈山最大夷人言此十萬羅漢涅槃處也近山有高臺傍有僧寺寺下皆石泉林木從此入山行二十里至一峽峽南有小土屋屋南登山坡坡有石屋屋中小佛像五前有池池東有山山石青黑遠望紛如毛髮夷人言此十萬羅漢洗頭削髮處也循峽東南行六七里登高岸崖下小山纍纍峰巒秀麗峰下白玉成堆似玉輕脆不可握堆中有若人骨狀者甚堅如石文理明析顏色光潤夷人言此十萬羅漢骨也又東下石崖崖上石笋如人手足稍南至山坡坡石瑩潔如玉夷人言此辟支佛涅槃處也周行羣山約二十餘里悉五色砂石光熖灼人四面峻壁窮崖天巧奇絕艸木不生鳥獸鮮少云自誠使後土魯番漸張吞併諸國地大人衆異於向時矣其地近土魯番者爲火州柳陳

論曰土魯番彈丸地耳漢一戊己校尉足鞭箠諸國唐麴文泰稍不恭侯君集偏師執之無留行也乃至明而桀甚何哉豈　祖宗之神威消畫詳於北而略於西無以震之故歟釁興于哈密而禍結于邊陲綿綿涓涓裁之不早固禦戎[illegible]道

蒼霞堂訂正四夷考卷之五

福清葉向高進卿　著
華亭陳繼儒仲醇
繡水沈德先天生　同校

北虜考

北虜東至兀良哈西至瓦剌皆其地而兀良哈以內附爲屬夷別有傳其竄據沙漠爲中國患離合盛衰代變靡常大抵元遺孽也　高皇帝

洪武元年秋大將軍徐達副將軍常遇春兵二十五萬北伐逼元都元主夜開建德門及其后妃太子遁出塞居開平而使其將擴廓帖木兒將兵自太原來侵達聞徑擣太原擴廓還兵自救達與遇春計以精兵夜襲破其營擴廓僅從十八騎遁去其明年春遇春兵至大同守將竹貞棄城走元丞相也速攻通州曹良臣拒却之元兵自是不敢窺北平而納哈出據金山李思齊張思道據秦隴皆名元臣擁兵自固　上以書諭元主曰自古有國家者必仰觀天命俯察人事君之祖宗起自北方奄有中土及君之身中外多故朕以淮右布衣仗義興師芟夷羣雄此寧人事亦天命也以君知時通變遠遜沙漠故戒戢將吏勿復窮追君不見察益縱部下令盜吾邊人民苦之若此者恐非君之福也以朕爲君計誠宜限地自守修德順天蘄延世祀毋輕動貽悔又書諭納哈出皆不報達等師遂西

李思齊走臨洮　上以書招之思齊降張思道走寧夏爲擴廓所執其弟良臣以慶陽降頃之復叛達攻殺之遇春自鳳翔奉命分兵取開平李文忠副之過惠州次全寧敗也速兵進攻太興州破擒元丞相脫火赤遂克開平俘其宗王慶生及平章鼎住等斬之元主益北遁遇春還師至柳河川卒文忠代將其兵元攻我大同文

忠擊敗之擒其將脫　伯而大將軍亦悉下秦隴還師其年冬王保保襲蘭州王保保者擴廓帖木兒別名也守將張溫固守指揮于光來援兵敗被執保保舁至城下使呼溫降光大呼守者第毋降大將軍援至矣保保殺之明年春

上以保保數擾邊復命達爲征虜大將軍李文忠馮勝爲左右副將軍鄧愈湯和爲左右副副將軍北伐問諸將策安在咸言宜直取元主

上曰王保保方在塞下舍近圖遠失緩急之宜非計爾達其自潼關出安西擊王保保爾文忠自居庸入沙漠追元逋寇兩軍並舉虜在彀中矣諸將皆頓首曰善達軍出安定營沈兒峪口保保潛遣兵襲東南壘敗左丞胡德濟達親救之乃却因斬裨將數人械德濟送京師明日合戰衆咸奮大敗保保兵擒其將士八萬四千五百餘人馬萬五千餘疋雜畜稱是保保走和林

是夏元主殂于應昌其國人謚曰惠宗上嘉其達變遣使祭而尊之曰順帝太子愛猷識里達臘立亡何李文忠擣應昌破之獲太子買的里八剌降其衆五萬人宮女財寶圖籍不可勝計元主以餘兵走和林捷奏　上封買的里八剌爲崇禮侯復致書元主告以謚順帝及封崇禮侯之意而下詔漠北曰朕卽位初遣使臨諭四夷咸奉職納貢惟漠北以庚申君故未及今彼

祿位已絕人心絕望爾諸部酋長各依職來附朕當更給印章還領所部毋爲寇災矣朕既爲天下主視華夷無間凡馬牛羊孳畜從便地牧養達者且舉兵加誅毋執迷貽悔于是諸酋相繼歸附獨王保保猶在和林　上屢招之皆不報五年春命徐達爲征虜大將軍李文忠爲左副將軍馮勝爲征西將軍分三路討之達與虜戰不利斂兵守塞勝軍至蘭州右副將軍傅友

德先進多所斬獲甘肅守將上都驢率吏民迎
降進至亦集乃路元岐王朶兒只班遁去追獲
其平章長加奴等又敗之瓜沙文忠進兵臚朐
河留部將韓政守輜重令士卒人持二十日糧
兼程疾趨敗虜將蠻子哈剌章于土剌河追至
土魯渾河虜益衆摶戰文忠馬中流矢步持短
兵接戰裨將李榮以所乘馬授文忠自奪虜騎
乘之文忠戰益力窮追至稱海虜遁去師還明

年春虜先後寇永平慶陽塞守將輙擊敗之達
文忠等復任諸邊備胡當發　上自臨諭創業
之初君臣同其艱難及于事平念欲休息顧居
安慮危古人所慎比聞胡人窺塞豺很出没重
煩卿等其爲朕總率將士鎮遏邊陲清野以待
其來盡銳以擊其惰至邊之日宜先圖上方略
使朕覽焉達行至臨清聞虜寇武朔諸州遣陳
德郭子興馳往擊之虜遁去德子興追敗之答

剌海口斬獲甚衆鴈門守將吳均大同守將王
約復相繼破虜擒其平章定定等　璽書戒達
以戕胡擾邊連歲未滅孰任其咎昔田單攻狄
不下魯仲連謂其有生之樂無死之心卿等念
哉其冬達破王保保兵于懷柔明年夏都督藍
玉敗元將脫因帖木兒遂取興和李文忠亦遣
裨將擒其平章陳安禮木屑飛太尉伯顏不花
斬其將眞珠驢復親率兵攻其高州大石崖克

之斬宗王朶朶失里擒承旨百家奴進至氈帽
山破斬魯王及司徒答海俊等其秋遣崇禮侯
北歸明年王保保卒保保屢敗屢奮元主倚以
自強　上欲致之不能心壯其節間問諸將今
孰可稱奇男子者咸對曰副將軍遇春　上曰
非也遇春我得而臣之如王保保眞奇男子耳
因策其女爲秦王妃也而叅政蔡子英者亦義
不事明子英故爲保保所知定西之敗走居開

中吏行求得之械送京師過洛陽信國公和因辱之終不屈其妻聞子英至欲見之子英不許至京　上命以官不受退而上書間一夕大哭人問之故曰思舊主耳語聞詔有司送出塞是時愛猷識里達臘殂次子脫古思帖木兒立丞相驢兒哈剌章蠻子及國公脫火赤平章乃兒不花等時寇塞下十三年春西平侯英討擒脫火赤明年大將軍達率諸將征乃兒不花至北

河襲灰山大克獲而還而納哈出猶據金山寇遼東邊將屢敗之獲其將乃剌吾初大師克燕納哈出俘至京　上遇之厚竟釋歸聚衆至二十萬輜重饒于虜王　上以舊好屢招之不聽二十年春乃命宋國公馮勝爲大將軍率潁昌侯傅友德永昌侯藍玉南雄侯趙庸定遠侯王弼兵二十萬往擊之復遣乃剌吾歸諭之降勝軍出松亭關累敗虜兵乃剌吾至納哈出驚喜

甚勞問殷勤乃剌吾盛言　上所以遣歸及[illegible][illegible]意由是其衆多欲降勝軍駐金山納哈出僞使來稱疑然陰覘我師勝遣永昌侯玉往受其降虜使歸具言師盛乃剌吾亦勸之力納哈出嘆曰天不與我有此衆矣遂率數百騎身詣玉玉飲之酒懽甚酌酒酬玉玉解衣衣之曰君服此我乃飲納哈出不肯服玉亦持不飲爭之急納哈出怒取酒澆地顧左右咄咄語欲脫去

時鄭國公常茂爲輔行茂麾下趙指揮者解胡語以告茂茂直前搏納哈出傷其臂不得去遂擁以來而所部將士在松花江北聞之大驚潰勝急遣降者觀童前往諭降其衆得諸酋薄甚衆師還都督濮英等爲殿殘寇伏道左突出殺英勝上鄭國公茂驚潰虜衆狀茂亦訐勝軍中陰事爲勝負以是賞不行濮英以死事贈金山侯納哈出至封爲海西侯賞賚慰勞之甚厚其

勑遣使即軍中拜永昌侯玉爲征虜大將軍率延安侯唐勝宗武定侯郭英都督耿忠孫恪及定遠侯弼等征虜明年夏玉率兵由大寧進至慶州聞虜主脫古思帖木兒在捕魚兒海兼程進去海四十里而軍不見虜欲還定遠侯曰將軍提十餘萬師入虜地勞費甚而不見虜自還將何籍手見　主上乎玉乃令營軍穴地而爨毋令虜見烟火乘夜疾抵海知虜營在東北八

十里亟薄之會大風揚沙晝晦虜不意師至大驚太尉蠻子率衆拒戰破殺之虜主與其太子天保奴知院捏怯來丞相失烈門等數十騎遁去玉追之不及獲其次子地保奴及妃主等五十九人部酋二千九百餘人男婦七萬七千餘人馬駝牛十五萬盡焚其甲兵而還俘至璽書褒玉地保奴等給第居之京師既而有言玉私元主妃　上怒玉無禮妃聞之慙懼自經死地

保奴頗有怨言　上曰吾嘗欲封之以存元祀今如此其居之琉球遣使護往脫古思帖木兒既遁免欲往和林依丞相咬住行至土剌河爲其臣也速迭兒所襲衆復散獨與捏怯來等十六騎偕適咬住來迎欲共依闊闊帖木兒値大雪不得發也速迭兒襲執縊殺之并殺天保奴捏怯來等遣使來降命居之全寧應昌諸處未幾失烈門襲殺捏怯來部落遂潰故丞相咬住

太尉乃兒不花知院阿魯帖木兒時寇邊　上命英國公友德等以　燕兵從　燕王定遠侯弼等以晉兵從晉王往征之燕王者　成祖文皇帝也師出古北口　文皇帝臨塞諭諸將曰虜地曠絕吾千里行師無間諜難以成功乃發騎詗知乃兒不花等駐迤都遂冒雪抵其營虜不知也指揮觀童者與乃兒不花有雅故前往說之乃兒不花迫遂偕觀童來見　文皇帝慰

撫之酒食遣歸虜衆將至營復召之如此者三虜不能測悉收其部落馬駝牛羊還捷奏　上喜曰清沙漠者燕王也明年夏　文皇帝督潁國公出塞捕番將阿失里等其秋命都督劉眞宋晟征哈梅里哈梅里在和林西元屬兀納失里大王居之往來患苦西域諸貢使　上嘗遣使招諭之不從眞等攻破其城兀納失里遁去俘獲甚衆于是虜益衰終　高皇帝世脅息遠遁

不敢大爲寇而　上亦大封建諸王藩北邊璽書時下惟詰戎制虜爲務虜自脫古思帖木兒殺後大臣紛拏益五傳至坤迭木兒咸未幾而弑不復知帝號矣　文皇帝初鬼力赤立稱可汗去國號復稱韃靼偏所部大酋猶稍稍仍漢官名永樂元年遣使賫書諭鬼力赤曰元運既終我　皇考太祖皇帝受天命撫有天下朕以嫡子奉藩于燕入繼大統嘉與萬邦同臻安樂

比聞塞北推奉可汗特遣指揮朶兒只恍惚等持文綺四往致朕意今天下大定薄海內外皆來朝貢可汗能遣使往來通好爲一家使邊城萬里烽堠無警彼此熙然共享太平之福豈不美哉幷勑其太師右丞相馬兒哈咱太傅左丞相也孫台太保樞密知院阿魯台告以遣使往來意各賜文綺二頃之虜寇遼東懿路寨官軍頗失利虜亦引去　上復書諭之其秋鬼力赤

阿魯台率衆西與瓦剌馬哈木戰大敗瓦剌者元別部也當洪武時強臣猛可帖木兒據其地死而衆分爲三其酋曰馬哈木曰太平曰把禿孛羅不肯與可汗朝會相讐殺不休明年夏遣使完者禿賫勑諭瓦剌今天下一家莫不來庭惟爾北部猶觀望未歸使者往爾其遣人通好朕當授以官賞俾安本土射獵畜牧毋外王化幷賜以文綺馬哈木等遂遣使入貢其使往鬼

力赤者皆不返四年夏諭鬼力赤令還所遣使不報諜言也孫台爲部下所殺馬兒哈咱奔兀剌阿魯台迯居海剌兒河　上曰事虛實未可知第戒邊將善爲備明年春韃靼僧耳亦赤也兒吉你兒灰等來歸　上遣還令賫綵幣賜虜酋仍密諭寧夏守將是或爲虜間宜防之鬼力赤立數年以非元種衆不附迎本雅失里欲立之　上諭本雅失里曰近聞鬼力赤迎爾北行

以朕討之鬼力赤與也孫台爲肺腑親爾與之勢不兩立夫元運衰六代相傳無一人得善終者爾之保身亦何容易自古有天下者皆前代子孫爾元氏宗嫡當奉世祀如能惓然來歸朕當加以封爵居以善地爾其審之未幾虜竟殺鬼力赤立本雅失里爲可汗　上遣給事中郭驥指揮金卜歹往使復諭以通好本雅失里殺使者西與瓦剌戰爲所敗七年夏封瓦剌馬哈

木爲順寧王太平爲賢義王把禿孛羅爲安樂王給誥印其秋命淇國公丘福爲征虜大將軍率武城侯王聰同安侯火眞靖安侯王忠安平侯李遠往擊虜　上諭福曰本雅失里逆天道殺信使故命爾徂征爾必戒之出開平而北卽不見虜亦常如對敵遇虜設奇奮擊不得便卽止毋爲虜所紿仍告本雅失里以興兵問殺使之罪虜脫脫不花王把禿王僞丞相眷卜王等

相繼來歸福率千餘人先至臚朐河遇虜游兵擊敗之乘勝渡獲虜尚書一人飲之酒問可汗安在尚書言可汗聞兵來欲北遁去此可三十里福喜曰可疾馳擊擒此虜矣時諸軍未集諸將皆以爲此証我不可信不聽令尚書爲鄉道徑前薄虜營虜佯敗誘我深入福銳意乘之安平侯泣諫曰將軍輕信諜者言懸孤軍至此虜示弱徂我也將退欲乘我進且覆我徼疲極取

我耳將軍偪不念陛辭日　上諄戒乎而躁亂
若此計獨宜結營自固晝揚旗伐鼓出奇兵挑
之夜多燃炬鳴砲張軍聲使虜莫測一二日我
大軍至弃力擊之何不克也即不然猶可全師
歸何慮不出此而自取敗亡爲武城侯亦力言
福皆不從謀使同安侯使虜偽求和以兵繼之
同安侯不欲行福厲聲曰違令者斬乃先馳馬
行控馬者皆泣下諸將不得已從之卒遇虜安

平侯力戰殺數百人馬蹶被執死之五將軍皆
歿師殲焉　上聞之震怒意欲大創虜振亂原
乃召諸將議親征第患道遠轉餉難尚書夏原
吉議用武剛車三萬輛約運糧二十萬石踵軍
行過十日請築一城貯之留軍守又十日亦如
之庶濟師　上曰善如其計名所築城曰平胡
曰殺胡明年春詔曰朕受天命承洪業統御萬
方普天率土靡不從化獨北虜殘孽肆逞凶暴

屢使拊循輒見拘殺恩既違背德豈可懷朕仰
稽天道則其運已絕俯驗人事則彼衆已離今
親帥六師彰天討大擊小順取逆治攻亂逸伐
勞悅弔怨五者必勝之道也蕩除有罪廓清疆
宇庶幾一勞永逸邊費永寧於是命原吉輔
皇長孫居守北京學士胡廣侍講楊榮金幼孜
從明年二月發京師次鳴鑾鎮順寧王馬哈木
等遣使貢馬　上登凌霄峰望漠北顧謂廣等

元盛時此皆民居今萬里蕭條惟風埃沙艸耳
衰微若此而倔强何哉次清水原地鹹鹵水泉
不可食　上默禱泉湧出賜名神應泉次環翠
峯獲虜人訊知虜居兀古兒札謀西奔　上謂
導者虜西而我軍東北趨恐左若西北邀之可
獲也導者固請趨兀古兒札　上曰以爾爲導
宜從爾至則虜果遁倍道追之及虜于斡難河
斡難河者元太祖始興地也本雅失里率衆戰

大敗以七騎絶河遁去裨將劉江梁福等追之
不及還正月班師至廣漠鎮前騎報阿魯台聚
衆山谷中遣使諭之阿魯台欲降所部議異遂
迎戰敗走　上曰虜性貪雖敗且窺吾後乃伏
兵數百於河曲柳林中使數卒實艸於囊負之
行　上親率精兵千餘後諸軍發虜望見負囊
者爭趨之伏兵發亟走　上急擊之生擒數十
人餘盡死駕還次玄石坡勒銘曰惟日月明惟

天地壽玄石勒銘與之悠久銘擒胡山曰瀚海
爲鐔天山爲鍔　洗胡塵永清沙漠銘清流泉
曰於鑠王師用殲醜虜山高水清永彰我武會
軍士乏食　上輟供御散給之下令軍中許相
借貸抵京倍償其直師賴以濟次開平張宴大
醻將士醻已　上乃肉食秋七月至北京冬還
京師阿魯台遣使言欲輸欵且言瓦剌不宜信
瓦剌亦請乘阿魯台敗遂蹙之　上兩答其意

明年阿魯台累貢馬且請得部署女直吐番諸
部　上問左右多言許之便學士黄淮曰虜狼
子野心散則易制合則難圖殆不可聽也　上
是其言曰淮如立馬高岡無遠不見諸人平地
見目前耳遂不許而送其兄妹北歸蓋洪武中
師至捕魚兒海俘來者是時阿魯台與本雅失
里君臣已各部而居明年馬哈木等乘本雅失
里弱㓕之阿魯台上疏請爲故王復讐會馬哈

木使來言㓕本雅失里得傳國璽欲進獻恐爲
阿魯台所邀請兵征之且多所陳乞　上曰虜
驕矣姑待之勞其使遣歸明年夏虜酋伯顔不
花來朝亦請誅瓦剌其秋封阿魯台爲和寧王
毋妻封夫人瓦剌貢遂絶明年三月　上親征
瓦剌　皇太孫從行安遠侯柳升武安侯鄭亨
寧陽侯陳懋豐城侯李彬分率諸軍都督劉江
朱榮爲前鋒夏六月次撒里怯兒江邊虜與戰

斬數十人　上度虜且大至申令嚴備恐虜有能漢語者盜吾營馬哈木等掃境來戰見我師整頓山巔不敢發　上令騎挑之虜奮迎敗死數百人我偏將滿都力亦戰死都督馬聚被創甚　上遥見麾鐵騎馳擊之虜大敗殺其王子十餘人斬首數千級追至土剌河馬哈木遁去會日暮還營　上語　皇太孫遲明當窮追此虜盡殲之　太孫言虜已奔敗游魂假息不必

追　上從之班師至飲馬河阿魯台遣其大酋以下來朝會而身稱病不能行　上賜米百石驢羊各百別賜其部落米五千石勑　皇太子以班師告天地廟社仍詔告天下七月駕還北京明年春馬哈木等貢馬謝罪語甚卑送還前所留使舍黑撒答兒等　上曰黠虜乃巧言文過羣臣頓首虜禽獸不足較乃受獻館其使使者言馬哈木以阿魯台與中國歡將為已害欲

俟冬襲之　上勑邊將嚴為備明年春阿魯台與瓦剌戰破之使使來獻俘　上報賜仍及其將士未幾順寧王馬哈木死遣宦者海童往勞賢義安樂二王先是海童曾使瓦剌歸言所以拒命者順寧王之為順寧死賢義安樂可撫也故　上復遣之十六年春海童及瓦剌貢使至馬哈木之子脫懽請嗣父爵　上復封脫歡為順寧王而使海童及都督蘇火耳灰等以綵幣

往賜太平把禿孛羅及其弟昂克別使使祭故順寧王自是瓦剌復奉貢而阿魯台貳初阿魯台降以迫瓦剌窘甚南保塞自歸　上固曰虜黠詐窮來歸我非其本心然天地之仁主覆育豈顧擇哉納而封之虜既得休息生聚畜牧數歲益蕃富遂慢我使者或拘留之彼使歸肆行劫掠部落往往寇塞下　上戒諭不悛二十年三月大入興和　上鋭意親征召問兵尚書方

賓賓言餉不足未可興師問戶尚書夏原吉原吉對如賓語加切　上不懌令原吉往視開平餉適刑尚書吳中入對復如賓　上益怒逮原吉及甲擊掖庭獄賓自殺禮尚書呂震譖賓等誣罔命戮賓屍幾欲殺原吉楊榮力救乃免遂命英國公輔偕六卿議餽運輔等議分前後二運前運半用車半用驢踵大軍行隆平侯張信尚書李慶等督之後運稍後大軍行俱用車保

定侯孟瑛等督之共用驢三十四萬車十一萬七千五百民挽者二十三萬有奇運糧三十七萬石駕遂發五月次隰寧大閱將士製平胡原曲使士歌之踰月至威遠川報虜攻萬全諸將請分兵還擊之　上曰虜欲牽我耳吾兵鼓行前虜自救不暇何暇攻我哉七月進次殺胡原獲虜部下言阿魯台聞兵出其母妻罵之曰明皇帝何負爾而必欲為逆天負恩事爾死固宜

吾屬何辜今虜矣阿魯台遂盡棄其馬駝牛羊輜重于闊灤海側而身與其孥北走　上命焚輜重收其馬駝牛羊遂班師曰虜患邊鄙之足矣吾不欲黷武也顧謂諸將兀良哈我屬夷今顧黨虜亟剪之語在兀良哈傳中八月還京師明年七月虜降者言阿虜台將入寇　上遽召諸將諭之曰虜意朕不復出宜先出塞待之伐其謀諸將皆曰善部分行寧陽侯陳懋為先鋒

九月次西陽河虜知院阿失帖木兒古納台等率妻子來降言阿魯台為順寧王脫歡所敗部落潰散無所屬今聞大軍至率餘眾遠遁矣乃官阿失帖木兒等為千戶進次上莊堡先鋒懋追虜至宿嵬山不及遇王子也先土干率妻子部屬來降馳奏聞也先土干在虜中素雄黠自豪阿魯台忌之既見　上慰諭甚至也先土干喜曰　明皇帝真吾主也封為忠勇王賜姓名

曰金忠官其甥把台罕爲都督冬十月班師發
萬全　上乘馬忠勇王騎從問以虜中事對稱
昔復爲勑勞之所部皆舉手加額呼萬歲十一
月至京師忠勇王數請擊虜自效　上曰而休
矣兵數動卽朕猶厭之況下人乎吾欲自戢也
忠曰如邊人荼毒何　上曰卿意善然事須有
名漢文帝言漢過不先姑待之明年春正月開
平守將奏虜盜邊羣臣勸　上如忠勇王言遂

親征夏四月發北京陳懋金忠爲先鋒出塞數
千里至答口闌納木兒河不見虜英國公輔等
願假一月糧深入誅之而　上次開平時夜夢
神人言上帝好生者再學士榮幼孜乞承天意
赦虜罪遂降詔諭其部落至是欲旋師乃諭輔
出塞久軍士勞卿等且休矣朕更思之秋七月
班師至清水源道旁石崖高甚顧榮幼孜刻石
紀行曰使後世知朕征虜過此也次蒼崖戍不

豫次榆木川　上崩　文皇帝凡五出漢北三
犂虜庭中外勞費計臣凛凛虞乏軍興而虜繇
大創本雅失里妻率屬來朝瓦剌受封爵稱外
臣阿魯台是後亦奉貢謹邊境少事矣

寶顏堂訂正四夷考卷之五　終

寶顏堂訂正四夷考卷之六

福清葉向高進卿　著
華亭陳繼儒仲醇
繡水沈從先尊生　同校

宣德元年春賢義王太平死子捏烈忽嗣封三年秋　上親巡邊大破兀良哈五年春以陽武侯祿議棄開平移城獨石始　文皇帝世既棄興和及大寧至是開平復失宣遼道絕虜益迫

內地而阿魯台尾剌時相攻兵拏不解阿魯台敗　上勑大同守將武安侯亭虜敗部曲離散即來降宜嚴爲備未幾阿魯台攻兀良哈敗之駐牧遼東塞下遣使入貢　上曰虜貢宜自宣大入今乃從遼東非制具命守臣防之八年秋虜昝卜寇甘肅都督劉廣遣將敗之殺昝卜父子昝卜者阿魯台部酋也時阿魯台使來羣臣請拘之發兵問罪　上曰阿魯台歸命久　祖宗待之厚毋以細故廢前恩且部下逆彼不能制未可罪也禮其使璽書諭之明年夏阿魯台復爲順寧王脫歡所敗獨身逃使使來控　上憫然遣使撫之是時脫歡強稍併有賢義安樂之衆急擊殺阿魯台悉收其部落欲自立爲可汗衆不可乃行求元後脫脫不花王爲王以阿魯台衆歸之居漠北哈喇嗔等部俱服屬焉阿魯台子阿卜只俺乞歸附以爲左都督其冬脫

歡使使來告捷言欲獻玉璽　上賜幣令毋獻璽阿魯台既死所部阿台王子朶兒只伯因寓居亦集乃路屢寇甘涼敗我兵　睿皇帝立累招之不從正統元年羣臣劾總兵官寧陽侯陳懋都督劉廣等縱寇罪廣坐掩敗上功械下獄餘罰治有差其夏虜酋脫脫木兒滿哥帖木兒率衆欵涼州塞守將李安以聞　上勑安毋以虜欵弛備其秋命都督蔣貴率京兵征虜師出

綵功　上命兵尚書王驥鄺埜廷議邊事越五
日未奏逮驥埜下獄已而釋之明年春復命邊
將方政史昭丁信楊洪等分道討虜都御史李
儀言和寧殘孽窮無所歸乍臣乍叛小爲邊寇
固自其常第嚴烽堠練士馬備之足矣不宜各
棄所守窮兵遠出冐寒涉險幸一時功　上曰
儀言是然師業已行政等才足辦也已而皆無
功其夏命尚書驥行邊得便宜行事都指揮安

敬以罪戮徇軍中復坐虜入奪都督同知史昭
一秩其冬命都督任禮爲平羌將軍都督蔣貴
趙安副之尚書驥督師剿阿台朶兒只伯明年
夏禮貴破虜于石城斬三百餘級擒僞左丞脫
羅及部屬百人金銀牌六璽印二馬驢駝牛四
百餘兵甲衣裘稱是阿台與朶兒只伯以數騎
遁去追破之梧桐林至黑泉而還僞平章阿的
干以餘黨降趙安出他道復破之刁力溝擒僞

右丞等三十人逐出塞十餘里虜衆幾盡論功
封禮寧遠伯貴定西伯安會川伯賚驥等有差
未幾尾剌破殺阿台及朶兒只伯勢益張東誘
兀良哈女直窺塞下亦時遣使來貢馬四年春
勅諭其可汗脫脫不花王曰朕惟我　太祖高
皇帝兼愛中外待漠北尤誠信朕遵守不敢失
可汗聰明仁智順天道遣使通好人民安樂此
亦可汗祖宗愛民遺澤之所致也朕甚嘉之今

遣都指揮康能等齎書幣往致朕意可汗宜益
敦前好使命往來無間華夷一家將後嗣蒙澤
可汗名亦千萬世不磨可不念歟仍賜可汗諸
衣服器幣及其右丞相脫歡等皆有賜未幾脫
歡死子也先嗣稱太師淮王太師者虜握兵大
酋號也是時虜衆皆服屬也先脫脫不花徒以
元裔名爲君不相臨制顧妻也先姊以爲歡君
臣並貢我亦各賜勅答其意賞賚金帛甚厚之

漸驕桀不恭貢使初止三[illegible]人後乃至百人最後
至三千餘人屢賜勑戒約毋過三百人不聽我
濡忍納之使者亦暴横往來殺掠道路恣要索
稍不厭輒造釁端虜所請財物亦歲歲增至中
国所無者我不能應虜顧益誘雜夷與其使偕
九邊騷驛公私耗費又攻哈密執其王毋掠沙
州破兀良哈至脅誘朝鮮邊將皆知其必爲寇
屢疏聞勑戒防禦而已不能絶也十一年冬遣

使言往攻兀良哈歸且乞糧并欲見大同守奄
郭敬　上勑敬毋予糧毋得擅見虜已復請更
給順寧王印詔予之十二年虜使至宣府致脫
脫不花及也先書于守將楊洪洪以聞勑洪禮
其使報書申国家威德耳毋嚴拒失虜歡時洪
在邊頗有威名虜畏之故以書結洪須之其部
下阿兒脫台歸來言也先謀入寇脫脫不花止
之吾屬受朙恩何忍爲此也先言王不爲吾當

自爲之吾以騎日蹂塞下彼田不得耕民不得
息如此足逞也　上屢因其使勑讓之也先益
糾結諸胡使謀我貽書兀良哈謂爾祖父官皆
元成吉思可汗薛禪可汗所授爾愼毋忘且責
令供頓過軍兀良哈以聞詔問也先不報故事
尾剌使歸我使送至其地因留明歲與俱來使
者往往以好語媚虜見也先奏胡樂則曰是安
能及中国女伎耶吾他日來且請以賜若也先

甚因爲其子請婚使陽應曰諾已謾之曰吾爲
右奏　上報許矣也先乃大喜以得婚中国誇
諸酋十四年春大貢馬爲聘朝廷曾未之知也
答詔語不及婚則大媿怒七月遂盡發其種落
犯　邊脫脫不花王寇遼東知院阿剌寇宣府
也先[illegible]大同至猫兒庄偏將吳浩戰死羽檄
紛至奄王振用事顧自喜[illegible]怙中國威重壓虜
王親征廷臣伏闕爭之不能得踰二日駕遂行

命郕王居守太師英國公輔等從軍事一聽振至宣府天大雷雨以風羣臣請止師振怒俱令略陣進次雞鳴山衆忷懼振威頠盛張成國公勇等有所請事皆膝行尚書王佐鄺埜失振意罰跪艸中竟日乃解振日督進師虜漸退伏塞外誘我欽天監正彭德清語振虜勢如此駕更進致蹂虜柰萬乘何學士曹鼐亦力諫振皆不聽八月至大同奄敬密告振前行正墮虜計故

乃議旋師諸將皆言宜從紫荆入振顧欲邀
上至蔚州幸其第已復慮蹂其鄉轉向宣府再越日乃發西寧侯宋晟武進伯朱冕與虜戰陽和口敗沒諜報虜踵襲我使恭順侯吳克忠拒之敗沒成國公勇永順伯綬以四萬人繼往盡沒克忠綬與虜戰皆力士卒盡克忠猶下馬跪射矢盡猶刺殺數十人與弟克勤皆死獨子瑾脫歸綬兵盡以空弓擊虜　上怒支解之既而知綬本山後人相與哭之曰此吾類故勇爲爾次日至土木議入保懷來振顧私重不肯行遂至營地高無水師困甚欲移營以虜迫復止虜僞退營動虜乘之我師大潰英国公輔尚書佐學士鼐等皆死喪士卒數十萬輜重盡爲虜得
上北狩報至京師震駭廷臣聚議戰守所宜侍講徐珵依古象倡南遷侍郎于謙曰欲遷者可斬也請集勤至兵死守學士陳循曰侍郎言是

衆和之顧　皇太后尚疑奄李永昌極言南宋事可鑒持守議益力　皇太后悟勑郕王監国晉謙兵部尚書任以事羣臣廷劾振奸狀請族夷之　王令侯處分羣臣慟哭請而錦衣指揮馬順者振黨也從旁呵止之給事中王竑直前捽順衆共毆斃之復索奄毛貴王長隨磔誅之衆譁甚　王疑欲退謙前掖之慰論羣臣散虜奉上至大同守將劉安郭登伏　上命稍出

錢犒虜諭登固守毋受虜欺軍校袁彬没虜得
侍　上登遣人語彬欲奉　上乘間入城彬以
聞　上曰我命在天毋蹈險第語安報　皇太
后朕在虜中無恙亟具金帛迎歸耳安聞諸朝
王詰責安此虜詐爾何輕聽後勿復爾　上遂
由　大同出塞居也先弟伯顏帖木兒營伯顏
俯伏跪拜執臣子禮甚恭九月　王即皇帝位
尊上為太上皇巡撫都御史朱鑑具陳禦虜方

略首請罷奄豎監軍　帝嘉納之逮奄敬下獄
敬監大同軍與虜通歲造鐵鏃私遺虜賜和口
之戰敬撓軍故敗至是逃還京論罪坐死詔禁
錮之十月也先使人來議和還車駕賜勑答之
數日自大同入犯紫荆擁　上皇南從間道攻
關破之都御史孫祥死進薄都城宣言索大臣
王直胡濙于謙等出迎駕衆知虜詐不出於是
以通政參議王復中書舍人趙榮克九卿如虜

師朝　上皇也先謂爾等皆小官亟令直等來
上皇密諭復榮彼無善意宜亟歸是日虜焚
三陵殿寢門游騎四出掠下邑朝議欲鍵九門
清野以老敵尚書謙曰不有戰何以守乃親擐
甲先將士出反闔德勝門而軍示士卒必死燔
城外積芻毋資虜詗知　上皇駕移遠虜營乃
發礮擊虜死者以萬計總兵石亨力戰彰義門
又敗之都督孫鏜王通合擊又敗之虜勢沮而

諸勤王兵以次集於是謙榜各門募番漢軍能
擒斬也先首獻者賞萬金爵上公也先內懼遂
巡遁而使使來言欲還　上皇請罷兵報詔太
師且奉朕兄歸意良厚顧部下多剽掠朕所以
發兵備他盜耳太師如戢兵以數騎護歸　上
皇朕亦遣數騎迎彼此解甲相和好固朕志也
復勑勞伯顏帖木兒朕兄在營知院供具無闕
敬謝知院是日伯顏帖木兒奉　上皇駕出紫

荆關石亨躡虜清風店大破之昌平伯楊洪都
督孫鏜范廣陶瑾等分道捕畿内餘寇破逐之
上皇駕出塞脱脱不花王遣使來貢大臣請禮
其使以間也先從之使也先土木之勝意輕中
國且挾　上皇爲重質邀索無已尚書謙颺言
社稷爲重君爲輕以塞虜望而先是虜過大同
帥郭登亦登城告虜頼天地宗社之靈國有君
矣虜既失所挾又見中國全盛城池深固人心

憤愾稍稍悔禍事　上皇愈益共奉居得知院
營間數日輒設宴妻妾行酒身自彈虎撥思兒
踏曲以佐歡　上皇雖徇虜意氣故自如未嘗
有所降下虜時望見所居帳夜有光龍文交騰
雨雪不凝大驚異大酋咸頓首伏謁稱中國聖
人也先數薦女弟侍　上皇固却之愈敬服謀
奉駕歸矣景泰元年春誅逆奄喜寧喜寧者胡
種也降虜見親信日導虜入寇虜薄都城及邀

大臣迎駕皆其謀　上皇患之計不誅寧虜不
靖乃命袁彬請也先遣寧至京軍校高磐與俱
密繫書磐肘令邊將計擒之至宣府被獲械赴
京論功晉參將楊俊爲都督賞副千戸　上皇
聞寧擒大喜謂歸南有日虜既失寧無與導謀
兵衰息然遲我迎　上皇徘徊塞上時入虜掠
雲中上谷間我使久絶其衆皆思歸大酋阿剌
知院遣參政完者脱歡來具言欲和不得報且

入寇報詔虜必盡出塞乃可和不然朕不惜戰
也完者脱歡復來請脱脱不花及也先使亦至
秋七月乃遣禮侍郎李實少卿羅綺指揮馬顯
偕完者脱歡報使弁問　上皇起居實等見
上皇泣　上皇亦泣問　三宮安否將來何物
實頓首言本以通問來無所將　上皇曰此細
故不足論卿第歸語朝廷圖迎我歸守陵墓足
矣也先語實我留　皇帝無以爲數請迎歸不

報何也實反覆曉譬欲奉迎也先言汝修通聞
耳何遽言迎其亟遣大臣來大臣朝至駕夕發
實歸具言之時巳遣都御史楊善右侍郎趙榮
使虜使指不及迎廷臣累請如實言更遣使
帝終不許善至也先爲言南北和好久柰何拘
我使臣減賞賜自生釁端善曰爾父在先朝貢
使不過數人寡求請所以能長好爾使且三千
人間有好中國法潛逃非我拘留賞賜第覈其

虛者何言減也也先曰者胡語云者然辭也善
度也先意稍動因言太師爾忘　明皇帝之大
恩乎而以小人言失累世歡天道好生爾好殺
宜早戢兵毋逆天生災也也先曰者者因問　皇
帝歸更踐阼否善曰天位巳定不可易也也先
曰堯舜禪受何如善曰　上皇以兄傳弟正法
堯舜耳也先不能難第言汝迎　天子將何物
善曰吾以貽來太師其將被此名也無庸而有

令名何利如之也先大然之其日引善見　上
皇遂設宴餞自彈琵琶妻妾前觴顧善曰都御
史坐善不敢坐　上皇曰坐善乃坐仍起周旋
也先嘖嘖羨有禮次日伯顏帖木兒餞次日駕
行也先築臺設　上皇座率衆拜辭妻妾亦拜
辭也先復自送數十里慟哭辭去遣得知院送
至野狐嶺亦慟哭辭平章昂克射得一獐追來
獻八月駕抵京居于南宮自是虜貢不絕屢請

報使尚書王直偕廷臣請許之制曰正統間使
通虜幾危宗社今朕方思與虜絕卿等第謀所
以富國强兵雪讐恥稱朕意焉毋復言使虜事
尚書金濂胡濙相繼言虜向化誠不報且生釁
其何靳一介行李踐虜庭稍慰其望濂復引高
帝以三十萬衆困平城以爲戒制曰使毋往朕
志定矣平城事非所宜言於是勑可汗前者使
往小人言語短長致傷和好兩國人民咸罹災害

隋唐以來北狄酋長之通稱非中國所禁[illegible]
宜稱爲乜剌可汗示羈縻便郎中章綸言可汗
在中國固夷酋之常稱在戎狄則帝者之位號
觀其上唐太宗爲天可汗元世祖爲成吉思可
汗可見矣向脫脫不花乃元世傳稱名猶近正
今也先弒主僭號名實大舛若因而稱之彼以
爲中國天子亦稱我可汗得誇示羣酋羣酋讋
服且遂爲中國患莫若賜勑別封爲敬順王或

乜剌王便詔從廷議稱乜剌可汗也先既新立
恐諸部不從欲通好中朝其弟賽因孛羅曾王
諸酋皆貢馬稀復深入爲寇矣而我所賞賜虜
費亦不貲未幾知院阿剌攻也先殺之始阿剌
欲繼也先爲太師也先不許阿剌怒遂隙也先
屋腦殘虐諸部皆貳愈益忌阿剌佯飲其二子
酒毒斃之阿剌率所部攻也先數其三罪曰漢
兒血不花正血兀良哈血皆在汝身天道好還

行及汝矣也先未即戰而與所厚酋伯顏帖木
兒得知院等議帳中其知院禿革帖木兒等剄
阿麻火者故阿剌部也共剌殺也先幷殺伯顏
得知院或云也先戰敗從數十騎遁已復棄其
騎困甚從一婦人乞漿婦人飲之酪遂去夫歸
婦言狀夫疑其爲也先追殺之也先死諸部離
散寓居西北邊離合不常乜剌稍衰矣阿剌後
亦失所終而孛來爲雄長稱太師復求故可汗

脫脫不花子尊立之號小王子自是虜以小王
子爲尊稱而毛里孩阿羅出諸酋相繼奮咸爲
邊患　睿皇帝復辟念居虜中時伯顏帖木兒
有保護功遣都督馬政賚綵幣賜其妻孛來留
不遣而使皮兒馬黑麻入賀言欲獻璽賜勑詰
責留馬政罪且曰璽非眞卽眞秦物耳朕不貴
也獻與否惟爾馬政亦自虜中代孛來乞糧不
許天順二年春孛來大舉寇陝西安遠侯柳溥

統兵禦之輒敗循時飾小捷聞御史劉濬劾溥
溥行賄得釋濬謫官已而虜大饑關中震動乃
召溥還奪太傅明年春正月虜入大同定遠伯
石彪破走之都督周賢都指揮李鑑戰死其秋
復寇大同守將安陽伯李文避不敢出虜直抵
鴈門忻代殺掠甚衆烽火達于京師邊民大擾
遣都督顏彪馮宗率兵屯紫荊倒馬二關爲聲
援虜益肆往來自如敕二關兵出鴈門虜始退

明年春寇延綏榆林守將彰武伯楊信拒却之
明年夏寇河西守將仇廉禦之敗績遂渡河大
掠關隴震動懷寧伯孫鏜兵尚書馬昂率京兵
及河南山東兵西征會曹欽反關下昂討賊有
功不果行而侍郎白圭都御史王竑相繼出禦
虜其秋孛來三上書求欵廷議請遣使撫諭乃
命指揮詹昇齎勑諭孛來曰比邊臣奏太師書
言通好事朕已悉知朝廷故與北邊往來無間

頁約構怨常在北邊今歲復掠我河西邊將追
捕兩致殺傷廷臣咸請大發兵誅討朕以生靈
故謝罷羣議太師書中亦言愛惜多人性命朕
與太師既同此意故使使往諭太師自今其棄
細故行大道散遣部落毋爲邊患使來賞賜朕
不爾吝賚往綺幣至可領也其冬孛來遣納阿
出等隨昇來報命且請從陝西入從之未幾復
斜毛里孩入河西賜詔責讓令貢道仍由大同

毋趨陝明年使至大同詔守將彰武伯信虜名
貢其心叵測且有三千人伺塞下宜善爲備仍
勑虜使察占毋多挾人來留其餘塞下官餼之
聽與邊人交易孛來上書言已爲諸部長賞賜
[illegible][illegible]等諸部禮臣言孛來賜視諸部大溢獨其
小王子與之同虜貪且蔑君臣分以此怏怏
宜稍塞其心詔增幣一襲未幾小王子沒或云
孛來弒也虜共立其兄脫思爲王稱馬可古兒

吉思王子遣使入貢賜勑招諭之成化元年春王子與孛來並貢復求報使不許頃之孛來誘兀良哈九萬騎入遼河武安侯鄭宏拒却之其冬寇延綏命彰武伯信率大同兵御史項忠率陝西兵禦虜皆無功虜諸酋亦内爭孛羅忽者結毛里孩阿羅出者結癿加思蘭各樹黨相攻出没河套中河套古朔方郡饒水艸其外爲東勝唐張仁愿築三受降城國初嘗守之兵民耕牧套中自東勝而外地平衍虜來一騎不能隱以故避不入後以曠遠徙弗居至是遂爲虜巢邊民亡命者時導虜入掠邊事日亟而孛來勢分復爲毛里孩讐殺稍衰矣癿加思蘭亦虜别部居哈密北山天順末始盛侵掠哈密雄視諸番我因其貢羈縻之竟東渡河與虜合二年夏大入延綏適大學士李賢言虜據套近我邊我出彼歸我歸彼來禍無休已宜令各邊守臣簡

精鋭窮巢穴驅而去之一勞永逸國家雖費不可以已也乃使彰武伯信爲平虜將軍都督趙勝副之率京兵萬人諸邊兵合萬人往擊虜未至虜入固原都指揮林盛戰敗詔促信行信至邊虜退其冬復入延綏參將湯胤勣敗死明年春毛里孩乞通貢制曰無約而請和者謀也其令各邊謹備虜毛里孩不得貢則渡河東侵大同廷議楊信兵少不足制虜於是以撫寧侯朱永爲平胡將軍率京兵往都督劉聚鮑政副之會毛里孩再上書求貢許之詔永駐軍代州先是毛里孩已攻殺孛來弒其可汗馬可古兒吉思虜更立可汗毛里孩復弒之并逐少師斡羅出自稱黄苓王别酋孛魯乃稱齊王並遣使貢而瓦剌也先之子阿失帖木兒者亦來貢使者頗挾兀良哈夷由喜峰口入故事宴勞北使優於他夷至是以其混兀良哈使來且入喜峰口

非制乃以夷使禮禮之虜使恚有違言遁事諭
之故上書服罪乃遇以故禮禮部言阿失帖木
兒兩月間使進貢者二又不循故道殆其結各
虜徑近狎至以窺邊宜遏絶其奸於是賜勑言
自爾祖脫歡而來朝貢信使有常時往來道路
有常處未嘗雜引他夷生事端故朝廷待之不
疑今爾貢兩月再遣又同朶顏使從東來朶顏
卜剌俱我屬衛朝貢有節今無故糾以來非法

也爾自今其體前人心歲冬農隙時聽遣使使
毋過三四十人仍從大同入朝廷得一意款待
毋傷世好長久之計也尾剌自也先死後數歲
衆至是復稍張與毛里孩諸酋拿兵爭雄長諸
酋亦坐是不得并力於我未幾有滿四之變滿
四本名俊故元平凉萬戶把丹之孫也國初虜
降者皆處以邊地謂之土達俊處凉州三岔溝
號滿家營有衆數千人時出行劫邊將墨其財

俊厭苦之會其黨事發詞連俊四年秋遂據石
城爲亂石城天險即唐吐番石堡城王忠嗣所
謂非殺數萬人不能克者也寧遠伯任壽廣義
伯吳琮合兵三萬擊之大失利於是命都督劉
玉都御史項忠征之忠圍困其城數月不下伏
羌伯毛忠指揮周璽費澄俱戰死廷議謂賊未
平且勾虜滋蔓請濟師大學士彭時持不可明
年二月俊黨楊虎霾降誘俊出戰擒之并其黨

磔于市始俊計事敗且入虜以圍急不得出比
俊誅邊將已報虜入套窺邊矣其冬阿羅出糾
兀良哈寇延慶於是撫寧侯永爲平虜將軍都
御史王越督師往延綏禦虜永至邊以捷聞論
功越等俱陞賞永世侯而虜據套自如邊郡大
擾七年冬召永還以邊事委越及總兵許寧而
使侍郎葉盛行邊會虜入敗參將錢亮寧不能
救兵部尚書白圭請大發兵搜套盛至邊條上

築堡增兵諸事謂搜套師未易輕舉盛還奏請
集廷議議言套虜不驅邊患無已第邊兵多而
無統是以屢衂宜擇遣大將付以閫外得專事
虜於是以武靖侯趙輔爲平虜將軍悉部署諸
路王越仍督師虜大入延慶輔不能禦未幾稱
疾召還以寧晉伯劉聚代之聚未至虜相繼掠
固原延寧諸處邊臣屢疏聞讓讓輔越玩寇罪
延綏巡撫余子俊建議埤山築墻設墩臺砦堡

以制虜從之虜自是不敢大入延綏毛里孩孛
罶乃阿羅出三酋亦稍衰敗而滿魯都入河套
稱可汗亂加思蘭爲太師九年秋九月與孛羅
忽並寇韋州王越偵知虜盡行老弱巢紅鹽池
可取也乃與總兵許寧遊擊周玉率輕騎晝夜
馳三百餘里襲擊之擒斬三百餘級獲雜畜器
械甚衆盡燒其廬帳而還虜自據套以來無歲
不深入殺掠人畜至數千百萬邊將擁兵莫誰

何徼所遺老弱及殺吾民以上功冒陞賞三邊
大將朱永趙輔劉聚出師大抵效邊將故習虜
益橫內地且自危用事者始議搜套聚兵八萬
糜資儲無筭頻歲師不出至是捷虜內失其孥
相與悲泣渡河北去患少弭已復稍稍東寇宣
大遼東誘兀良哈爲導十一年秋滿魯都亂加
思蘭並遣使貢未幾復相讐殺始亂加思蘭以
女妻滿魯都欲代爲可汗恐衆不服謀殺滿魯

都而立斡赤來爲可汗滿魯都知之索斡赤來
亂加思蘭匿不與攻逐滿魯都併有孛羅忽之
衆滿魯都部酋脫羅干亦思馬因復攻殺亂加
思蘭亦思馬因稱太師自亂加思蘭死虜數歲
稀入寇大璫汪直恃寵喜事數握兵徼戰伐功
王越朱永附和之諸大臣心知其非不敢爭十
六年春邊報至遂命永爲征虜將軍直與越俱
督師出塞捕虜先是永征建州越不與以爲恨

子遮絶貢道請借兀良哈兵襲之不許小王子死弟伯顏猛可代為小王子弘治元年夏小王子奉書求貢詞稍慢自称大元大可汗下兵部廷議之英國公張懋等言虜借名稱自其故態不足誅即　先朝亦嘗寬假宜合守臣納其使從之伯顏猛可立以年幼恐太師專權遂不復設太師與克剌屢入貢時馬文升在兵部許進巡撫大同皆習邊事進疏至輒得請戎備修又

數貽書小王子言通貢之利虜奉約謹不敢大為寇故當弘治初諸邊稱虜患異成化時矣其後乃有大節火篩者脫羅干之子小王子部落也狡黠善用兵劫諸部屢寇邊獲財畜日強盛跋扈與小王子爭雄長邊患復熾十年冬寇肅州巡撫吳珉不能禦以王越鎮陝節制諸軍越已奪爵起自田間明年秋越率師襲賀蘭山後虜破之明年虜寇榆林寧夏大同皆殺掠多明

年春寇威遠遊擊將軍王杲敗績右叅將秦恭
副總兵馬昇逗留不進皆論死其夏連寇大同
總兵王璽等失亡多命平江伯陳銳及侍郎許
進率師禦虜銳畏怯遇虜不敢戰嬰城自保罷
還以保國公朱暉代之進亦致仕去虜猖獗甚
京師戒嚴分遣文武大臣守潮河川天壽山居
庸紫荊倒馬白羊諸關以都御史史琳督師大
同虜解去明年春迭入延綏守臣屢告急復命

保國公暉都御史琳統諸路兵西禦虜奄苗逵
監軍暉行至河套襲虜斬三級驅牛畜數百歸
賞賚有差廷臣屢言功薄不當賞報聞虜分道
掠固原寧夏諸邊輒從花馬池入西北大擾暉
等不能禦都給事中屈伸疏劾之詔讓暉因召
還以秦紘督師鎮陝紘至邊大治塹築堡虜稍
靖十七年夏六月歸正人報虜有異謀　上召
大學士劉健等東陽令譯審虜情因諭以京軍
擾邊人耳　上憮然悟曰朕幾誤計乃寢師然
猶拜朱暉爲征虜大將軍苗逵史琳贊師逾簡
京軍俟報至乃行而使都御史閻仲宇往大同
通政叅議熊偉居庸關督餉虜引去暉等罷行
明年春虜三萬騎圍靈州詔督諸鎮兵往援虜
圍久不克解去散掠內地總兵李祥偏將仇鉞
擊走之　敬皇帝崩

寶顏堂訂正四夷考卷之六終

寶顏堂訂正四夷考卷之七

福清葉向高進卿　著
華亭陳繼儒仲醇
繡水沈德先天生　同校

踰月虜大舉寇宣府總兵張俊分遣諸將禦之皆爲虜所圍俊疾救解遊擊將軍張雄穆榮戰没士死傷數千失亡人畜無筭復命苗逵朱暉史琳出禦虜都督李俊神英都指揮陳雄張澄

佐之皆無功言官劾暉等老師費財徵還其冬虜入鎮夷所指揮劉經死之復自花馬池毀垣入掠隆德靜寧會寧諸處再旬乃退關中大震陝西巡撫楊一清疏言諸將觀望莫相救致虜深入多殺傷宜擇大臣節制諸路令乃可行詔以一清爲總制時正德元年春也一清條上修邊諸事行之會逆瑾竊柄輔臣本兵相繼逐一清旋亦致仕去諸奄四出稱守備監軍梟鷙行

間邊事益困矣三年春虜近塞下命兵部侍郎文貴開府督師貴所請度支金錢巨萬名修邊費然半輸瑾所虜殺掠男婦數千雜畜器械倍之莫誰何明年夏命工部尚書才寛節制延寧甘肅諸軍貴專督宣大其秋虜伏大衆於延綏塞下遣輕騎攻新興堡副總兵侯勛禦之伏起被圍會救至虜解去喪馬二千七百餘匹殺傷略當寛以捷聞其冬虜入花馬池寛禦之敗死

總兵馬昻與別酋亦孛來戰于木瓜山諸處頗有斬獲其年亦不剌入西海亦不剌者小王子丞相也小王子與火篩讐殺火篩死復以他事怒亦不剌欲殺之亦不剌懼擁萬衆掠涼州攻破安定王等族奪其誥印諸番苦之西海自是始有虜别部阿爾禿斯與亦不剌合日與小王子尋兵敗則掠邊破堡寨五十餘殺兵民千餘雜畜糧械失亡無筭守臣輒以捷聞七年秋遣

人至肅州求邊地住牧且請婚令廷議欲遂招
之以扞虜不果明年夏再來請甘肅巡撫張翼
陷以金帛令遠徙虜遂掠烏思藏據之轉掠松
潘洮岷無寧歲小王子復屢入宣大塞殺掠慘
于西陲守將潘浩等不能禦罰治有差八年夏
五萬騎由大同入犯寧武倒馬諸關山西守臣
請調宅鎮兵戍大同者還守關兵部議寧武三
關所以蔽山西而大同所以蔽寧武也若專守

寧武是自撤藩籬非計大同兵宜無動而別調
內地兵戍寧武從之以咸寧侯仇鉞總兵禦虜
鉞至大同屬虜寇萬全衛與戰於沙河失亡多
以捷聞未幾奏虜退召還明年秋小王子入宣
大塞別部自懷安入順聖川遊擊張勛守備田
琦廉虎戰死總制都御史叢蘭告急詔奄張永
督宣大延綏兵都督白玉爲大將軍協蘭禦虜
他將皆屬分遣撫寧侯朱麒等守古北口及紫

荆諸關永等多挾從人請乞煩未出國門已費
度支金錢十餘萬卒無功闌王與虜戰于平虜
城南潛置毒飯田間如農家餉虜食之多死明
年秋十萬騎入固原塞明年夏入大同塞詔都
督劉暉侍郎丁鳳率師禦之虜突入白羊口大
掠而去未幾復以七萬騎分道入總兵潘浩與
戰于賈家灣敗績都指揮朱春指揮王唐戰死
浩再戰再敗虜遂犯宣府殺掠無筭浩奪三官

諸將罰治有差十二年秋五萬騎入大同塞屬
天子以遊幸至陽和親部署諸將禦虜總兵王
勛等遇虜於應州爲所圍　上督兵援之衆殊
死戰虜稍却會暮休營明日虜來攻自辰至酉
戰百餘合虜引而西追至平虜朔州會大風黑
霧晝晦　上乃還是役也獲虜首十六級我軍
死傷數百乘輿幾危　上命守臣告捷於朝詔
還羣臣迎賀賞賚有差是後虜雖歲犯邊然

大入小王子死有三子長阿爾倫次阿着次滿官嗔阿爾倫前死二子長卜赤次也明皆幼阿着稱小王子未幾死衆立卜赤稱亦克罕克罕猶可汗也然亦稱小王子如故嘉靖元年入花馬池大掠西安鳳翔三年秋大同巡撫張文錦以鎮城孤懸追虜築水口等五堡遣卒二千五百家戍之卒憚行叅將賈鑑督之嚴叛殺鑑及文錦多走出塞降虜明年　屢入陝西諸塞殺

吏民亦不剌復駐牧賀蘭山後出沒擾邊詔起楊一清爲總制一清議劾尚書金獻民議撫會王憲代一清乃下憲議憲亦言遁虜不大創患無已時已勒所部待師期詔憲慎防守毋輕出塞六年春虜連寇宣府叅將王經關山俱戰死其秋數萬騎入寧夏塞王憲督總兵鄭卿杭雄拒却之斬首三百餘級明年春掠山西其冬王萬騎掠宣府總兵趙瑛等拒却之已復大掠

和至朔州指揮趙源戰死明年春數萬騎入寧夏塞杭雄禦之敗績遂由鎮羌入西海與亦不剌結親謀內犯時王瓊代憲益修邊虜亦稍却未幾召還唐龍代之十一年虜款延綏塞詔却之遂擁十萬騎入寇總制龍請許貢以紓患上曰虜負罪宜討大臣當戮力振國威乃敢目前計縱虜耶龍連戰頗有斬獲虜以數萬騎渡河而西襲卜兒孩大破之卜兒孩者亦小王子

部落遁入西海與亦不剌阿爾禿厮共患邊者也明年秋虜窺大同塞總兵朱瑾議浚濠塹遏虜騎大同卒素憚瑾治軍嚴因是役也遂亂攻殺瑾總督劉源清欲盡誅諸亂者卒愈嚚嬰城叛遣小王子金幣女伎曰中土饒可帝勝沙漠也指代王宮曰以此爲那顏居小王子勒兵應之遊騎至應朔諸州旋解去亂亦隨定是時小王子最富强控弦十餘萬多畜黃金犀毗稍厭

東西諸塞無寧日每入大率十萬少亦數千諸
將莫能禦獨大同總兵梁震數以家丁刼虜有
功虜畏之震死家丁多走降虜十八年秋虜寇
宣府逮總兵江桓下詔獄明年春入延綏奪總
兵周尚文俸其秋大掠宣府至蔚州堡寨盡破
總兵白爵遇虜于水泉兒大敗副總兵雲冐再
遇馬連堡又敗留兩月乃退巡撫楚書以捷聞
西虜復掠固原會大雨道濘虜騎困弓矢盡膠

劉天和與戰大獲殺吉囊子小十王捷聞　上
喜甚天和及諸將周尚文等皆增秩并録輔臣
本兵功諸賞賚甚渥明年秋虜遣使石天爵款
大同塞巡撫史道以聞詔却之以樊繼祖督宣
大山西三鎮兵抗虜翟鵬督餉兼督畿南兵為
援虜不得請遂大舉內犯吉囊先由白泉口長
驅至寧武關石湖嶺副總兵丁璋力戰死繼祖
堅壁不敢戰俾遊擊將軍周宇禦虜太原北虜

之虜越而南殺掠萬計至平遙居民掊自擬塢
格虜有斃者以故却而俺荅復入又越太原至
石州殺掠益甚浸淫平定壽陽間矣言官交章
劾繼祖竟不罪罷歸召翟鵬還已復使督宣大
兵二十一年虜使石天爵再至邊臣誘殺之以
功受賞俺荅怒入塞大掠山西殘傷四十州縣
殺掠二十餘萬雜畜二百萬衣襆金錢稱是焚
公私廬舍八萬區踰月乃出塞諸將觀望莫敢

戰獨參將張世忠躡虜鬬甚力死之時吉囊虜
忻代妓淫日夕卒死俺荅益張二十三年十月
自萬全右衛深入內地言者謂撤防秋兵太早
上怒逮翟鵬及薊州巡撫朱方下詔獄杖死以
翁萬達代鵬萬達有計略詰邊堇卒次第修諸
墻堡戎備大飭明年秋虜以數萬騎犯鐵裹門
鵓鴿谷萬達分軍為二故帥張達將左部故偏
師張鳳將右部達戰鐵裹門虜却鳳戰鵓鴿谷

殺傷大當虜欲解去已憤曰南軍不數百我以
數萬返何以復軍乃益合圍殺鳳磁人王邦直
素負勇力提大刀入陣獨殺數十人竟鬬死軍
沒然虜亦大懾明年復使使求款邊卒紐前事
殺之萬達請治殺使罪紓虜忿且言虜款堅宜
羈縻制之毋絕不聽陝督臣曾銑謂虜巢套中
近塞下不驅之邊患不休銑欲復套料兵實具
方略疏請大學士夏言主其議　上業報許而

大學士嚴嵩素與言相軋思有以中乃乘間訐
言受銑金妄議興師開邊釁啟社稷憂故帥仇
鸞嘗以貪暴為銑劾繫獄嵩嗾之疏銑諸不法
狀　上大怒逮銑誅之并誅言自銑死後無敢
言復套事矣二十七年秋虜入大同塞萬達策
虜趨鎮安堡使總兵趙卿駐焉虜佯攻獨石卿
違制悉兵走獨石虜遂踰長安嶺掠隆永得利
去詔罷卿貶萬達俸二秩明年春虜犯宣府滴

水崖萬達先諜知之乃檄大同總兵周尚文曰
虜且東二鎮相援制也其以兵趨滴水失期者
罪無赦又虞尚文不時至則具疏請尚文得旨
介而馳未至裨將董暘江瀚力戰死亡其軍尚
文遇虜曹家庄大戰敗之虜恃衆不退益治兵
攻圍三日萬達計曰戰久矣兵必疲不援尚文
是棄師也率衆鼓行前虜走出塞已復寇拒墻
堡尚文以車兵敗却之尚文卒張達代萬達召

還隨憂歸郭宗皐代明年夏虜入大同塞達禦
之虜爲三覆待我達恃勇不戒中伏力戰死副
總兵林椿援達亦死達椿皆驍勇敢戰邊人惜
之事聞逮宗皐等罰治有差以仇鸞帥大同其
秋虜至鎮鸞使其黨時義賄虜令東寇薊山
外界虜恃三衛藩蔽至是三衛反導虜深入至
古北口詔發京邊兵數萬守要害邊兵發虎笠
遠不時會京兵烏合不任戰虜攻古北口都御

史王汝孝悉力禦之稍却虜分騎間道出師後
我兵大潰虜大殺掠懷柔順義吏士無算游騎
至通州京師震恐集諸營兵壯者出邊敗死悉
老弱不過五六萬而諸內使廝徒負養在其中
矣倉卒從武庫索甲仗武庫奄不時發久之未
能軍兵部尚書丁汝夔始以聞　上大驚詔侍
郎王邦瑞定西侯蔣傳督九門門各守以文武
大臣集武舉千人隷焉別募良家子蒼頭義軍

垂四萬登陴咸寧侯鸞保定巡撫楊守謙俱以
兵至諸勤王兵先後至　上內視稍彊拜鸞爲
平虜大將軍諸道悉屬進守謙兵部侍郎督師
釋故參將戴綸歐陽安等繫令從軍自效虜至
通州阻白河御史王忬先已悉收舟楫不得渡
越數日乃西薄都城獲奄楊增等令持書來曰
予我幣通我貢即解圍不者歲一虔而郭時
天子坐西齋宮望烽火四起憂之無所出召大

學士嵩禮部尚書階問虜事嵩言此搶食賊不足憂階言宜以計緩虜令出塞待命乃欵如此往復冀少遲我兵集虜可破也　上命集廷議廷臣相視莫敢發司業趙貞吉抗聲言北虜無狀至震動勾城柰何爲城下盟第録故帥周尚文功出沈束于獄捐帑金百萬以百金易一虜不效貞吉受其咎時束以理尚文功得逮故也檢討毛起言虜近姑許之而後寒之若何貞吉

怒衆叱之　上聞壯貞吉擢左諭德兼監察御史稱詔齎五萬金勞行營將士大將軍鸞討難貞吉拒不受益縱部士辮髮冒虜掠村落有司捕獲不敢法疏請上念大同卒首勤王即有罪以追饑困置勿問第付鸞自治兵部遂下令勿捕有捕至反笞捕者卒愈益驕恚甚于虜衆籍籍歸怨汝夔矣汝夔顧語諸將虜方盛未易得志討無如守諸將畏虜誘言汝夔禁不敢發詎

淩上聞而守謙亦恐戰未必利少挫且張虜約勒部士毋輕動虜縱掠近郊至西山中貴人園宅别業多焚蕩環泣　上前謂汝夔守謙右虜左士使異類縱横殘神鄉　上震怒逮二人下獄戶部尚書李上翔坐徵發不給褫職寇服視事虜剽得子女金帛無筭意欲滿乃循諸陵而北倘佯去欲奪白羊口大將軍鸞以十萬衆尾虜不敢擊卒與遇遺鸞幾爲虜擒裨將戴綸徐

仁力戰乃免虜東循潮河川由古北口出諸將斬遺椎弱八十餘級詐增鹵獲稱飲至汝夔守謙竟坐誅貞吉亦以報命失　上意杖謫詔鸞督京營兵鸞議京營兵脆不習戰請徵諸邊鋭士集京師爲重兵部議是撤垣墻蔽堂奥非策卒從鸞議鸞意氣日盛擅自議語署置所上疏即報可不下部尚書王邦瑞力爭不可　祖宗無是法毋啓跋扈端不聽邦瑞尋罷去虜既歸

會疫病人畜多死所掠皆歸部落稍中悔大將軍鸞懼虜且復至陰使人啗以開市其冬俺答遂上書求貢明年春使子脫脫詣塞下申請督臣蘇祐以聞下廷議咸言邊事陵遲甚矣姑從虜以紓吾邊且永樂成化間嘗許女直三衛市何靳于虜詔給金十萬易布幣開市五堡漸及延寧以侍郎史道經略其事兵部郎中楊繼盛力條其不可大槩謂虜踐蹈我　八陵虔劉我

赤子不能報而反與市損威重長寇仇甚矣令之爲謬說者不過曰吾外假馬市羈縻虜而內得自寬修武備夫虜至逆也至無饜也人心憤之矣不及時激厲其氣用之而和以自弛使邊人媮好衣美食忘其憤而懈于戰將愈驕豪傑效用之心何備之能修往者邊私通虜吏猶得以法裁之今導之矣是開百姓不靖之漸也又不過曰得馬以資吾軍不知旣巳和矣馬焉用之且虜安肯捐其善馬以予我我歲糜數千萬而無所償于虜一不如意彼必敗盟以失信責我釁端百出此其害廷臣皆知之而莫敢言惟陛下獨斷　上雅不欲市而方嚮用大將軍鸞鸞持市議堅相嵩唯唯而已　上不能奪乃下繼盛吏議去五月馬市成虜奉約頗謹我叛人蕭芹等素導虜謀中國不利虜欵欲敗之謂俺答曰中國毒水上流伏甲市傍若幾殆俺答固

心疑其左右復受芹賂爲言芹有異術能使城自頹愈益動市畢潛犯左衛并使其黨爲內應會謀洩引還史道遣人讓虜虜內媿因以千騎隨芹入試其術不效遂執以與我論功道進尚書鸞太子太傅道復爲虜請以牛羊易粟廷臣多謂虜欲無厭不宜聽督臣蘇祐疏言一牛數庚一羊數釜米如珠而牛羊如山竭廩不能厭也虜無親而貪寒盟其心耳市虜以安邊也朝

市幕掠何危如之必勿許詔從祫議召道還其冬大入邊殺掠邊臣詰之漫應曰此貧虜掠食耳我不能禁即中國能禁民勿盜耶已復請市弘賜堡御史李逢時以非期拒却之俺答恚益縱掠別酋把都兒辛愛破遼東新興堡殺指揮姚大漢等指揮王相以所部兵四百遏虜千戶葉廷瑞佐之戰俱力相死廷瑞重傷虜引去議者咸咎馬市非計鸞內恐因請邊塞毋拒虜縱

其深入內外合擊之破必矣兵部謂深入則蹂我畿輔縱能破虜其傷實多鸞議絀復請率兵出塞捕虜　上不許然鸞實中怯無意行特恃寵嗄咤以虛聲聳朝廷三十一年秋鸞病死都督陸炳暴其奸詔剖棺尸諸市籍其家悉罷諸邊馬市更言者死三十二年春虜入大同口參將史略死之又入青邊口副總兵郭都死之遊擊孫邦丁碧力戰却虜已又入延綏塞副總兵

李梅死之其秋俺答把都兒自大同入徑趨紫荆急攻插箭浮圖等峪遊擊陳鳳朱玉盩厔夏固原兵來援虜却鳳玉追之過浮圖守者請犒師鳳玉曰毋緩賊吾旋軍享之及虜於三家村大戰竟日虜敗走未幾小王子入宣府塞抵赤城大掠而去俺答犯山西巡撫趙時春禦之諜言虜有遊騎二十去此兩舍可擒也時春擐甲欲馳總兵李淶爭不聽遂前伏兵起淶與子松

及參將馮恩等皆戰死時春走免三十三年夏虜犯大同左衛總兵岳懋戰死逮總督蘇祐黜爲民其秋數萬騎入薊州塞總督楊博募死士擊之三十四年春犯馬蘭峪參將趙傾葵等戰死總兵周益昌來援虜退其夏入青邊口參將李光啟戰敗虜執以索贖光啟罵虜死其秋大舉犯宣大山西參將丁碧力戰死參將馬芳以家丁夜刼虜逐出塞三十五年夏入宣府塞遊

擊張紘戰死軍盡没其冬小王子及打來孫以十萬騎入遼東塞總兵殷尚質戰死亡卒千人奪總督王忬巡撫蘇志皐俸是年誅叛人張邦奇呂仲佑邦奇衛舍人與丘富周原趙全李自馨等皆以白蓮教捕急先後叛入虜虜居之豐州號板升板升華言屋也富最用事日夜教虜治攻具懇田積粟收知略士與謀我邊民黠知書者踵歸虜俺答令富試之能者統衆騎不則

給甌脫地令事鉏耨御史李鳳毛言虜累入犯謀由富等乞令副使楊順計獲詔給順萬金毋問出入下令擒斬俺答諸酋千萬金爵伯擒斬丘富周原三百金授三品武階副總兵田世威密遣富故人王勳及弟浩入虜招富降大同人孫廷美亦陷虜與浩共説富富問儒生計安國留與歸孰便安國曰公華人也乃爲犬羊用乎今官家方急公宜亟歸取功名毋失邦奇謂富

曰中國購君歸且遺之命富怒令邦奇與浩偕邦奇罵浩君賣丘公與中國耳富怒殺廷美浩約呂仲佑内應攻大同勳逃歸謀復弟讐適邦奇挾虜騎至邊索所藏倭刀讖書伏甲執之并得呂仲祐姦狀俱伏法論功陞賞督撫諸臣官計安國爲鎮撫厚恤浩廷美家三十六年春把都兒以六萬騎入流河口副總兵蔣承勳率塞力戰死之西虜犯延綏副總兵陳鳳及其子守

義俱力戰死之其夏俺答入宣府塞殺參將祁勉等冬大掠大同塞俺答子辛愛妾桃松寨者以私通部目蠻帶帶懼誅來奔辛愛大恚縱騎索諸邊總督楊順懼議遣還或曰無爾也我失丘富而彼得蠻帶沮降且辱國順竟私與之辛愛磔以徇虜自是益輕我大攻圍右衛數月不解右衛地斗入虜南一面通川虜分騎塞道衛大困故將尚表以轉餉至遮虜不得歸極力城

守虜不能克議者欲棄右衛守虜　上問大學
士嵩意欲棄之而難于言乃對尚書　許論習
塞事請問論論阿嵩極言衛難守搖　上意
上益發兵援三十七年四月兵大集虜解去其
冬土蠻犯界嶺口馬芳拒却之三十八年春兀
良哈導虜由潘家口入大掠近畿詔逮總兵歐
陽安論死切責王忬忬恐稱疾為相嵩搆誅傷
使楊博督薊博經略頗有緒召歸其年俺答出

鎮羌入西海留老弱豐州大同總兵劉　漢乘
間攻板升掇叛黨乃使部將王孟夏等以三千
人先趨自以重兵繼之斬獲百餘縱火焚其居
而不得丘富等其後富以掠邊中流矢死四十
一年秋虜寇遼東塞總兵楊照率兵襲之敗死
明年冬虜大舉由墻子嶺入大掠順義三河諸
將孫臏趙溱俱敗死胡鎮拔柵走京師戒嚴
上怒逮督臣楊選誅之虜留旬日引去四十四

年冬黄台吉突入洗馬林把總江汝棟伏銳卒
二百擣之幾獲以救至脫去明年　肅皇帝崩
當　帝世虜諸部獨俺答强黄台吉其子也尤
剽悍嘗勸其父毋臣土蠻土蠻伐之不能克遂
與連和亦不剌阿爾禿厮始雖逋匿西海為甘
涼患然猶與虜角其後亦折而入於虜塞東西
岌岌憂之帝嚴明慮軫邊計一不當輒執戮行
間大吏嘗一與虜市未浹歲絶之而邊臣顧私

賄虜相與為欺蔽邊大圯隆慶元年秋趙全說
俺答寇山西曰晉兵弱石隰間多肥牟良鐵可
致也彼藉宣雲為救遠來罷安能抗我俺答乃
分六萬騎四道並入入井坪入朔州入老營入
偏頭關卒皆悍勇邊軍遇之披靡副總兵田世
威嬰城自守遊擊方振出戰敗入壁劇甚總督
王之誥聞變率六千騎抵鴈門檄大同總兵孫
吳入援吳與山西總兵申維岳俱逗留不進虜

薄石州攻陷之殺知州王亮屠男婦幾盡進攻
汾州趙全遣間爲內應州人獲之得先爲備虜
攻八晝夜不能克遂分掠文水交城平陽介休
間所殺虜男婦復數萬計邑里爲墟時黃台吉
以偏師駐宣府塞下綴我兵之誥奉詔還懷來
護陵寢巡撫王繼洛駐代州不敢出虜留內地
浹三旬無與抗者値雨潦牛亡其騎乃遷延出
塞去事聞詔逮繼岳世威論死繼洛謫戍邊吳

四夷考　卷七　二三

落職之誥罷去其月三衛酋董忽力勾土蠻入
薊州塞大掠昌黎撫寧樂亭盧龍間京師爲震
總兵李世忠避虜不敢擊壁李家莊虜圍之援
至乃解總督劉燾巡撫耿隨卿檄諸將追虜會
大霧虜迷失道墮棒椎崖中崖深十餘丈積尸
爲滿後騎踐之而過諸將張臣等詗知爭趨至
割虜首報功世忠乃濫及平民爲言者所劾詔
謫世忠戍罷燾放隨卿歸里臣等以鹵獲有驗

晉二級明年春　上詣山陵顧瞻塞下念薊急
以譚綸督薊戚繼光總兵綸與繼光皆嘗用南
兵破倭相與計薊兵屢衄後有朝氣而無暮氣
不足賴宜用南兵益召募至三萬令卒治塞垣
夾垣爲臺高數丈矢石相及環薊而臺者三千
垣周二千餘里虜自是避不敢深入薊三年冬
西虜吉能率精騎西掠熟番靈藏等族留餘衆
套中寇夏總兵雷龍等襲擊之斬首虜百餘四

四夷考　卷七　二四

年夏俺答大舉犯平虜參將張剛禦斬虜使移
攻威遠總督陳其學率諸將馬芳等與戰漢虜
相紛拏殺傷大當虜退剛下吏其學去王崇古
代其秋虜入遼東塞至錦州總兵王治道自山
海關馳至欲出戰巡撫李秋曰千里趨利兵家
所忌將軍且休矣治道不聽促參將郎得功先
進治道繼之虜伏起兩將皆沒敗書至　上方
憂虜而大同報虜酋把漢那吉來降把漢那吉

者俺答弟三子鐵背台吉子也幼孤撫于俺答妻一克哈屯所長而偎俺答愛之爲娶反慎都女曰大成比妓那吉又自聘兔扯金女未及婚會俺答有外孫女已聘襖兒都司矣俺答聞其美自取之號曰三娘子襖兒都司怒且治兵相攻俺答懼奪那吉所聘女與之那吉恚恨攜其妻及其乳母之夫阿力哥等扣敗胡堡求入總督王崇古大同巡撫方逢時相與計此奇貨可

居吾豐館餼飾輿馬予官爵尊顯之以示虜令俺答而急之則因與爲媾令縶板升諸逆以贖其孫不聽則脅誅那吉以牽沮其氣即不然因而撫納如漢匈奴質子事使招其故部居近塞俺答老且死而黃台吉立我以一屠耆谷蠡秩秩那吉勢必爭兩族相持我因按兵稱助推亡固存那吉懷德黃台吉畏威安邊之大略也若循故事置海濱彼一窮胡雖何足重輕且恐失

意颺去非計臣具以其章上聞詔授那吉指揮使阿力哥正千戶御史葉夢熊疏爭之謫去時俺答方掠西番得報疾馳歸約諸部稱兵入塞索那吉趙全益數虜必困我那吉乃出一克哈屯聞全謀哭罵俺答曰耄悖不適死信漢叛兒反覆乃欲侵漢漢士馬強安能必得志是速殺吾孫也俺答乃擯全遣人來祈請崇古故不令見那吉引夷使登門閣騶從導那吉過其下使

者訝此那吉耶胡爲乎漢威儀耶諦視之果那吉也大喜歸報俺答崇古因使使與俱說俺答曰趙全諸叛逆天下之惡一也惡于中國而保于爾何利請受而甘心不則勿復望那吉矣俺答始意中國恚其歲犯邊必殺那吉及聞無恙則大喜敬謝使者太師全吾孫我何敢藏叛虜稱我尊官爲太師也復使使來定約因請稱臣貢方物開市崇古爲聞諸朝未報屬黃台吉以

萬騎趨大同崇古質責其使曰與我好而掠我何也使謝曰彼未及聞耳無他端因還語俺答馳召黃台吉黃台吉喜出張家口宣鎮兵斷其歸路虜前部欲戰黃台吉曰戰則敗約我無辭于太師整兵而西出拒門堡俺答隨收捕趙全李自馨劉四呂老祖諸逆梏以獻周元聞變服毒死始全與丘富俱附虜富死全益重虜初入塞止盜村落不敢入城堡全教虜左右疏計課

校人畜益習攻取圍困掩襲事諸鎮疲于奔命矣全有衆萬人騎五萬牛羊稱是自馨及元差減最下者亦千騎俺答每欲盜邊先置酒全家計定乃行全爲俺答建九楹殿奉居之尊爲帝會大風飄棟瓦殺數人俺答懼不敢居而全等各建堡治第擬于王者陷石時州全計曰自此塞鴈門扼居庸據雲中上谷效石晉故事南北之勢成矣朝廷屢購之不能得至是乃伏法全

未至時已詔那吉歸俺答迎之河上祖孫鳴鳴相勞苦曰帝天也覆露我使使入謝申請貢市崇古爲奏虜欵堅宜聽且乞詔邊臣毋燒荒擣巢生虜釁下廷議兵部尚書郭乾言虜方求欵即要我以不燒荒不擣巢他日者若要我以不乘塞不設備其將如何宜更議毋遽許廷臣咸言市虜　先帝所禁奈何弛之崇古言　先帝時虜方張又勾自逆鸞故盟易寒今虜貢仰我

摶顙待命何慮何嫌而絕之歟且國初嘗王和寧王順寧矣弘治間小王子三歲三貢矣是之不遵而徒藉口于　先帝何也因條爲八議以進廷臣言利者十三言害者十七相持不決大學士高拱張居正力言崇古議是請于　上報可五年三月封俺答爲順義王昆都力哈及黃台吉爲都督同知把漢那吉爲指揮使賓兔台吉等十八人爲指揮同知那木台吉等十九人

爲指揮僉事打兒漢台吉等十八人爲正千戶呵拜台吉等十二人爲副千戶恰台吉等二人爲百戶昆都力哈即老把都賜勑俺答曰我祖宗受命御宇內外率育朕纘承不替頃因爾孫來歸特命邊臣護視以禮遣還爾懷戢朕恩稱臣奉貢俘獻叛逆悃誠用章朕遠稽前代近覽本朝款塞稱藩厥有舊典是用錫爾王封并及子姪部落皆有常秩爾當堅守臣節約束爾

衆毋爲邊患朕亦勑邊吏同好棄惡爾毋食盟自干天罰俺答率所部受詔甚恭使使貢馬謝百官班賀兵部下市令貢馬不過五百匹簡上駟三十進御夷使不過百五十人設藁街于邊城無令入都市期自二月至四月爲率大同于左衛威虜堡宣府于萬全右衛山西于水泉營俺答以威虜無水改市得勝堡黃台吉與父不相能欲自別異市新平堡市物虜以馬雜畜皮

毛我以金銀緞繒諸貨官市畢聽民市是年九月報市成凡得馬七千餘匹官給直六萬緡賞賜酒肉布帛費四千緡西虜吉能等復請市詔予吉能市紅山墩切盡着力二酋市寧夏清水營始俺答受封時切盡等在營語使者曰我西陲之酋也　帝何遺澤焉崇古令使者好語曰若無虞陝西太師行爲若請矣旣而總督王之誥議令數歲不盜邊乃許崇古言吉能與俺答

叔侄勢相依倚許俺答而不許吉能俺答必陰呼吉能市晉吉能亦必陰誘俺答窺秦彼兩利也市晉則物力不給窺秦則關隴騷我兩害也將旦夕生患安能數歲之詰議非是之誥去戴才代才　上言陝西市諸番歲久不可令虜雜其間延寧二鎮雖迫虜然法令嚴無寸帛闌出者奈何自弛禁使虜生心無已則令東市二鎮示羈縻　上詰讓才而封吉能爲都督同知

部酋四十九人授指揮千百戶有差卒許市方
三鎮市畢虜更乞月一市崇古爲請不許明年
春老把都吉能相繼死俺答表言欲歸心佛教
請金書經及剌麻僧詔給遣之已復以四事請
給順義王印封諸婿市鐵鍋聽虜使入京崇古
皆言宜許兵部議既予封矣其何靳于方寸之
印予之當鐵鍋宜勿予即予予銅毋予鐵使者
毋聽入止而饗之邊諸酋稍給財物毋輕予官

從之俺答機變械飾身赴市場凛凛遵約陰令
其子弟踯躅邀索因而調停示德黃台吉市毋
後期部下卒時掠我民復刼車夷革固等東徙
革固者不知其所從來嘉靖間始流居宣府塞
下而先是有史夷者亦以黃台吉暴虐自拔歸
御史劉良弼言二夷雖處爲我外藩車夷既刼
則史夷之勢自孤史夷復去則北路之藩盡撤
中國制馭不可不謹詔俺答歸車夷自俺答款

後塞下稍寧邊臣皆論功受賞大學士拱上疏
言夷性如禽獸然順其欲則摇尾乞憐逆其願
則狂顧反噬非可以禮樂馴法度約者也當先
帝時虜遣使求貢不過貪賞賜關市之利耳而
邊臣倉卒不知爲謀當事之臣憚于主計斬使
絶之致挑虜釁自是大舉內犯直抵京畿三十
餘年迄無寧日使邊民肝腦塗地膏腴棄而不
耕屯鹽廢壞豈惟邊事不支而帑備竭于供億

士馬罷于調遣中原亦且敝矣此則往事失計
之明驗也天佑國家胡雛委命朝廷處置得宜
虜遂感恩請貢斯實天以安攘之機授我于是
因而受之名順義美較之往歲呼關要索相去
千萬九夷八蠻聞風慕義孰不向化威靈所被
南洽北暢斯亦千古之一時已然臣等所爲深
謀遠圖則不在是昔　先帝嘗切宵旰之憂下
詔修塞者屢矣然財力俱傷迄無成效者非徒

奉行不力之過也實以虜擾應接不暇尺寸未
成而尋丈已壞矣今虜效順受封九塞晏然出
國家什一之富以收胡馬之利招中國攜貳之
人以散勾引之黨沈幾密畫次第舉行即虜或
背成而我歲有歲功月有月效十年無事常勝
在我矣則和可戰可寓戰于守寓守于戰亦可
此則邊臣所當加之意者也如脉制馭之權宜
苟一時寧謐遂爾偷安卒然有變何以應之則

其患又自今日始矣臣請三歲遣近臣視塞以
八事殿最邊吏積餉修險練卒鍜甲督屯理鹽
養馬招降皆以數課計治其功罪績最者同斬
虜廢壞者做失機上嘉納焉至其後奉行觧實
虜亦浸驕不如約市直日增至歲縻金錢數十
萬繕巡撫王象乾力為裁節邊乃甦尾剌自正
德後稀往來嘗與虜戰殺其酋虜部毎西行輒
以復讐尾剌為名大蠶食諸番西北昔之而東

虜土蠻數入遼東李成梁守遼東以功封寧遠
伯

論曰北狄之盛至勝國極矣不有大聖人與孰
為驅除觀我　太祖之命將徂征神謨獨運元
侯樹屏九塞周防信禦戎之上策也永樂之世
大鉞親麾王庭屢躪至使內釁竭于軍興遺弓
隳于朔野夫寧好戰蓋懲臚朐之衂深謀燕翼
故勤萬乘勞士馬而不悔耳威靈震被再世晏

如矣及正統凶醜復張加以行人失辭戎心無
厭渝盟犯順輅馬震驚苟非社稷有靈夷庚旋
復禍患之興曷云其極跡所由來因欵貢為之
階也是以　景皇深懲往事杜塞釁萌行李罕
入其疆聘覲不報其使綢繆補葺上下協心虜
亦叛亂相尋鳴弓內競彼紛我暇邊鄙雖或小
虞而國威幾再振矣其後干掫殆警自撤藩籬
東勝朔方棄為豺虎引寇屬垣邊城晝閉威寧

一戰虜膽稍奪而根結既深蕩除未易揚厲欽
馬羽檄交騰　孝皇赫怒興思犁庭之烈顧問
公卿張皇撻伐事雖不行夫甯非仁者之勇歟
正嘉之際黠酋暴興族類蕃滋近世未有曾銑
發憤建謀欲傾其巢穴還我舊疆而帷幄搆爭
蕭墻生釁伊吾之劍未鳴而身首異處矣豈不
痛哉虜既得志益肆憑陵鳴鏑天都徹烽大內
師中之寄委于匪人騎士林官雲蒸霧集而不

敢以一矢加遺虜氛日惡厥有由然　穆皇初
歲虜劉汾石幾無孑遺厲天厭亂孽虜扣關遂
緣舐犢之恩用綢放麑之德桑椹既食好音是
懷馴異類于壇坫拯氓隷于干戈亦云盛矣而
玩愒寖生軍實耗墜迎佛掠番狡謀百出金錢
內盡藩籬外撤故識者憂之夫開市之費省于
轉輸欵塞之稱美于和戎琛幣之交安于鋒鏑
此邊臣之所禱祀而求也然而尋得失于累朝

考虜情之終始乍臣乍叛不可爲常故　二祖
驅之于前　列聖絕之于後雖間或慕義貢獻
不却其誠而安攘之大猷在彼不在此矣夫順
者逆之機也安者危之伏也易云喪牛于易詩
云爰居爰處爰喪其馬六經之旨貴于未亂可
不謹哉

寶顏堂訂正四夷考卷之七終

寶顏堂訂正四夷考卷之八

福清葉向高進卿　著
華亭陳繼儒仲醇
繡水沈從先尊生　同校

鹽政考

國家之制鹽政也葢邊政也鹽政修而邊政與之修也鹽政弊而邊政與之弊也其故何也國初召商于塞下輸粟餉邊給之鹽引一引而粟二斗五升耳無重羨之費也所司無留行食祿之家毋侵利一切奏請毋私予無傷奪之孔也竈戶給以攤場艸蕩每引給工本鈔二貫五百文有私鬻違禁者死無潰漏之奸也故鹽政修也塞下之地盡墾而爲田坻京露積士飽馬騰無枵腹之憂也邊郡既實內地益充民得甘其食美其衣老死不聞徵發無轉輸之苦也屯堡星聯兵農雲集耕夫得安于力作而胡馬不窺

于長城無蹂躪之擾也故邊政修也鹽政之弊也則有存積常股之害與常股七分以爲常而存積三分以待塞下之急倍賈開中越次放支是法以罔利弊也則又有折銀之害與商輸之運司運司輸之度支度支輸之邊內帑苦于供億沃壤化爲蒿萊急目前之羨餘忘百世之長利是法以見小弊也則又有奏討占窩之害與勲戚權倖夤緣請乞名曰餘鹽恣行夾帶但憑城社無敢誰訶是法以私實弊也則又有增價之害與成化間折銀三錢五分耳正德間則四錢五分嘉靖間則七錢官有羨征商無溢入是法以重課弊也則又有衙門要索之害與商登籍于戶曹趨而給引于南戶曹又趨而受鹽于運司又趨而至于行鹽之地往來馳逐動經旬歲奸徒憑其翕張墨胥視爲囊橐然且有罰之金贖之鍰關節之苞苴操踰束濕利盡吹毛

法以侵削弊也則又有守支之害與程期累歲
魚貫積薪没身無及妻子代支貧斧竭于餱糧
錢神疲于公府是法以留難弊也更此數弊商
困極矣乃竈之病也則又有總催之害與攤蕩
艸蕩半爲弁兼賑濟官銀全被乾没分產凋零
傭奴服役是法以豪强弊也則又有賠累之害
興鹽一入官而水消鎔督償日急鞭扑無聊流
亡轉徙乞貸爲生是法以操切弊也嗟夫管仲

佐霸吳濞竊雄弘羊心計劉晏轉輸鹽之爲利
從來久矣國初經制遠邁前籌乃在今日潰決
萬端商竈兩病頃邊事又告急矣膏脂既竭輸
輓日艱督餉文移塡委于司農之府當事咄咄
計無復之茲非所謂鹽政弊而邊政俱弊之明
驗歟窒鋳導流以濟緩急則其說可稽已減額
課也省搭配也早掣也絶請乞也清場蕩也
給工本也寛私禁也乃其要在處置餘鹽也餘

鹽濫而私販多矣私販多而正課阻矣正課阻
而國用虧矣縱之則病商操之則病竈操縱兩
失其宜則亡命之輩潛山泛海之徒得陰持其
柄以爲市今淮揚之間高牙大檣橫行出没關
吏不敢譏而有司不得詰者皆私販之奸人也
無事則竊利權有事則爲亂階是寧可不杜其
源而防其漸哉故先臣丘濬欲行給牢盆法而
霍韜欲復國初釹法凡皆以收餘鹽之利而塞

扞網之端操是說而推廣之要以存竭澤之虞
寧稍通融于商竈嚴呑舟之禁毋輕假借于奸
徒使利行若流商至如歸無倍征有溢賦不亦
今日資鹽策便國家之長計哉若夫搆求立法
之本意修明已試之舊章復飛輓廣屯田塞下
餘紅腐之饒度支省轉餉之苦鹽政邊政兩利
而俱存則有　二祖之功令在又何論于區區
補偏救弊之勞也

屯政考

屯政者自　高皇帝元年令諸軍屯種龍江始
也其行於九邊自宋訥獻守邊策立法屯布始
也當其時邊境既寧撤守關士卒僅僅備譏察
外悉令屯田人受田五十畝賦糧二十四石半
贍其人半給官俸并城操之軍其區畫何甚詳
也　文皇帝納黃福之請至欲廣屯於遼陽而
遣人徵牛于朝鮮且令各荒屯曠土能自開墾

悉蠲其賦而寧夏總兵何福以積穀獨多下
璽書褒諭其激揚何甚至也　列聖相承遵而
不廢宣德中屯法大行頻歲豐登邊士一切用
度多以粟易於是令戶部灌輸貿糴多至二三
十萬石少亦不下十萬而天順中都御史葉盛
巡撫宣府修復官牛官田法墾田益廣積穀益
多以其餘易戰馬千八百匹修築屯堡七百餘
所其收利何甚博也蓋國家所以强本實邊禦

虜安民酌成周寓農之規鑒近代養兵之弊
仲讓其籌晁錯屈其筭而趙充國諸葛亮羊祜
郭元振韓重華諸人遂其功效法至善也其後
奉行不善屯種軍餘苦于賠補相繼逃亡田畝
日荒而九邊供輸之費遂以大困惟時心計之
士碩畫之臣相與持籌布策講求修復爲國家
建無疆之利而竟因循廢格日以滋壞及嘉隆
以來累清屯田雖時盈時耗而較其見存之數

大約損故額十之六七矣蓋在洪永間遼東屯
糧以石計者七十萬今十七萬甘肅六十萬今
十三萬寧夏十八萬今十四萬九千延綏六萬
今五萬薊州十一萬今僅視延綏山西計其初
當亦不下十萬今得二萬八千有奇是何盈縮
相去若此甚也愚嘗考求其廢敝之由可爲振
舉者四而其可以徐議未可卒圖者一　祖宗
時屯田諸軍給與牛具種子優恤甚至且不許

他役妨其農務其後邊事漸興多抽屯軍補伍于是屯種之人失其本業而田遂就蕪此可爲振舉者一也　祖宗時沿邊曠土盡以給軍間有肥瘠不同則令視其歲收之數而考較之謂之樣田其後貪漁將領多私其腴區而移磽瘠于軍士低昂覔易糧益不均重以豪右侵奪而農事益弛矣此可爲振舉者二也　祖宗時武備修飭各邊多築城堡且耕且守得以爲備故

人皆自完而不虞虜其後邊險稍失城堡多湮胡騎縱横出没擾我禾稼即欲力耕厚積徒爲虜外府耳此可爲振舉者三也　祖宗時賞罰嚴明政不媮窳管屯之官皆覈所積之多寡而定其殿最故人人自勵其後玩愒成風上下相承以管屯爲職者優游城市而不見阡陌之廵以督屯而來者憑信簿書而不較倉庫之實蠹弊襲偷恬不知怪屯政之廢又何惑乎此可爲

振舉者四也若其利病得失之原則又有大於是者蓋國初鹽政修明輸粟給引賈人子以積粟爲利各自設保伍募衆督耕畚鍤盛于戈矛墩埤密于亭障軍民錯居守望相助屯田之興于斯爲盛其後納銀例開無所事粟商既散歸屯亦大廢不數年間邊事坐困矣故今議者咸謂鹽政不修則屯政難復本本原原其說當矣顧愚以爲守法易復法難法在而復之易法亡

而復之難今鹽引納銀從來已久一旦督粟于邊吾恐度支之令未下而輸輓之怨先興也兼之軍國經費半倚商緡必欲以粟易金弊且捉衿見肘吾恐邊士之腹未充而司農之計先窘也所謂可以徐議而未可卒圖者蓋謂此也嗟夫九邊重鎮國家根本強胡跳梁日睥睨其間而空虛若此至竭天下之脂膏猶不能給主計者徒仰屋而歎是不亦可爲寒心哉今鹽法之

舊雖未能盡復亦宜講求屯田之意專委大臣督以修舉令沿邊之人隨宜占墾毋問所從來但使荒蕪日闢穀價不騰不必紛紛清勘以滋厲階俟人心樂趨邊境稍蕺然後廣徵吏士搜理舊章需之歲月遠收其利此皆今日之所當亟議者也夫欲內省民力外裕邊儲積豐于垣士饜于伍不煩輸輓之勞無乏軍興之備以撻虜制戎伸威固國　非屯政曷繇哉愚故略

著其顛末令憂國者得以考覽焉

京營兵制考

歐陽公有云古之有天下者其興衰治亂未始不以德自秦漢以來鮮不以兵嗟夫兵之重也寧獨秦漢以來然哉蓋在周之盛時伍兩卒旅之法統于大司馬者已最爲詳備天子至孫萬乘之尊修韎韐珌琫之容以從事于行間故武備日張疆埸無虞迨後幾輔削弱至不能具一旅之師以至于亡兵之重也若此矣歷漢而唐而宋代有建置然竟皆不振豈其初制固然哉積漸之弊使之也我國家置兵監酌往代二百年來京師無肘腋之虞强臣無專制之患爲謀臧矣領兵政之設易壞難修其盛也南剿北伐威加方外而其弊也至尺籍空虛大司馬四顧張皇討無所設至厪廟堂宵旰之懷也則豈非因循耗蠹之大驗哉蓋明興制兵有五軍營五軍營變而爲三大營三大營又變而爲團營團

營又弊而戎政府之名始立矣其沿革之由盛衰之故大槩有可考焉五軍營者　高皇帝所定也藉留守等四十八衛之衆而訓練之有中軍有左哨有右哨有左掖有右掖而總之曰五軍無事則戒弓馬習技擊環衛都城有事則簡師命率分統以出事已而休制至善也　文皇帝時仍五府之舊增七十二衛又以龍旗寶纛

等物下三千胡騎立三千營後征交阯得神鎗火箭之法立神機營是爲三大營三大營之訓練如　高皇帝時而河南山東大寧中都四都司之軍又歲以班操至春秋番練如三大營益詳備矣洪宣之世海宇昇平兵革不試將媮士窳日以廢壞至于正統嬉恬益甚京營之兵幾不能受甲此巳巳之變所由興焉于肅愍逢多難之秋深惟良策迺于三大營之中抜其驍鋭

分爲十營營萬人其統之之官則隊長統五十人隊官統百人把總統千人都指揮統五千人訓練之方則有八陣八陣分而爲六十四陣纖微委曲咸有條理雖未能盡如　祖宗之舊要以救弊舉廢振弱爲强斯亦有足觀者矣大抵法久則蠹人久則玩以　二祖之盡制曲防勢禁形格不三傳而遂壞其壞也以肅愍之忠勤景帝之責任日夜焦勞而僅僅得十萬之師爲

國家用亦足以明兵政之易壞而難修已天順初年務反景泰之所爲遂革團營八年而復成化初再革二年而復又增爲十二營曰奮武耀武練武顯武曰敢勇果勇效勇鼓勇曰立威伸威揚威振威營萬人京兵八萬益以外兵八萬分兩班隸之期年一報代初十二營之選也其任者名曰選鋒不任者歸本營名曰老家老家固已孱弱而所謂選鋒者歲久而浸失其初供

役于私門掊尅于主帥上下相蒙苟歲月無事愈益脆懦斯其與老家何異也庚戌之役虜叩郊關而無能以一矢相加遺都門晝閉烽燧燭天　肅皇帝震怒責令廷臣博謀所以强兵禦虜之略諸臣迺請復三大營改三千爲神樞統以勳臣督以樞臣巡以臺臣省臣其大指俱如洪永時而規制爲備上是其議著爲令及今數十年矣其蠹弊之端又有甚于曩日者當　文

皇帝建三大營時挽彊超距之士不下三十餘萬一損而爲十萬再損而幾于無兵嘉靖雖復祖制而兵籍存者不能加團營之數又缺額者十之二三挂名投閒買差替役者又十之二三則當時亦已無兵矣况在今日而欲求抗旌揭竿射石飲羽之夫爲國家用安從出乎此其故難言之矣夫將之于兵若家人父子之相屬也故必休戚相通而後能臂指相使今京營諸將

非皆以才見庸素拊循士卒者也多賈人子厚金帛結中官權貴而爲之請託者耳夫彼既輸財于此不得不取償于彼故有索月錢需常禮恣意誅求若以爲當然而不可易者國家歲漕東南之粟數百萬石以贍兵而兵歲出月糧之半以贍將將愈飽而兵愈饑甚有典衣鬻兒而枵腹待命者矣何以振士氣而鼓其鋭乎此病在將領之侵奪也夫器不用則敝士不訓則衰

今京營將士教戰之法歲不過數月月不過數日其下操也日不識進退之節手不習擊刺之方相與趨走納喊若角觝拔河翹木扛鐵之戲已耳甚者挾無弦之弓挿無羽之矢懸無鞘之刀質明而入未午而出以爲故事若此耳又甚者于下操之日責追贖鍰漫無統紀又甚者豪門占役市井竄名冒支經費按牘而求其人皆不可考行伍安得而不消營陣安得而不廢乎

此病在操練之寡實也　文皇帝集班操之兵蓋强本深根之大慮非以人衆飾觀爲也嘉隆間率供土木之役畚鍤是勞未嘗操戈執鋭以從事于戎行弊且寸挺不持空身備伍迄于今日因仍已甚領班之將復多貪濫富者賄免貧者氣奪役其數千里裹糧赴命流汗浹踵而不得休廼使之營不急之務應無藝之工重爲其帥所苦雖使孟賁烏獲復任徵發亦安能昂首

仲眉度功絜藝乎此病在班操之失制也　先
皇帝特奮亦深燭其弊上下咨嗟太息求為經
遠之計而人情久弛振刷為難日復一日偷安
自喜脫一旦有意外之事發于倉卒國朝以文
之誠使欲改絃調梵桑綢土繆則莫如議任將
必以軍功多者獻望著者敬歷深者乃充其選
而紈綺之夫勿使之建旗鼓而坐于將壇之上
也又莫如議責實器械必精伍兩必備蒐簡必

嚴諸游惰者法後期者法將弗協士者法堅持
而行之勿因人言不便而遂廢格也又莫如議
存恤凡士番休至者毋吝以他役使得一志畢
能各習其務曉然知國家所以勤勞訓誨之意
而忘其跋履之難一有緩急能得其死力而後
可也如是則有將有兵戎務稍舉而有時稽其
充耗月程其功效使祈父之誚不興而六師之
勇自倍即　二祖威靈可復振也又安在兵制之祥畧耳

卷　終

外夷朝貢考二卷

〔明〕佚名撰

《外夷朝貢考》二卷，撰者不詳。彙集明代朝貢事務資料而成。上卷總記職官及制度沿革，分爲主客司、會同館，奉朝貢外國四夷總目，外國四夷符敕勘合沿革事例，奏進方物及譯待夷人事例，交通朝貢夷人禁令，給賜，外國賞例，番貨價值，各國通事沿革等目。下卷分述外國四夷朝貢活動，分爲外國四夷所貢方物，外國四夷朝貢沿革。又録有部分西北少數民族人口數量狀況，包括洮州、岷州、西固城、階州、文縣等地各族人口分佈，及東北地區朝貢之各女真軍衛名稱。據上海圖書館藏明抄本影印。

外夷朝貢考上卷

職官一

主客司專掌四夷諸番朝貢及
朝廷一切匪須之典國初設郎中員外郎各一人主事二人共治司事其後汰去主事一員遇有各處入貢夷人到部員外郎主事輪赴會同館點視方物譏防出入夷人去則復回部視事弘治五年以各夷
朝貢者衆會同館無專官督理易緣為姦于是始設提督會同館主事一人專一監治在館夷人禁其交通嚴其啓閉每五日一朝參入部所以專其職重其防也正德間內侍以其不便私易矯詔革去尋復銓設如故云

本司歷任官員姓籍具見廳左題名記茲不載

朝貢二

奉朝貢外國四夷總目

外國凡六十五國

朝鮮國　暹羅國　大琉球國　小琉球國
日本國　安南國　占城國　真臘國
爪哇國　瑣里國　西洋瑣里國　三佛齊國
浡泥國　百花國　彭亨國　淡巴國
西洋古里國　古里國　阿魯國　滿剌加國
波羅國　榜葛剌國　錫蘭山國　蘇門荅剌國
小葛蘭國　蘇祿國　蘇祿凡三王峒王東王西王各有勘合　須文達那國
拂菻國　覽邦國　柯枝國　古里班卒國
呂宋國　合猫里國　碟里國　打回國

剪絨絲雜色紅花被面　織花紅絲打布　紅花絲手巾
織人象雜色紅花文絲縵　織雜絲打布

琉球國

馬　硫黄　錫　牛皮　蘇木
胡椒　生熟夏布　金銀酒海　螺殼　海巴
降香　木香　刀　生紅銅　速香
丁香　金銀粉匣　擢子扇　檀香　象牙
磨刀石　瑪瑙　烏木

右象牙等物進收硫黄蘇木胡椒運送南京該庫馬就於福建發
缺馬驛站走遞磨刀石發福建官庫收貯

占城國

象　象牙　紅印花布　油紅綿布　犀
犀角　白綿布　孔雀　孔雀毛　圓壁花布
橘皮抹身香　龍腦　雜色緞　薰衣香　金銀香
番花手帕　奇南香　土降香　洗白存　檀香
栢香　烏綿布　燒碎香　花黎木　花紅邊緞
烏木　蘇木　番花手巾　花藤香　蕪蔓番
兜羅綿被

真臘國

象　象牙　蘇木　胡椒　黃臘
犀角　烏木　黃花木　土降香　寶石
孔雀翎

日本國

抹金提銅銚　洒金木銚角盥　貼金扇　瑪瑙　水晶數珠

硫黄　蘇木　牛皮　馬　盔

塗金裝彩屏風　洒金廚子　鎧　劍　洒金文臺

洒金手箱　腰刀　鎗　描金粉匣　描金筆匣

爪哇國

胡椒　蓽茇　降香　肉豆蔻　蘇木

黄臘　乳香　藤竭　烏爹泥　金剛子

血竭　蘆薈　烏木　番紅土　速香

白豆蔻　薔薇露　奇南香　木香　阿魏

檀香　龍腦　没藥　大楓子　麻藤香

丁皮　孔雀　油紅布　番木鼈子　悶虫藥
鸚鵡　火雞　碗石　筆澄茄　孔雀尾
玳瑁　烏香　寶石　鶴頂　翠毛
珍珠　錫　象牙　犀角　西洋鐵
鐵鎗　黃熟香　龜筒　擢鐵刀　苾布
安息香

瑣里國

馬　紅撒哈剌　紅八者藍布　紅番布　覘木里布
白苾布　珠子項串

西洋瑣里國

黃里虎　馬

三佛齊國

黑熊　龜筒　火鷄　胡椒　孔雀
肉豆蔻　五色鸚鵡　番油子　諸香　米腦
兜羅綿被　苾布　白獺

浡泥國

珍珠　寶石　金戒指　金絲環　玳瑁
龍腦　牛腦　龜筒　螺殼　梅花腦
降香　鶴頂　熊皮　沉速香　檀香
孔雀　倒挂鳥　丁香　肉豆蔻　五色鸚鵡
黑小廝　黄臘　犀角　金銀八寶器

百花國

白鹿　紅猴　龜筒　玳瑁　孔雀

鸚鵡　倒挂鳥　胡椒　香　蠟

彭亨國

金水罐　檀香　乳香　速香　片腦

胡椒　象牙

淡巴國

苾布　兜羅綿布　沉香　速香　檀香

胡椒

古里國

寶石　金繫腰　珊瑚珠　琉璃瓶　琉璃碗

拂郎雙刃刀　寶鐵刀　蘇合油　阿思模達塗兒氣

龍涎　梔子花　花氈單伯蘭布　毯布
紅絲花手布　木香
番花人馬象物手巾綿結花靠桄　乳香
檀香　錫　胡椒

阿魯國

象牙　熟腦

滿剌加國

番小厮　犀角　象牙　玳瑁　鶴頂
珊瑚樹　黑熊　珊瑚珠　白鹿　瑪瑙珠
金母鶴頂　蘇合油　金廂戒指　阿魏　沒藥
烏爹泥　鸚鵡　黑猿　鎖袱　撒哈剌

五

白氎布　薑黃布　撒都細布　西洋布　花縵
片腦　梔子花　薔薇露　沉香　乳香
黃速香　金銀香　降真香　紫檀香　丁香
木香　樹香　烏木　蘇木　大楓子
番錫　番鹽

婆羅國

黑小厮　花撒布　白焦布　珍珠　玳瑁殼
降真香　黃臘

榜葛剌國

馬　馬鞍金銀事件　創金琉璃器皿　青花白磁
撒哈剌　者抹黑荅立布　洗白氎布　兜羅綿

糖霜　鶴頂　犀角　翠毛　鶯哥

乳香　廲黃　熟香　烏香　麻藤香

烏爹泥　紫膠　藤竭　烏木　蘇木

胡椒

錫蘭山國

寶石　珊瑚　水晶　金戒指　象

胡椒　撒哈剌　木香　乳香　土檀香

樹香　西洋細布　没藥　蘆薈　藤竭

烏木　硫黃　碗石

蘇門荅剌國

馬　犀牛　龍涎　撒哈剌　梭眼

寶石　木香　丁香　降真香　沉速香
胡椒　蘇木　錫　水晶　瑪瑙
番刀　弓　石青　回回青　硫黄

水葛蘭國

珍珠傘　胡椒　白綿布

蘇祿國

梅花腦　米腦　竹布　玳瑁　降香
蘇木　胡椒　蓽茇　黄臘　番錫

天方國

駝　馬　玉石　賽蘭石　鑌鐵刀
鑌鐵銼　花銅鍾　瑪瑙　磁砂　瑣服

馣班兒香　眼鏡　鉄角皮　金剛鑽　羚羊角

土官

馬　象　象牙　犀角　孔雀毛

金絨索　金銀器皿　青紅寶石　降香　檳榔

象脚籃　象鞍　象鉤　圍帳　黄臘

各色絨綿　各色布手巾　玉石　花藤席

迤北瓦剌

馬　駝　貂鼠皮　海青

泰寧衛　福餘衛　朶顔衛

駝　馬

海西女直

馬　貂鼠皮　舍列孫皮　海青　兎鶻
黄鶯　阿膠　犀角

哈密

馬　駝　玉　速來蠻石　青金石
把咱石　金剛鑽　梧桐鹻　鉄器　諸禽皮等物

罕東　赤斤蒙古

馬　駝　梧桐鹻

撒馬兒罕

馬　駝　玉石　水晶碗　阿思馬亦花珠
硇砂　梧桐鹻　鑌鐵銼　鎖服　矮納
鑌鐵刀　番碗　黑樓石　羚羊角　賽蘭珠

眼鏡　馬瑙珠　銀鼠皮　鉄角皮

魯迷

獅子　西牛　金剛鑽　撒哈剌　瑣服

玉石　珊瑚珠　花磁珠　花磁湯壺　鉎

羚羊角　鉄角皮　舍列孫皮　花帳子　西狗皮

土魯番

馬　駝　玉石　鑌鐵刀　鑌鐵鉎

金剛鑽　梧桐鹼　羚羊角　鉄角皮　各色靶小刀

紅絹道布　鞍子　撒袋　花手巾

梆青撒哈剌禅衣

烏思藏

畫佛　一　銅佛　銅塔　舍利　各色足力麻
各色鉄力麻　各色氆氇　珊瑚　犀角　左髻
毛纓　酥油　明盔　明甲　刀
劒

長河西魚通寧遠等處

各色足力麻　各色鉄力麻　各色氆氇　珊瑚　舍利
犀角　左髻　明盔　畫佛　毛纓

朶甘司　宣慰司　直管招討司同

各色足力麻　各色鉄力麻　各色氆氇　左髻　明盔
長刀

董卜韓胡宣慰司別思寨同

各色氆氌　各色足力麻　各色鉄力麻　珊瑚　明盔
鉄甲　遮甲麻衣　白毛纓　黑毛纓　紅毛纓
黄左髻

洮岷等處番族

馬　駝　銅佛　畫佛　舍利子
酥油　青鹽　足力麻　鐵力麻　氆氌
左髻　毛纓　青木香　明盔　明盔
腰刀

朝貢

外國四夷符勅勘合沿革事例

凡各國四夷來朝貢者惟朝鮮素號秉禮與琉球國入賀謝

恩使者往來一以文移相通不待符勑勘合為信其餘海外列國無慮四
夷土官或以勑書或以符牌或以勘合比對相同方與驗人題貢其
原無符勑勘合者各以先次進貢年月為准扣至該貢年分邊關官
查實起送然各夷通中國日久漸習狡詐所賫符勑勘合多洗改官
職隱射地方竄易姓名以冒重賞莫可究詰大抵夷性犬羊所嗜惟
利
朝廷寬仁慱大嘉其來不億其詐亦在羈縻之而已舉其臣體畧其
細苛當事者慎圖之
計有勘合國分　每遇登極改造頒給
暹羅　日本　占城　爪哇　滿剌加
真臘　蘇祿同帳王　蘇魯國東　蘇魯國西　柯支

浡泥　錫蘭山　古里　蘇門荅剌　古麻剌

　計有符勅勘合土官衙門　亦每遇登極改給

車里　木邦　緬甸　蔴川平緬　八百大甸

老撾六宣慰司　千崖　大侯　里馬　茶馬西長官司

洛江安撫司　孟艮　孟定　灣甸　鎮康等府

其後又有孟養等宣慰司威遠等州亦給勘合

　烏思藏長河西等番僧

闡化王　闡教王　賛善王　輔教王　大乘法王

大寶法王　護教王　各處國師　已以上俱誥命

各處禪師勅命　都綱　喇麻　高僧

番僧　都指揮指揮等職　以上俱勅諭

討有誥勅夷人

泰寧朶顔福餘三衛　海西女直等處夷人 二起夷人自都指揮而下至鎮撫百户俱有勑書

討有勘合西番僧衆

烏思藏闡化王　闡教王　輔教王　贊善王

長河等處軍民安撫使司朶甘思宣慰使司董卜韓胡宣慰使司其餘大乘大寶二法王原以出家高僧不給勘合護教王自稱原有勘合因火燒毁節年　請給未與其金川寺雜谷安撫司達思蠻長官司加渴瓦寺松潘茂州等處長寧安撫司韓胡碉恰列寺打喇兒寨雜道安撫司直管招討司思寨安撫司俱係節年續來朝貢或自朶甘等部落另分入貢俱無勘合止賫印信番文赴四川三司轉行起送云

事例

洪武十六年始給暹羅國勘合號簿以後漸及諸國每國勘合二百道號簿四扇如暹羅國暹字號勘合一百道及暹羅字號底簿各一扇俱送

内府羅字勘合一百道及暹字號簿一扇發本國收塡羅字號簿一扇發廣東布政司收比餘國亦如之每改元則更造換給

永樂二年始置信符勘合金字紅牌以給雲南徼外土官其制銅鑄信符五面内陰文者一面上有文行忠信四字與四面合編某字一號至一百號批文勘合底簿其字號如車里以車字為號緬甸以緬字為號陰文信符勘合俱赴土官底簿付雲南布政司其陽文信符四面及批文一百藏之

內府凡
朝廷遣使則賫陽文信符及批文各一至布政司比同底簿方
遣人送使者以往土官比同陰文信符及勘合即如
命奉行信符之發一次以文字號二次行字號周而復始又置紅牌
鏤金字
勑書諭之凡有調發及當辨諸事須憑信符乃行如越次及比字號不
同或有信符而無批文有批文而無信符者即是詐偽許拿之赴
京治以死罪
又編勘合一百道付各衙門勘合底簿一扇付布政司凡有軍民
疾苦及奉行符辨過事務進貢方物之類俱於勘合內填寫
遣人賫至布政司比號寫底簿布政司都司遣官同賫所填勘合奏

聞

若邊境聲息及土人詞訟從都司布政司按察司官會同計議行之其事已行及承行緣由並須寫勘合奏

聞

如總兵官鎮守遇有前事總兵官亦會三司計議仍用都司或布政司印信文書寫總兵官處分之語方許奉行亦須寫勘合具奏

若

朝廷命總兵官掛將軍印征討調遣軍馬不待三司文移即時發遣亦須寫勘合差人奏

聞須寫勘合或字畫錯誤明白圈註以本司印信鈐蓋凡所收底簿及勘合用之將盡具奏毋須遇改元則更換給舊簿勘合隨

貢織部貯庫或總兵官都司布政司等官新除官到任又
遇時節不許齎禮物相慶仍以紙寫禁約一道付之或有貪婪
無藉凌害者不待填寫勘合止具本差人齎
勑不經總兵官及三司徑赴京陳奏治以重罪
嘉靖二十八年題　准凡各處番僧到京襲職進
貢本部置文立扇一簿將各僧齎到舊給
誥勑所載師僧職名須給年月及見今襲替僧徒名字住坐地方
分別已未領有新
誥新勑逐一登記在簿備行布政司照式置造以後如遇應貢年分
將文冊查對如係年代久遠果有退老病故情節方許照例起
送承襲其有已襲而未領有新

誥勑者即照已賞未襲職事例只許起送一二人如有揑作入番化夷在番病故者不許濫放如違聽本部通行三司起送等官参究治罪各番今後應領

誥勑新者既給與舊者即領銷繳其新給

誥勑俱要開載住坐地方如隨護教王進　貢襲職者即稱係護

教王地方住坐某師某名其餘地方俱各准此

朝貢

本部奏進方物及釋待夷人事例　通夷人禁令附

凡外國朝貢惟朝鮮國所進方物本部分豁進貢

上位若干　殿下若干開寫奏本於次日早朝照進

內府

聖節　千秋　冬至　奉天殿丹陛陳設　文華殿前陳設本部正官奏
啓進納如遇　免朝及其餘各國并番人土官所進俱主客司官
驗過具題得
旨開具手本送左順門長隨内使分送　内府各該衙門交收
凡朝鮮國進馬先行　面奏引過送　御馬監交收其餘俱該
司驗過送鴻臚寺隨本引進遇慶　賀本部先行請
旨行御馬監至期陳設
凡進象駝虎豹禽鳥之類俱不陳設惟具題送
内府各該衙門交收
凡進到獅象本部題　請量留原來伴送四人與同馴象所
軍奴到於　御馬監調養待後馴習發回光禄寺日給養贍

仍行兵部給與
牌面懸帶以便西安門出入其所留夷人該言語不通本部撥與
通人一人以辯夷語
凡安南國進金銀器皿之類引奏進　獻其餘俱具題進送
左順門交收
凡進藥材等物徑從本部具題進送
左順門交收蘇木胡椒硫黄近多觧南京禮部交收
以上奏進方物事例
凡迤北小王子來貢本部題差本司官一員前往大同會同彼
處鎮廵等官將差來使臣逐一驛審分豁使臣若干隨來男
婦若干赴京若干存留若干使臣自進并帶進其頭目下馬

騾方物皮張数目俱要辯别毛齒等第編成字號塡寫花攔
半印勘合用印鈐蓋給付各使臣收照仍着落山西行都司作
急備造黄册一本奏繳青册一本先行差人送部查照以憑給賞
其在彼安排茶飯并沿途供應及榆河驛湯飯一聽本部提督
一凡夷人病故嘉靖八年題　准在館未經領賞者行順天府轉
行宛大二縣預觧無碍官銀三十兩發館每名給與棺木銀五錢
使盡之日造册繳部再行取用領賞以後病故者聽其自行瘞埋
一凡夷人入関嘉靖十二年令邉方一應該管官員務要盤驗明白
方許放進若　勑書内有洗改詐偽字様即便省諭阻回不許
一槩朦朧驗放
一凡夷人齎本嘉靖二十六年題　准該邉官先拘夷衆通行審

明封進若於理法不通即省諭退還不必潰奏到京之後如有
番本不係邊官封奏者一切不與准理
凡朝貢人赴京嘉靖二十六年人令經該巡撫衙門給與印信文簿
一扇事畢回還者本部給與印信文簿一扇令所過驛遞將夷
使名數并應付馬驢車輛廪給口粮各數日初到及起身各日
特逐一登記就於本驛遞條記鈐蓋仍付伴送人員賫住前
路驛遞一體填寫事完之日伴送人員將前簿在內送本部
在邊送巡撫衙門稽考本部仍咨各該巡撫凡伴送夷人務選平
昔畏法諳熟夷情者方許差遣不得濫委貽害地方
凡伴送夷人官嘉靖二十七年兵部題　准立與批限候回京
之日查違限久近一年之上武官調衛文官罷職不叙沿途生事

殘害居民者許所在官司開申撫按轉達本部送科參送法

司從重問擬

凡各處夷人到京領賞之後俱許於會同館開市三日或五日

惟朝鮮琉球不拘期限俱主客司出給告示於館門首張掛

禁戢收買違禁器物併史書有不法者呈堂送問

朝鮮國遇有漂流夷人到館本部具題行光祿寺日給薪米養

贍仍各給與鞾鞋一雙皮襖一件差官伴送至遼東都司轉差

官伴送還國本部仍咨國王知會如彼國進貢使臣在京即付

使臣順帶歸國不必差官

差來陪臣到京病故者行順天府給棺祠祭司諭祭兵部應

付車輛人夫嘉靖初年朝鮮獲有琉球國漂流夷人解送到京

本部如例送歸琉球國仍奏請降勑奬諭朝鮮國王
凡各處投降夷人到館譯審明白兵部題　請到部開給來降賞
賜畢日送去該都督府差委官令伴送兩廣軍門轉發缺少達
目衛分安插仍給房屋床榻配與妻室查照舊例養贍

以上譯待夷人事例

交通朝貢夷人禁令

弘治十一年令迤北小王子等差來使臣人赴京　朝貢官員軍
民人等交易止許光素紵絲絹布衣服等件不許將一應兵
器并違禁銅鉄等物有違犯者處以極刑奏
准官員軍民人等私將應禁軍器賣與夷人圖利比依將軍器出
境因而走泄事情者律各斬為首者仍梟首示衆

凡在京在外軍民人等與朝貢夷人私通往來投托管顧撥置害人因而透漏事情者俱問發邊衛充軍軍職有犯調邊衛帶俸差操通事伴送人等係軍職者照軍職例係文職者有贓者革職為民

凡夷人朝貢到京會同館開市五日各鋪行人等將不係違禁之物入館兩平交易染作布絹等項立限交還如賒買及故意拖延騙勒夷人久候不得起程并私相交易者問罪仍於館前枷號一箇月各夷故違潛入人家交易者私貨入官未給賞者量為遞減通行守邊官員不許將曾經違犯夷人起送赴京

凡會同館內外四隣軍民人等代替夷人收買違禁之物者問罪枷號一箇月發邊衛充軍

十三年奏准甘肅西寧等處遇有番夷到來本都司委官關防提督聽與軍民人等兩平交易若勢豪之家主使弟男子姪家人頭目人等將夷人好馬奇貨包收逼令減價以賤易貴及將粗重貨物并瘦損頭畜拘收取覔用錢方許買賣者聽使之人問發附近衛分充軍干得勢豪及委官知而不舉通同分利者參問治罪

嘉靖三年奏准夷人貢船未曾報官盤驗先行接買番貨者比照私自下海收買番貨至千斤以上事例邉衛充軍其交結夷人騙誆惹釁及教誘為亂者比照川廣雲貴陝西等處事例邉衛永遠充軍一應代替夷人收買違禁貨物者比照會同館内外軍民事例發遣包攬打造違式海船賣與夷人

圖利者比照私賣應禁軍器事例處断

朝貢

復裏歲例進貢

各處歲進茶芽及木瓜藥材俱從土産去處解送轉送該衙
門供用各有定數今具列于後

茶芽

各處歲造茶芽四千斤俱限穀雨十日差解赴部送光祿寺
交收遇限送問内一百二十二斤南京納

南直隷五百斤

常州府宜興縣一百斤　内二十斤南京禮納

廬州府六安州三百斤　廣德州七十五斤

建平縣二十五斤　○　浙江五百斤

湖州府長興縣三十二斤南京納

紹興府嵊縣八斤　會稽縣三十二斤

溫州府永嘉縣一十斤　樂清縣一十斤

杭州府臨安縣二十斤　富陽縣二十斤

寧波府慈谿縣二百六十斤　處州府麗水縣一十五斤

縉雲縣六斤　青田縣六斤

遂昌縣六斤　金華府金華等縣共三十二斤

衢州府龍游等縣二十斤　台州府臨海縣共一十五斤

嚴州府建德縣五斤　淳安縣四斤

遂安縣三斤　壽昌縣三斤

桐廬縣二斤　分水縣一斤

江西四百五十斤

南昌府七十五斤　南康府二十五斤

贛州府一十一斤　袁州府一十八斤

臨江府四十七斤　九江府一百二十斤

瑞州府三十斤　建昌府二十三斤

撫州府二十四斤　吉安府一十八斤

廣信府二十二斤　饒州府二十七斤

南安府一十斤

湖廣二百斤內十八斤南京納

武昌府興國州六十斤　岳州府臨湘縣十六斤

寶慶府武岡州二十四斤　邵陽縣二十斤

新化縣十八斤　長沙府安化縣二十二斤

寧鄉縣二十斤　益陽縣二十斤

福建二千三百五十斤内五十二斤南京納

建寧府建寧縣一千三百六十斤

探春二十七斤　先春六百四十三斤

次春二百六十二斤　紫筍二百二十七斤

薦新二百一斤　崇化縣九百九十斤

探春三十二斤　先春三百八十斤

次春一百五十斤　薦春四百二十八斤

木瓜

直隸國府宣城縣進木瓜二千三百箇

上瓜一千八百箇　中瓜五百箇今俱不見解到

廣西思明府歲進解毒藥五方三十四味共三十八斤

錦地籮一味重二斤　消金藥十味重十二斤

消毒藥十八味重十九斤　大衝藥一味重一斤

塞住藥四味重四斤今俱不見解到

四川城都府歲進藥材七味

天雄二對　附子五十對

川烏三十對　漏藍二十斤

仙茅二十一斤　補骨脂十五斤

巴豆四斤

黄魚

浙江嘉興府歳進黄魚三百尾俱行乍浦河泊所小滿時節

採捕沿途換水接救到京通政司投本尚膳監交收本部批廻

黄鮓

湖廣布政司歳進鱘魚鰉魚鮓各四桶糟鱗魚鰣魚各四桶

醬子鮓一十二桶乾鯉魚五十斤鱘鰉魚筋并面肉四十把鱘鰉

魚肚四十箇并代鎮守衙門原進鱘魚鰉魚鮓各十桶醬子鮓

二十桶俱行武漢黄岳常沔六府州造辦咨呈本部轉光禄寺

交收本部批廻

給賜

大慶等項恩賞

登極
宣德十年
皇帝登極賜在京文武羣臣及軍民人等銀絹布鈔公銀六十兩侯
伯駙馬五十兩一品二品四十兩三品二十兩四品至五品遞減
五兩六品至九品遞減二兩雜職三兩故侯伯之家及未成襲
者各十兩將軍校尉軍匠人等各二兩優給幼官并紀録幼
軍各於其例減半辦事官監生生員人材吏典陰陽醫士
樂人各絹一疋在京廂民工匠厨役僧道人等各布一疋營造山
陵軍人鈔百貫乾魚三斤聽選公差及四夷朝貢人員各賜
鈔有差
弘治十八年

皇帝登極賜在京文武群臣及軍民人等銀絹布鈔公侯駙馬伯銀二十兩一品二品十五兩三品十兩四品八兩五品六品七品五兩八品九品四兩雜職三兩操備各營操官員皆同故侯伯之家及未襲職者各五兩優給幼官及鰥寡老疾軍官一品二品銀六兩三品四兩四品五兩五品三兩六品以下二兩雜職一兩優養軍官母妻見存各銀二兩將軍旗校軍匠則象養馬人等及操備等項旗軍各銀二兩紀録幼軍各銀一兩辨事官監生生員天文生樂舞生醫士各絹一疋在京吏典知印承差坊廂里老民匠廚役樂人各布一疋聽選公差官員人等各賜鈔有差

正德十六年

皇帝登極賜在京文武群臣及軍民人等銀絹布鈔公侯駙馬伯銀

三十兩一品二品二十五兩三品十五兩四品十二兩五品七品遞減
二兩八品九品四兩雜職三兩優給幼官及鰥寡老疾軍官一
品二品銀八兩三品五品四品四兩五品三兩六品以下二兩雜
職一兩故侯伯家及優養軍官母妻以下俱准弘治十八年例
會試舉人各絹一疋
修實録
永樂元年賜監修官銀一百兩綵幣六表裏織金紗衣一套
鞍馬一副總裁官銀八十兩綵幣五表裏織金紗衣一套鞍馬
一副纂修官銀五十兩綵幣四表裏紗衣一套催纂兼謄寫官銀
三十兩綵幣二表裏紗衣一套催纂官銀二十兩紗幣二表裏
紗衣一套謄寫監生生員儒士各銀十兩鈔三十錠綵幣一表

裹謄寫吏各銀八兩鈔三十錠紵絲一表裹催督官鈔二十錠絹二疋辦事吏各鈔二十錠絹一疋

弘治四年賜監修并總裁官銀八十兩紵絲四表裹羅衣一套鞍馬一副總裁銀八十兩紵絲四表裹羅衣一套纂修官銀三十兩紵絲四表裹羅衣一套催纂官銀二十兩紵絲二表裹羅衣一套謄寫録官銀十五兩紵絲二表裹羅衣一套收掌文籍官銀十兩紵絲二表裹謄録監生銀五兩紵絲一表裹辦事吏典鈔二十錠絹一疋各色人匠鈔二錠布一疋官陞擢事故去任及監生事故去者久近不一賞賚有差

正德四年賜監修并總裁官銀五十兩紵絲羅共六表裹鞍馬一副副總裁銀四十兩紵絲羅共四表裹纂修官銀三十兩紵絲

羅共二表裏稽考叅對官銀十兩絲段一表裏修纂并謄録
官銀八兩絲段一表裏收掌文籍官銀五兩絲段一表裏謄録監
生生員儒士銀三兩絹二疋辦事吏并并校尉鈔二十錠絹一疋
人匠鈔二十錠布一疋
嘉靖四年賜監修等官人等俱照弘治四年例惟纂修官收
掌文籍官各減絲段一表裏續添謄録官與監生同
五年賜監修等官俱照成化三年例續添謄録官監生吏典校
尉俱照嘉靖四年例

視學

成化元年
車駕視學祭酒率學官上表謝

恩賜襲封衍聖公紵絲一套犀帶一條顔孟子孫五經博士紵絲衣一套

帶一條各紗帽一頂其餘族人紵絲衣一套講官祭酒司業大

紅織金紵絲羅衣一套監生各鈔五錠吏典鈔二錠

冊立

東宮

弘治五年文武官各分五等一等賜貯絲二表裏二等至四等

一表裏五等絹一疋南京同公差等項官亦同京衛外衛見

操官軍及侍衛帶刀直宿錦衣府軍等衛御馬監并

武驤左等四衛官舍將軍旗軍勇士

午門等門并正陽等門官軍各銀一兩錦衣等衛

内府軍厨民匠太常光禄寺厨役各米七斗

經筵

凡

經筵初開知經筵侍班講讀書展書等官例賜銀幣鈔錠各

有等第日講官或

特賜冠帶衣服等件

祭祀

凡每歲

郊祀前一日

上御齋宫

賜内閣輔臣餅食各食鸞帶或絲段蟒衣玉帶無常六部都

察院掌印大臣　日講官鸞带或綵段有差

凡每歲時享

上御文華殿到齋賜内閣轉臣

御膳

文華殿祀

帝王先聖先師分

賜内閣輔臣禮部尚書國子監祭酒

日講官大學衍義官酒果脯

時節給賜

凡每歲端午節文武百官俱賜扇并五綵壽綵縷其大臣又

日講經筵官或别

賜牙邊扇并絲縧艾虎等物各以品級為等嘉靖間
特賜内閣輔臣及吏禮二部尚書
日講官講大學衍義官川扇有差
凡每歲各處進貢時鮮如青梅枇杷楊梅雪梨藕笋鰣
魚諸物賜文武大臣及　日講官各以品級為等
公差
凡總兵鎮守提督巡撫等官辭
朝例賜銀幣寶鈔等物各以事之輕重為等
凡文武大臣奉
旨勘事囬還及督工選軍審囚等項事畢例賜鈔幣羊酒等
物各以事之輕重為等

考滿

凡文武大臣考滿有賜寶鈔羊酒者以品級為其有賜宴及

勅諭者出自

特恩

患病

凡文武大臣患病有賜羊酒米蔬等物者皆出自

特恩

給假

凡

日講官以省親省墓等項給假例賜白金綵段鈔錠其在京

官員給假省親賜路費鈔一品二品五千貫三品四千貫四

品三千貫五品二千貫六品七品一千貫八品九品并雜職五百貫

致仕

凡文武大臣致仕有

賜勑及銀弊等物皆出

特恩

節令

洪武十六年令在京文武官吏人等　正旦元宵節錢支與胡椒斤兩不等

十七年令冬至節錢支鈔不等　二十二年重定賞例公侯伯鈔十錠武職一品二品七錠三品至八品五錠文職二品

至六品六錠七品至九品三錠未入流官二錠監生一監排色
長一錠樂工二貫樂舞生二貫各寺守座住持一錠衆僧一貫
二十六年令自今
聖節日在京官吏監生軍民僧道並賜鈔
永樂二十二年
皇親遇節令照例賜鈔若大臣不遇宴公侯伯都督尚書賜
鈔一千貫侍郎五百貫
宣德正統以後遇節令文武官及外夷人員并國師以下
除有宴外其餘官吏人等俱照例關支節錢官并監生
鈔一錠儒士知印吏典僧道樂工二貫若奉
旨免宴關與節錢大小官員各鈔一錠

嘉靖七年賜文武官制錢當鈔公侯并一品二伯文內
閣衍聖公張真人同二品三品一百文四品至六品九十文七品
至九品七十文其餘及朝覲官吏錢鈔中半鈔一貫折錢二
十文令以後俱相兼關給

慶賀

凡各
王府差來進表箋人員每日賜盤纏十錠南京并在外三司
官吏諸司差來人員各五錠各
王府差來進禮物人員二十錠內外官員
內府別給綵叚一表裏鳳陽等處
皇陵祠祭署官社長士民陵戶女戶人等朝賀到京鈔十錠南

京并三司官進表回辭
朝別賜鈔出自
特恩
給賜
各處軍功賞例
凡各處臨陣對敵斬獲首級奪獲夷器達馬為從及
被傷人員有給賞有量賞俱從兵部覆勘題奉
明旨移咨前來方與各照地方查例題給
命下之後該賞表裏本部用手本赴
內府各該衙門關領候便給發其餘銀兩絹布鈔貫等項俱
行户部轉行其布按二司苑馬寺卿照都指揮例各該巡撫

衙門支給完日造冊繳報本部以憑查考其各地方賞格應
賞人員有該載不盡者如苑馬少卿知府照指揮例同知
通判推官知縣照千户例縣丞主簿府衛首領學官典吏巡檢
義官散官倉官驛遞等官聽選官俱照百户例該加賞
者正賞之外仍加一倍該量賞者减去鈔貫止與應得綵段絹
布各邊冠帶以上通事照百户例冠帶舍人天文生家家丁人
等照旗軍例該加賞者照例止加銀兩不許表裏等物湖廣
靖州等處宣慰使照指揮例雲南土官府同知知州州同知
知縣副長官并流官知縣比照千户例土官縣丞主簿判官巡
檢驛丞并流官典史巡檢驛丞倉大使比照百户例其爲民巡檢
民兵老人冠帶民人小甲弓兵快手通把事總小甲火頭哨頭

司吏勇夫户丁火夫人等比照旗軍例貴州土官長官同知知州安撫俱照千户例冠帶舍人頭目土兵把事通事洞長小甲民人俱照旗軍例宣慰同同知係正四品宣撫係從四品比照指揮例家丁餘丁目甲兵甲比旗軍例其土官知府查無量賞事比照指揮量賞餘悉分列如左浙江江西福建山東湖廣廣東廣西七省賞例

都指揮　給賞　鈔八百貫　綵段二表裏　量賞

減去鈔貫　止與綵段

指揮　給賞　鈔六百貫　綵段一表裏　量賞

減去鈔貫　止與綵段

千户衛鎮撫　給賞　鈔六百貫　絹三疋　量賞

減去鈔貫　止與絹疋
百户所鎮撫　給賞　鈔五百貫　絹二疋　量賞
減去鈔貫　止與絹疋
旗軍舍餘人等　給賞　鈔三百貫　絹布各一疋　量
減去鈔貫　止與絹疋
雲南貴州賞例貴州舊與浙江七省賞格相同今按雲南貴地
壤相接各有土夷叛服不常共為一例
都指揮　給賞　鈔一千貫　紵段三表裏　量賞
鈔八百貫　紵段二表裏
指揮　給賞　鈔八百貫　紵段二表裏　量賞
鈔七百貫　紵段一表裏

千户衛鎮撫　給賞　鈔六百貫　紵段一表裏　量賞
鈔五百貫　絹三疋
百户所鎮撫　給賞　鈔五百貫　絹三疋　量賞
鈔四百貫　絹二疋
旗軍舍餘人等　給賞　鈔三百貫　絹布各一疋　量賞
鈔一百貫　止與布一疋
陝西賞例
都指揮　給賞　銀五兩　紵段一表裏　量賞
止與銀兩　減去紵段加絹二疋
指揮　給賞　銀三兩　紵段一表裏　量賞
止與銀兩　減去紵段加絹二疋

千户所鎮撫　給賞　銀二兩　絹二疋　量賞
止與銀兩　减去絹疋
旗軍舍餘人等　給賞　銀二兩　絹二疋　量賞
止與銀兩　减去絹疋
山西大同宣府賞例
都指揮　給賞　銀五兩　紵段一表裏　量賞
銀三兩　紵段一表
指揮　給賞　銀三兩　紵段一表裏　量賞
銀二兩　絹二疋
千户所鎮撫　給賞　銀二兩　絹二疋　量賞
銀一兩　絹一疋

旗軍校餘人等　給賞　銀二兩　布二疋　量賞

銀一兩　布一疋

遼東賞例

都指揮　給賞　銀二兩　紵段一表裏　量賞

銀一兩　絹布各二疋

指揮　給賞　銀一兩　絹四疋　量賞

銀一兩　絹布各一疋

千戶所鎮撫　給賞　絹二疋　布二疋　量賞

絹布各一疋

旗軍舍餘人等　給賞　絹二疋　量賞　絹布各一疋

河南四川南北直隸賞例

都指揮　給賞　鈔八百貫　紵段二表裏　量賞
減去鈔貫　止與紵段
指揮　給賞　鈔六百貫　紵段一表裏　量賞
減去鈔貫　止與紵段
千户衛鎮撫　給賞　鈔六百貫　絹三疋　量賞
減去鈔貫　止與絹疋
百户所鎮撫　給賞　鈔四百貫　絹二疋　量賞
減去鈔貫　止與絹疋
旗軍舍餘人等　給賞　鈔三百貫　絹二疋　量賞
減去鈔貫　止與絹疋
北直隸順天府地方新題　准賞例

嘉靖二十九年十月內該本部題

准今後順天府地方有擒殺達賊一名者除為首陞賞外若為從

係十人以下比照宣大給賞旗軍事例每名給銀二兩布

二疋每布一疋折銀二錢五分十人以上總給銀二十兩布二

十疋折銀五兩共銀二十五兩不得過為首者應賞之数

以上該加賞者於正賞外仍加一倍

外國賞例

朝鮮國

洪武間賜國王金印并大統曆綿綉絨綺王母妃金綺紗羅相國等官絲段紗羅永樂間給國王冕服九章圭玉佩玉春秋會同大學衍義等書王父紵絲紗羅妃珠翠七翟冠紅紵絲大衫素紵絲圓領霞帔金墜又給綾絹茄籃香帽珠鍍金銀匣象牙犀角通鑑綱目列女傳等書腦　沉檀白花蛇等藥正統間給遠遊冠絳紗袍翼善冠龍衮玉帶數各不等其品物等者不復具例又以本國奏討弓材牛角特許歲貢五十枝

查節年稿本部題　准朝鮮國每歲終慶賀許買牛角弓面二百面行移工部轉行宛大二縣鋪行人等入館兩平交易不許過多

卅二

一常貢馬匹方物例不給價
一差來進貢陪臣賞織金紵絲衣一套綵段四表裏絹五疋書
狀通事押物等官每人素紵絲衣一套二表裏絹二疋布一疋
從人絹衣一套布一疋俱靴襪一雙
謝　恩賞賜例同
一差來奏事陪臣賞織金羅衣一套二表裏絹二疋通事每
人素羅衣一套一表裏布二疋從人絹衣一套布一疋靴襪同前
漂流夷人每人賞胖襖褲鞋各一件雙
查節年稿本部題　准朝鮮琉球二國素守禮義比與他國不同驗
收方物後給與告示令其自行貿易但不許收買違禁之物
暹羅國

洪武間賜國王大統曆織金紵絲紗羅等物永樂十五年給王錦四疋紵絲綵紗羅各十疋内各織金四疋王妃紵絲紗羅各六疋内各織金二疋宣德年間各減半以後俱照此例

一賞賜使臣正副使及通事總管客人番伴初到賞及正賞衣服紵絲絹布靴襪及金銀帶紗羅諸物有差

查得該國賞例差來到京正副使初到每人賞織金羅一套靴襪各一雙正賞紵絲羅各四疋折鈔絹二疋綿布一疋織金紵絲衣一套通事人等初到每人賞素羅衣一套靴襪各一雙正賞紵絲羅各二疋折鈔絹一疋素紵絲衣一套番伴初到每人賞絹衣一套靴襪各一雙正賞折鈔綿布一疋胖襖褲鞋各一件雙其存留廣東有進貢者頭目人等每人賞素紵絲衣一套紵絲羅各二疋客人每賞紵絲

卄三

絹衣一套紵絲一疋番伴人等每人賞折鈔綿布一疋胖襖袴鞋各一件

查得本國給使臣人等冠帶正副使初到未經冠帶者給與鈔帽素金帶通事幹辦人等初到未經冠帶者給與紗帽素銀帶其先曾到京已經冠帶者素金帶換給鈒金帶素銀帶換給鈒花銀帶

一使臣人等進到物貨例不抽分給與價鈔

一給賞畢日出給告示許於會同館開市除書籍及玄黃紫皂大花西番蓮段疋并一應違禁之物不許收買其餘聽貿易許開市五日

琉球國

洪武十六年賜國王鍍金印并文綺等物山南王亦如之後賜中山

王山南王山北王紵絲紗羅冠服王妃紵絲羅王姪王相寨公絹公服

查得回賜國王錦四段紵絲六疋紗八疋羅六疋王妃錦二段紵絲四疋紗四疋

一賞賜差來正義大夫長史使者通事從人衣服紵絲布絹双

差來王弟王舊衣服冠帶紵絲有

查得該國賞例差來王男賞絲段四表裏羅四疋紗帽一頂鈒花金帶一條織金紵絲衣一套靴襪各一雙正義大夫長史使者每人賞絲段二表裏折紗絹布二疋通事每人賞絲段一表裏鈔紗布二疋從人每人賞折鈔綿布二疋其存留使者通事從人賞例與到京同

一正貢例不給價附來貨物官抽五分買五分

貿易與朝鮮同

占城國

洪武二年賜國王鍍金銀印并大統曆使臣文綺紗羅各一疋仍給冠帶永樂元年賜國王錦二疋紵絲六疋紗羅各四疋王妃紵絲四疋紗羅各三疋以後俱照此

一貢物例不給價

一賞賜差来王弟王孫并通事總管火長從人衣服紵絲紗羅有差

查得該國賞例差来王弟王孫初到賞例織金羅衣一套正賞紵絲六疋紗羅各四疋紵絲衣一套折鈔絹二疋正副使初到每人賞織金羅衣一套正賞綵段四表裏絹二疋折衣綵段二表裏正副使通事初到每人賞素羅衣一套正賞綵段二表裏折鈔絹一疋折衣綵段一表裏從人初到每人

賞絹衣一套正賞折鈔綿布一疋折衣絹四疋俱與靴襪各一雙
查得本國給賞使臣人等冠帶正副使初到未經冠帶者給與紗帽
素金帶通事幹辦人等初到未經冠帶者給與紗帽素銀帶其
曾到京已經冠帶者素金帶給換鈒花金帶素銀帶給換鈒花銀帶
貿易許開市五日
真臘國
洪武六年賜國王大統曆并綵段等物景泰三年賜王錦二段
紵絲六疋紗羅各四疋王妃紵絲四疋紗羅各三疋
一賞賜差來頭目并通事總管火長衣服紵絲絹布
安南國
洪武元年賜國王鍍金銀印并大統曆綵段等物景泰二年

照朝鮮國宣德十年例給賜綵段十表裏錦四段

一賞賜差來陪臣鈔紗段織金衣服行人從人鈔綵段紗羅

衣服有差

查得該國賞例差来陪臣每人賞綵段二表裏紗羅各一疋織金紵絲

一套折鈔絹五疋行人每人綵段一表裏紗羅各一疋素紵絲衣一套

折鈔絹二疋從人每人絹三疋絹衣一套俱與靴襪各一雙

二十三年以都綂使差人来貢賞賜陪臣及回賜禮俱照舊例給

與一開市貿易與暹羅國同

日本國

永樂間賜國王冠服紵絲紗羅金銀古器書畫等物宣德十年

回賜國王紵絲二十表裏紗羅各八疋錦二疋銀二百兩妃銀一百

兩以後俱照此例

查得成化二十年回賜國王紵絲二十表裏紗羅各二十疋錦四段特賜銀二百兩王妃紵絲十表裏紗羅各八疋錦二段特賜銀一百兩以後俱照此例

一賞賜差來正副使并僧人居座土官通事初到賞僧衣靴帽及正賞紗羅紵絲帽布銅錢諸物有差

查得該國賞例差來正副使初到每人賞金襴袈裟一領鍍金銀鈎環金羅直裰一件羅褊衫一件正賞紵絲二疋紗羅各一疋絹六疋銅錢一萬文居座并從僧初到每人賞素羅袈裟一領銀鈎環金羅直裰一件羅褊衫一件土官初到每人賞織金羅衣一套居坐與土官正賞紵絲沙羅各一疋絹四疋銅錢八千文通事初到每人賞素羅衣一套從僧與通事正賞紵絲一疋絹二疋銅錢五千文船頭水夫從人初到每人賞絹衣一套正賞

卌六

絹一疋布一疋，以上俱與靴襪各一雙。存留看船通事、水夫、從人俱照到京通事、水夫、從人賞例數內，居座一名、審係俗人有職官員，照土官給與織金羅衣一套。土官四名，係僧人照從僧例，每人給與袈裟一領、銀鈎環、金羅直裰一件、羅偏衫一件。前項銅錢，本部請勅，差官一員往南京該庫關支。如有不敷，於浙江布政司庫貯銅錢內支給。

一、正賞例不給價。正副使自進并官收買附來物貨，俱給價。不堪者令自貿易。

貿易許開市三日

瓜哇國

永樂初，賜東西王紵絲紗羅帳幔、手巾、羊酒器皿；王妃紵絲紗羅手巾等物。正統三年，賜王紵絲十疋、紗羅各三疋；妃紵絲六疋、紗羅各

二疋以後回賜不為例景泰三年因王求討給傘蓋一把蟒龍衣服一領

一賞賜使臣通事頭目人等初到賞素羅織金衣服靴襪疋賞紵絲紗羅絹布女使并女頭目俱同

一貢物例給價

瑣里國

洪武五年賜國王大統暦及織金綵段紗羅各四疋使臣綵段紗羅各二疋　從高麗布各二疋

西洋瑣里國

洪武三年以其國來朝涉海道遠賜賚甚厚永樂元年許來朝附載胡椒等物皆免稅

卌七

三佛齊國

洪武四年賜國王大統曆　及綵段紗羅使臣紗羅綵段有差

六年賜國王二十四疋正使三人各二疋衣一套副使二人各一疋通

事以下布帛有差十年給王及使臣織金綵段沙羅靴襪等物

有差

浡泥國

洪武四年賜國王織金綵段紗羅及使者綺帛有差永樂六年給

王冠帶襲衣王子還國賜金廂玉帶一條金百兩銀三千兩及錢

鈔綿綺羅衾褥帳幔器皿等物王母王叔以下各有賜俱加厚

一正賞外附帶貨俱給價

百花國

洪武十一年賜國王及使者織金綵段紗羅衣服有差

彭亨國

洪武十一年賜國王王妃紵絲紗羅共四十八疋使臣織金綵段衣服有差

淡巴國

洪武十年賜國王織金綵段紗羅使臣綵段襲衣等物有差

古里國

永樂間賜國王王妃紵絲紗羅等

滿剌加國

永樂三年賜國王綵段襲衣九年賜錦綺龍衣二套麒麟衣二套及金銀器皿帷帳裀褥王妃及其子姪陪臣傔從綵段紗

廿六

羅襲衣有差王還國給金廂玉帶一條儀仗一副鞍馬一匹金百兩銀五百兩鈔四十萬貫銅錢二千六百文綿綺紗羅三百疋絹一千疋金綺二疋織金文衣二件王妃冠服一副及銀鈔綿綺紗羅等物陪臣賞物有差其後給賞俱從厚

查得回賜國王綵段十表裏紗羅各四疋錦二疋王妃綵段五表裏紗三疋

查得該國賞例差來正副使并頭目初到每人賞織金羅衣一套靴襪各一雙又正賞綵段四表裏紗羅各二疋折鈔絹四疋織金紵絲衣一套通事總管機密辦事人等初到每人賞素衣羅一套靴襪各一雙又正賞綾三疋折鈔絹六疋素紵絲衣一套番伴初到每人賞絹衣一套靴襪各一雙又正賞折鈔絹三疋綿布二疋胖襖袴鞋各一件雙

查得該國給賜使臣人等冠帶正副使初到未經冠帶者給與紗帽

素金帶通事幹辦人等初到未經冠帶者給與紗帽素銀帶其
先曾到京已經冠帶者素金帶給换鈒花金帶素金帶給换鈒花
銀帶
一正賞外附來貨物皆給價其餘貿物許令貿易
貿易許開市五日
娑羅國
永樂四年賜國王紵絲紗羅共十六疋織金大紅錦手巾一副
王妃紵絲紗羅共八疋正副使從人鈔紵絲羅并衣服靴襪
小葛蘭國
永樂五年差内官給賜頭目紵絲紗羅共十一疋
阿魯國

卅九

永樂五年差内官給賜頭目紵絲紗羅共六十疋

榜葛剌國

永樂三年賜國王紵絲紗羅各四疋絹八疋王妃紵絲紗羅各三疋絹六疋十二年給國王錦四段綾六十疋頭目人等給賞有差

錫蘭山國

宣德八年賜國王紵絲十八疋紗四疋王妃紵絲八疋紗四疋正使正賞綵段八表裏折鈔絹十疋紗羅三疋織金紵絲衣一套副使正賞綵段四表裏折鈔絹七疋紗羅各二疋織金紵絲衣一套通事番伴人等給賞有差一使臣人等自進物俱給價

蘇門荅剌國

永樂四年賜國王綵段襲衣宣德六年賜錦二段紗羅各四疋

絹十二疋妃紵絲五疋紗羅各四疋絹六疋進馬囬賜綵段二十表裏以後俱照此例正使賞綵段五表裏紗羅各一疋折鈔絹四疋通事頭目使臣妻等各賞有差

一正貢外使臣人等自進物俱給價

蘇禄國

永樂間賜國王紗帽金廂玉帶釵花金帶金蟒龍等衣服金銀錢鈔珎珠錦紵絲紗羅器皿鋪陳等物王妃冠服銀錢鈔紵絲等王男女親戚頭目使女冠帶衣服諸物各有差

一貨物例給價免抽分

東北夷人賞例

迤北　乜刺

四十

永樂宣德間賜順寧王綵段十表裏妃五表裏頭目一等者五表裏二等至四等者四表裏正統二年賜脫脫不花王綵段十五表裏虎班絹十疋妃八表裏頭目一等者八表裏二等者六表裏三等者五表裏四等四表裏外有加賜後一等二等遂為定例三等止與三表裏或二表裏四等五等皆二表裏六年賜太師也先段絹如脫脫不花王其妻每口五表裏一等二等數內頭目每人加賜織金綵段一表裏天順以後一等二等者不加賜三等者俱二表裏

七年賞例

一賞賜差來正副使臣每人賞織金衣服一套靴襪各一雙

一等正副使初到織金紵絲衣一套紅氈帽一頂靴襪各一雙

正賞綵段表裏絹二疋
二等使臣初到賞同
正賞綵段四表裏絹三疋
三等帶歸并使臣初到賞同
正賞綵段二表裏絹二疋
四等初到賞紵絲一套小男與小衣紅氊帽一頂靴襪各一雙
正賞綵段一表裏絹一疋
五等各頭目差來使臣下從人初到賞與四等同
正賞綵段一表裏
正副使妻初到賞織金紵絲女衣一套靴襪各一雙
正賞綵段二表裏絹二疋

四十一

衆使臣妻女初到賞絹女衣一套小女賞小女衣靴襪各一雙
正賞絹二疋
從人妻初到賞絹女衣二件靴襪各一雙
正賞絹一疋
自來男婦
男子初到賞絹衣二件小男與小衣紅氈帽一頂
正賞絹一疋
婦女初到賞絹衣二件小女與小衣靴襪各一雙
正賞與男子同
後定賞例
一等正副使每人賞綵段六表裏絹五疋

二等使臣綵段四表裏絹三疋
三等綵段二表裏絹二疋
四等綵段一表裏絹一疋與紵絲衣一套紅纓帽一頂靴襪各一雙
數内婦女不與紅纓帽
使臣自進中等馬每匹綵段二表裏折鈔絹二疋下等馬綵段
一表裏絹八疋折鈔絹一疋下下等馬綵段一表裏絹六疋折鈔絹
一疋帶進在彼頭目馬匹不分第等每匹回賜綵段二表裏
給賜在彼頭目
一等綵段每人八表裏
二等六表裏
三等三表裏

四等二表裏

一等二等緊要頭目加賜織金紵絲段一表裏

一回賜永樂九年回賜順寧王等上等馬者各紵絲段十表裏

海青一連四表裏白狐皮二十七箇四表裏　宣德間回賜順

寧王及使臣人等進中等馬者每匹二表裏折鈔絹二疋下等者

紵絲一疋絹八疋折鈔絹一疋下下等者絹六匹折鈔絹一疋駝每

隻三表裏折鈔絹十疋中途寄留倒死新生駒馬每匹絹三

疋折鈔絹半疋駝每隻絹六疋折鈔絹一疋海青一連一表裏銀鼠

皮二百箇十二表裏貂鼠皮二箇絹一疋青鼠皮十箇絹一疋土豹

一箇絹七疋半　正統元年回賜使臣銀鼠皮每六箇絹一疋玉

石每一斤絹一疋　二年回賜脫脫不花王及頭目使臣人等馬每匹

二表裏貂鼠皮五十箇四表裏使臣者每二箇絹二疋銀鼠皮五十箇二表裏使臣者十五箇絹一疋白兔皮三箇絹一疋白狐皮一箇絹一疋小㕔一名二表裏　三年貂鼠皮十箇一表裏四年每三箇貂鼠皮絹一疋使臣人等到京續進馬俱照下等馬例回賜　五年回賜錫鼠皮與紅熟絹　六年青鼠皮每二十箇絹一疋使臣人等馬分三等脫脫不花王并太師也先不分等第　八年也先阿魯骨馬每匹六表裏使臣馬匹每匹四表裏絹八疋　九年進西馬者每疋五表裏絹十疋撒哈剌每絹段九疋　十二年阿魯骨馬回賜四表裏一求討在彼頭目一等二等并三等内有係虜酋親及親信用事者俱請

旨給賜　弘治三年三等以下給賜差來使臣弘治元年并三年

四年有

特賜

一貿易本部出給告示除違禁物不許貿易其段絹布疋聽

於街市與官員軍民人等兩平買賣正統十年許買賣五日十二年許瓦

剌使臣賣馬　景泰元年許買銅湯瓶錫紅纓鞍轡剪子等物

泰寧衛　朶顏衛　福餘衛

凡差來并自來都督賞綵段四表裏絹二疋都指揮綵段三

表裏絹二疋指揮百戶所鎮撫頭目每人綵段二表裏絹一疋

各織金紵絲一套各加綵段一表裏舍人每人綵段二表裏絹一疋

織金衣一套達子每人綵段一表裏絹一疋素紵絲衣一套婦

女有進貢者每人一表裏絹一疋紵絲女衣一套隨来婦女二表
裏絹一疋絹女衣一套以上靴襪各一雙奏事進貢都指揮絹
二疋綵段三表裏織金衣一套指揮每人絹一疋綿布一疋綵段
二表裏紵絲衣一套靴襪各一雙舍人因事進貢者每人綵段
一表裏織金衣一套絹一疋靴襪各一雙
一回賜自進并帶進過馬匹不分等第每匹回賜綵段二表
裏絹一疋駝每隻三表裏絹十疋在衛都督指揮每員
加賜綵段一表裏
一貿易領賞畢日許於會同館開市三日鋪行人等照例將
貨入館兩平交易查得近行事例三衛夷人進貢回還不
差通事伴送止行中府順差原来遼管伴千百户等官其

薊州等處收買牛隻等項一行順天府照例貿易一咨都
察院轉行巡按御史禁革奸弊
一求討賞賜外復有求討請
旨量物件到京者照名給散在衛者請
勅閣付差來人領去
海西女直
凡進貢到京野人女直都督每名賞綵段四表裏折鈔絹二疋都
指揮每人綵段二表裏絹四疋折鈔絹一疋各織金紵絲衣一
套野人女直指揮每人綵段一表裏絹四疋折鈔絹一疋素紵
絲衣一套以上靴襪各一雙女直千百戶鎮撫野人女直舍人頭
目每人折衣綵段一表裏絹四疋折鈔絹一疋奏事來者每人

紵絲衣二件綵段一表裏折鈔絹一疋靴襪各一雙

查得女直與野人女直二種賞例畧有不同今查年稿備刻于後

凡進貢到京女直野人女直二種賞例女直都督每員綵段四表裏折鈔絹二疋織金紵絲衣一套都指揮每員綵段二表裏絹四疋折鈔絹一疋織金紵絲衣一套指揮每員綵段一表裏絹四疋折鈔絹一疋素紵絲二件以上俱有靴襪各一雙千百戶鎮撫頭目舍人每員名折衣綵段一表裏絹四疋折鈔絹一疋

野人女直野人都督每員綵段四表裏折鈔絹二疋織金紵絲衣一套野人都指揮綵段二表裏絹四疋折鈔絹一疋織金紵絲衣一套野人指揮千百戶鎮撫綵段一表裏絹四疋折鈔絹一疋素紵絲衣二件以上俱有靴襪各一雙野人頭目折衣綵段一表裏絹四疋折鈔絹

一疋貂鼠皮每四箇回賜生絹一疋如零一箇與布一疋
嘉靖十三年二月内該本部題　准女直夷人馬價二表
裏内將絲段二疋折給銀六兩
一求討弗提衛都督㢟吉禄先次奏討冠帶蟒衣
欽賜大帽子一頂金帶一條後又因奏討特與蟒衣一件建州左衛都
督剌哈亦奏討大帽子金帶亦與之
一貿易賞賜畢日許開市三日令鋪行人等照例持貨入館
兩平交易
西南夷人賞例
哈密
永樂四年賜忠順王綵絲六十疋絹二百一十四疋祖母母妃各

紵絲六疋絹六疋孀母紵絲四疋絹四疋
六年賜王紵絲五十疋絹二十疋織金紵絲衣三套皂麂皮靴
二雙氈襪二雙祖母母并妃各綵段六表裏
成化三年故忠順王外孫爲都督賜銅印并織金衣一套
八年其都督赴京襲職除馬駝給價外加賞綵段絹織
金紵絲衣并靴襪各一雙賞賜進貢到使臣分五等一等綵段
五表裏絹四疋二等四表裏絹三疋三等三表裏絹二疋四
等二表裏絹一疋布一疋五等一表裏絹一疋俱紵絲衣一套靴
襪各一雙留存甘州男婦人等有進貢者照五等例賞無者
每人絹布各一疋奏事到京使臣不分等第每人綵段二表
裏絹一疋紵絲衣一套靴襪各一雙

四十六

十二年奏准寄住苦峪城使臣賞例仍分五等比前表裏絹各減其一俱不與衣服靴襪存留甘州有進貢者照前五等例無者與絹一疋

一回賜大馬每匹四表裏達馬不分等第每匹二表裏駝每隻四表裏駝羔每隻紵絲一疋絹二疋倒死駝絹六疋折鈔絹一疋稜服每段絹六疋金鋼鑽上等每顆絹四疋

成化十年二等每顆絹二疋三等每顆絹一疋四等每二顆絹一疋五等每顆布一疋番砂水晶石不與價

弘治三年奏准

内府估驗定價例玉石每斤絹一疋夾玉石每四斤絹一疋速来蠻石每二斤絹一疋青金石每一斤絹一疋把咱石十斤絹一疋

魚牙靶小刀每把絹二疋鑌鐵大刀每把絹五疋拐棍刀每把絹
五疋兩刃劍每把絹八疋鑌鐵鎚一把鑌鐵鏡一面各絹二疋撒哈
剌馬黑䘸每段各絹九疋桜蕿蘭每斤絹四疋硝子阿思馬亦
一箇絹一疋鉄角皮二條絹一疋豹皮即舍列孫皮每二張一表裏哈
剌卜花二十張絹一疋鑌鐵二斤絹一疋螺子石六塊絹一疋回回木
梳細者六箇絹一疋粗者十箇絹一疋獅子皮一張二表裏哈剌
皮虎剌皮每張一表裏蛇角二枝一表裏蛤蚧四箇絹二疋馬
脹吧即番夏布每二段絹一疋藍花手巾一條絹一疋石頭靴八箇
硇砂八斤各絹一疋雌黄十五斤絹一疋銀鼠皮六箇貂鼠皮
三箇青鼠皮二十箇白兔皮三箇白狐皮一張駝皮獺皮每一
箇各絹一疋梧桐鹻每十斤絹一疋舡馬尺即手甸皮每五張絹二疋

四十七

卜剌硤兒皮（即牛甸皮）每四張絹一疋樺皮弓一張絹八疋羚羊角每四斤絹一疋金線豹皮一張一表裏刀紬（番名黄馬海牙兒）每段絹一疋松都魯石（即水珀）舊例每斤鈔十五貫正統四年定每斤添一百貫每二百貫折絹二疋虎力麻五疋絹二疋珊瑚珠正統中每十四兩絹四疋今定每一兩絹二疋鎖鎖角鈎每斤絹一疋硝子遮眼（番名綾納）每三箇絹一疋使臣自進中等馬每匹紵絲一疋絹八疋折鈔絹二疋下等馬每匹紵絲一疋絹七疋折鈔絹一疋新生馬駒中途倒死馬每匹絹三疋駝每隻三表裏絹四疋帶進西馬每匹五表裏阿魯骨馬每匹六表裏

一貿易使臣進貢到京者每人許買食茶五十斤青花磁器五

十副銅錫湯瓶五箇各色紗羅綾段各十五疋絹三十疋三梭綿布夏布各三十疋藥餌三十斤菓品沙糖乾薑各三十斤紙馬三百張花毯二條顏料五斤綿花三十斤烏梅三十斤皂白礬十斤不許過多就館中開市五日除違禁之物并鞍轡刀箭外其餘段疋紗羅等項不係黃紫顏色龍鳳花樣者許官民各色鋪行人等持貨入館兩平買賣該城兵馬司差人密切關防及令通事管束毋得縱容鋪戶夷人在外私自交易如有將違禁等物及通事人等故違者許各該委官體察通行拏問具奏討沿途收買牛羊鐵犁鏵者聽臨洮府蘭州地方與軍民兩平收買不許過多仍令伴送人員及所在官司防範不許將熟鐵兵器夾賣及因而生事擾

四十八

一求討正統年間忠順王奏討與紵絲四表裏

天順四年王母差来使臣領去厚榜紙中夾紙各三百張金箔一百貼胡椒蓽茇各十斤桐油十斤白礬十斤心紅三斤丁香乳香檀香各三斤良薑桂皮各五斤細茶三十斤洗面銅盆一箇

成化十二年寄居苦峪城阿兒加等奏討加絹一疋十三年又准加折絹一疋十五年再加絹一疋

哈烈　哈三　哈撒兒沙的蠻　哈失哈兒

哈的蘭　賽蘭　亦力把力　掃蘭

乜克力　把丹沙　把力黑　俺力麻

脫忽麻　察力失　幹失　卜哈剌

怕剌　失剌思　你沙兀兒　克失迷兒
帖必力思　果撒思　火壇　火占
苦先　沙六海牙　牙昔　牙兒干
戎　白　兀倫　阿速
阿端　耶思城　坤城　捨黑
擺音　克癿　天方國　日落國

已上諸國賞賜例與哈密同

罕東　赤斤蒙古

永樂二年賞賜差來都指揮指揮綵段三表裏織金紵絲衣一套靴襪各一雙千百户鎮撫綵段二表裏舍人綵段一表裏俱與素紵絲衣一套靴襪各一雙存留甘州男婦有

進貢者每名口綵段一表裏生絹一疋無者生絹一疋布一疋
回賜帶進駝每隻四表裏中等馬每匹二表裏下等馬
每匹紵絲一疋生絹四疋自進中等馬每匹紵絲一疋生絹
八疋下等馬每匹紵絲一疋生絹四疋

安定衛

洪武八年賜襲封嗣王
勑書誥命各一道織金紵絲衣一套綵段六表裏諭祭已故王祭
文一道降香一炷新鈔一千貫本部差通事一員送請封人
至西寧衛交割本衛差頭目一員齎
勑誥衣服表裏同原來人前去本地給賜授封別差頭目一員
齎降去祭文香鈔另辦齎糧五十石麻布五十疋食茶二

百斤量帶軍士一同前去
一賞賜到京國師絲段四表裏絹二疋紵絲僧衣一套舍人
并使臣每人二表裏紵絲衣一套僧人每人一表裏紵絲番
僧衣一套靴襪各一雙
一回賜自進并帶進駝每隻三表裏絹四疋馬每匹二表裏
撒馬兒罕
洪武間進貢各賞銀并貯絲表裏衣服等物正統以前賞
例優厚成化間定王紵絲十五疋羅三疋紗二十疋熟絹十
五疋白氁絲十疋白將樂布十疋洗白布五十疋紵絲帽一
頂硃紅漆戧金碗八箇王妻紵絲八疋絹二疋紗二疋熟絹八
疋白氁絲五疋白將樂布五疋洗白布二十疋到京使臣并存

留甘州男婦俱行審等第照哈密賞例

一回賜正統四年金線豹一隻八表裏西馬每匹五表裏

折鈔絹十疋獅子皮一張二表裏金線豹皮每張一表裏

成化十九年阿黑麻王獅子二隻每隻比金線豹例加五表

裏

弘治三年獅子八表裏正副使并送養人止正賞無加賞

王止與回賜無特賜

土魯番

使臣到京并存留賞賜自進并帶進駝馬等物回賜及

賣買一應俱照哈密例

魯迷

嘉靖三年甘肅鎮巡官會題魯迷新附該本部同兵部議
准起送十人来京查照撒馬兒罕賞例給賞

烏思藏

洪武永樂来給賜不等後定四川起送来者到京剌麻
番僧人等每人綵段一表裏紵絲衣一套存留剌麻番僧
人等每人該賞綵段一表裏折與闊生絹四疋紵絲衣一套
内二件給本色衣一件折生絹三疋俱賞鈔三十貫折靴襪鈔
五十錠食茶六十斤從洮河州起送来者到京剌麻番僧
人等每人折衣綵段一表裏紵絲并綾貼裏衣二件存留
番僧人等每人該賞折衣綵段一表裏折生絹四疋紵絲并
綾貼裏衣二件俱與食茶五十斤靴襪鈔五十錠進過給軍

中等馬疋紵絲一疋鈔三百錠氊氈等物例不給價帶進
方物回賜綵段四表裏
嘉靖十八年二十四年闡教王都綱帶人遣例每人減賞
絹一疋
正德四年闡化王襲職多帶人數每人止與綵段一表裏
存留每人止與生絹四疋鈔五十錠茶五十斤
嘉靖十年闡化王都綱違例帶人二百五十名各減折衣
絹一疋
正德六年輔教王慶賀一百五十名違例減賞
嘉靖十年十四年二十四年輔教王都綱多帶人數各減絹
一疋

弘治十七年大乘法王進貢二百三名止將到京五人全賞余各減絹鈔疋
正德五年大乘法王賀恩八百名到京十六年革去綾貼裏衣二件止與二表裏存留者止賞絹三疋
正德六年大乘法王差人過多到京者全賞存留者每人止與絹疋鈔五十錠茶三十斤
正德十四年大乘法王差來過多到京者止與綵段一表裏存留者每名止與生絹三疋
嘉靖十年都綱帶人過多每名減絹一疋
弘治十二年大寶法王差人過多到京者止與一表裏存留者止與絹一疋俱革去綾貼裏衣二件

五十二

正德五年大寶法王差人過多到京者每人賞綵段一表裏紵絲綾貼裏衣二件存留每人生絹二疋

正德十年大寶法王差人過多到京者止賞綵段一表裏存留者止賞絹三疋鈔錠茶斤如數給賞

嘉靖十八年二十四年大寶法王都綱違例帶人各減絹一疋

正德六年護教王到京者照洮州事例全賞存留者每人止與絹二疋鈔五十錠茶三十斤

一賜封本部行吏部請給

誥命

內府各衙門關造錦二段紵絲十表裏袈裟僧衣一套高頂僧帽一頂水晶數珠一串鈴杵二副白磁茶鍾二箇滿荅剌一

箇連帶鸞帶一條靴襪各一雙茶食一百斤檀香一炷請
勑令大慈恩寺推剌麻二人為正副使帶領剌麻十名同原來請
封剌麻賫奉前去番地授封差通事一員伴送至四川布
政司交割從黎州或天全出境差去正副使每人賞鈔八十
錠剌麻六十鈔俱與番僧衣一套靴襪各一雙賛善王授封從
陜西洮州出境闡化等三王從四川出境成化五年授封闡
化輔教二王差去正副使人等自帶買路物件食茶二萬
五千斤紵絲二百疋羅一百疋絹一千疋青紅布三千五百疋
金箔一萬貼胡椒一百斤十六年賫授封闡化王回還剌麻
覺義等三十員名正授禪師覺義每人鈔八十錠綵段
三表裏副二疋副使都綱鈔六十錠二表裏差去剌麻每

五十三

名鈔四十錠一表裏俱與紵絲畨僧衣一套靴襪各一雙帶去徒衆每人鈔二十錠一表裏進過氈氌等物不給價

長河西魚通寧遠等處

正統初賞賜查慰使并指揮僉事自來進貢者宣慰使鈔一百五十錠綵段四表裏指揮僉事鈔一百鈔綵段二表裏俱紵絲衣一套靴襪各一雙襲職進貢賞同國師并國師姪男進貢到京者照宣慰使例都綱剌麻畨僧人等進貢到京者每人鈔五十錠綵段一表裏紵絲畨僧衣一套靴襪各一雙食茶六十斤存留賞同五年剌麻畨僧進馬到京每人鈔五十錠綵段一表裏折衣綵段二表裏靴襪各一雙進過馬不分等第每匹鈔一百錠十年長河西招撫

生番照本處進貢番僧仍每人止宣鈔五十錠綵段一表裏新衣綵段二表裏靴襪各一雙仍加賞折衣綵段一表裏景泰四年每人鈔五十錠綵段一表裏不與衣服靴襪天順元年照舊給賞三年尊勝寺清修翊善衣國師讓印帶進舍利等物照先年烏思藏地方都指揮使等事例量給綵段二表裏成化初番僧人等到京者每人關生絹二疋鈔五十錠折靴襪鈔五十錠折衣綵段二表裏存留者餘鈔絹俱照到京賞例其折衣綵段二表裏每人給本色一表裏內一表裏折關生絹四疋進過氆氌等物例不給僧帶進國師方物給賜綵段二表裏成化二十二年番人九百名來貢到京并存留者俱減絹三疋弘治二年國師來貢無齎勘合到京者賞綵段二表

裹存留者賞綵段一表裹生絹三疋
弘治七年國師違例進貢照弘治二年例
弘治十八年本司差人過多年例一百名全賞其餘到京
者減生絹二疋存留減三疋

朶思甘

凡宣慰司差來到京禪師番僧人等每人賞鈔五十錠綵段
一表裹紵絲衣一套存留番僧人等每人鈔五十錠折表裹闊生
絹四疋紵絲一套內二件給本色衣一件折闊生絹三疋俱與
折靴襪鈔五十錠食茶六十斤進𦆈𦆈等物例不給價指揮僉
事例加絹四疋國師比照禪師加絹二疋新招撫來貢者到
京每人鈔五十錠絹二疋折衣綵段二表裹折靴襪鈔五十錠

存留者每人鈔五十錠絹二疋折衣綵段一表裏闊生絹四疋折
靴襪鈔五十錠方物俱不給價
天順七年朵甘宣慰使進貢到京賞鈔一百五十錠綵段四表裏
紵絲衣一套靴襪各一雙
成化二十一年本司差人過多比長河西減賞事例減絹二疋
弘治十三年十七年正德七年差人過多每名俱減絹二疋

董卜韓胡

凡差來國師禪師都綱到官剌麻番僧頭目寨官人等到
京每人賞綵段一表裏存留頭目番僧人等每人折表裏
闊生絹四疋俱與折鈔絹二疋靴襪鈔五十錠番僧每人紵絲
綾貼裏僧衣一套頭目人等每人紵絲綾貼裏俗衣一套進

氈氊等物例不給價回賜土官綵段十表裏土官妻綵段四表裏

嘉靖二年止將一百十五名全賞其二千六百十五名俱減絹一疋

嘉靖七年十二年十七年俱全賞一百名其餘俱減絹一疋

四川威州保縣金川寺番僧

凡金川寺進貢到京剌麻番僧每人賞綵段一表裏折衣綵段二表裏存留者每人綵段一表裏其折衣綵段二表裏內一表裏折生絹四疋一表裏折茶葉一百斤俱與鈔六十錠折靴襪鈔五十錠氈氊等物不給價

嘉靖十五年査例增至六百五十名將年例一百五十名全賞

餘五百名各減折衣絹二疋

雜谷安撫司

與金川寺例同

達思蠻長官司

凡達思蠻長官司正統間進貢到京并存留僧人等每名賞鈔四十錠綵段一表裏折衣二表裏靴襪各一雙

弘治二年題准照汶川賞例差來番僧人等到京者每人賞綵段一表裏折衣一表裏存留者綵段一表裏折衣二表裏仍折生絹八疋俱與鈔六十錠折靴襪鈔五十錠

嘉靖五年題准以三百九十名為定額比外多者減絹二疋

茂州汶川縣加渴瓦等寺

凡進貢到京者剌麻番寺頭目寨首每人綵段一表裏折衣二表裏存留番僧人等每人綵段一表裏折衣二表裏每一表裏折絹　疋俱賞鈔六十錠折靴襪鈔五十錠鞴鞴等物不給價

嘉靖三年題准一百五十名全賞餘各絹二疋

松潘茂州等處

凡進馬到京馬每疋賞鈔一百錠鉄甲鞴鞴等物不給價

查節年稿松潘起送長寧安撫司幫胡綢大悲寺番僧賞例俱與達思蠻加渴毛寺同

陝西洮岷等處番僧

凡洮岷等處各寺剌麻番僧到京并存留每人賞折衣綵段

一表裏折靴鈔五十錠馬每匹紵絲一疋鈔五百錠駝每隻三
表裏絹四疋不由所在官司給文起送私自來京謝
恩等項進貢者止給馬駝價不賞
查節年稿該地方有上等馬者加段一疋內瞿曇寺到京禪師有番僧
衣一套
洮岷等處番族
凡各番族等到京并存留番人每人賞綵段一表裏折衣綵段
一表裏絹二疋鈔二十錠折靴襪鈔五十錠進馬每匹紵絲一疋
鈔三百錠盔甲腰刀例不給價
嘉靖六年題准折衣綵段一表裏并馬價紵絲每疋折銀
三兩以上貿易俱許開市三日

番貨價值

凡番國進貢内國王王妃及使臣人等附至貨物以十分爲率五分抽分入官五分給還價值必以錢鈔相兼國王王妃錢六分鈔四分使臣人等錢四分鈔六分又以物折還如鈔一百貫銅錢五串九十五貫折物以次加增皆如其數如奉

旨特免抽分者不爲例

凡番國進貢船内搜出私貨照例入官俱不給價其奉

旨給與者不爲例

凡回回幷番使人等進貢寶石等項

内府估驗定價例胡椒每斤直鈔三貫丁香每斤一貫蓽茇每斤二貫速香每斤二貫木香每斤三貫亂香每斤五貫

蘇木每斤五百文黄蠟每斤百五文油紅布每段一貫五百文青布每段一貫五百文玳瑁盒每箇一貫藤竭裹囊每斤一貫沒藥每斤五貫金銀香每斤五百文大楓子每斤一百文錫每斤五百文茲布每疋一十五貫肉豆蔻每斤五百文古剌水內大合一貫小合五百文荳蔻花每斤五百文腰刀每把三貫鉄每斤三百文花布每段一貫大花手巾每條二貫小花手巾每條一貫一應各樣㡘布每段一貫翠毛每斤三百文烏爹泥每斤五百文紅文節知被每條五貫鹽每斤一百文梔子花每斤一貫丁皮每斤五百文悶蟲藥每斤二百文象牙每斤五百文花氊單每條一十貫撒合剌每疋一百貫珊瑚枝每斤三十貫血竭每斤一十五貫龍涎每兩三貫蘇合油每

斤三貫大玻瓈瓶每箇三貫小玻瓈瓶每箇二貫大玻瓈碗每箇三貫小玻瓈碗每箇二貫鶴頂每箇一貫赤金每兩五十貫足色銀每兩十五貫降真香每斤五百文安剔牙每斤一貫膽礬每斤二貫回回石青每斤一貫珊瑚珠每兩二貫烏木每斤百五文安息香每斤五百文紫檀木每斤五百文木鱉子每斤三百文雄黃每斤五百文阿魏每斤二貫兜羅布每段一十貫綵手巾每條二貫粟米珠每兩五貫油血石每兩二貫番砂每斤二百文夕牙吸沓納每斤五百文八的阿納每斤四百文三顙阿刺必每斤五百文別模刺每斤五百文厥枯露每斤二百文加定每斤五百文哈都味思每斤五百文阿思模達塗兒氣每斤五百文暗花打布每段一貫

沙連布每段一貫、青查禮布每段一貫加籠冝布每段一貫、
烏連布每段一貫、勿那朱布每段一貫、蘸麻達每斤二百文
番方每張二貫、番簟每枝一百文

查節年稿琉球等國番貨價值差有不同開列于後

琉球國附進方物蘇木每斤鈔十貫胡椒每斤鈔三十貫、番錫
每斤鈔八貫每鈔二百折絹一疋
暹羅國附進方物烏木乳香每斤鈔四十貫、檀香黄、熟香
降真香象牙白荳蔻大楓子每斤鈔十貫、胡椒每斤鈔二十
五貫、籐黄每斤鈔一十五貫、蘇木樹香每斤鈔五貫、紫壍
每斤鈔三十貫丁香皮每斤鈔二貫、每鈔二貫、折絹一疋
日本國附進方物每刀劍一把鈔三貫、内一分支錢九分支絹

每把該錢三百文每鈔一百貫該絹一疋白檀香照依時估每斤銀壹錢每銀一兩折銅錢七百文

滿剌加國附進方物胡椒每斤鈔二十貫烏木每斤鈔四十貫乳香每斤鈔四十貫沒藥檀香每斤鈔十貫每鈔二百貫折絹一疋

計折還物價

各色紵絲每疋折鈔五百貫綾子各色每疋三百貫紗各色每疋三百貫絹各色每疋一百貫青絨毯子每疋六百貫青花白磁盤每箇五百貫碗每箇三百貫瓶每箇五百貫酒海每箇一千五百文豆青碗盤每箇一百五十貫碗每箇一百貫瓶每箇一百五十貫麝香每斤一千五百貫樟腦每斤一百貫良薑

每斤二十五貫大黄每斤三十貫鉄鍋三口闊面每口一百五十貫

土官

永樂二年給賜土官衙門

木邦　八百大甸　蔆川平緬　緬甸　車里

老撾宣慰使司　干崖　大侯　里馬

茶馬四長官司　路江安撫司　孟艮　孟定

灣甸　鎮康等府

車里賞例

差來頭目每人賞紵絲紗羅各四疋折鈔絹二疋布一疋通事每人賞絲段一表裏折鈔絹一疋俱與羅衣一套象奴從人每人賞折鈔綿布一疋絹衣一套俱與靴襪各一雙

給賜土官宣慰使錦二段紵絲紗羅各四疋土官妻紵絲羅各三疋進過象馬金銀器皿等物不給假

木邦賞例

差來陶孟每人賞紵絲紗羅各三疋折鈔絹二疋布一疋招剛每人賞紵絲紗羅各二疋折鈔絹二疋通事每人綵段一表裏折鈔絹一疋俱與羅衣一套從人象奴每人折鈔綿布一疋絹衣一套俱與靴襪各一雙

給賜土官宣慰使錦二段紵絲紗羅各三疋宣慰妻紵絲羅各二疋進過象馬金銀器皿等物不給價

緬甸賞例

差來頭目每人賞紵絲羅各三疋紗二疋鈔六十錠招　每

人紵絲羅各二疋紗一疋鈔四十錠俱與羅衣一套通事賞鈔二十錠象奴從人每人鈔十五錠俱與絹衣一套靴襪各一雙
給賜土官宣慰使錦二段紵絲紗羅各三疋土官妻紵絲羅各三疋進過象隻金銀器皿等物不給價

老撾賞例

差来頭目每人賞紵絲沙羅各四疋折鈔絹二疋綿布一疋通事紵段一表裏折鈔絹一疋俱與紵絲衣一套象奴從人每人折鈔綿布一疋絹衣一套俱與靴襪各一雙
給賜土官宣慰使錦二段紵絲紗羅各四疋宣慰妻紵絲羅各三疋進過象隻金銀器皿等物不給價

八百賞例與老撾同

孟養賞例

差人陶孟每人賞紵絲羅各四疋紗二疋折鈔絹二疋綿布二疋招剛每人紵絲羅各三疋紗二疋折鈔絹一疋綿布一疋招八每人紵絲紗羅各一疋折鈔絹一疋通事每人紵絲一表裏折鈔絹一疋各與紵絲衣一套象奴每人折鈔綿布一疋絹衣一套俱與靴襪各一雙

給賜孟養思六錦二段紵絲紗羅各四疋思六妻紵絲紗羅各三疋進過馬每匹絹五疋金銀器皿等物不給價

孟密賞例

差來頭目陶孟每人賞紵絲紗羅各三疋折鈔絹二疋綿布一疋招剛每人紵絲鈔羅各二疋通事採段一表裏折鈔絹一

疋俱與羅衣一套從人象奴每人折鈔綿布一疋絹衣一套俱與

羅衣一套從人象奴每人折鈔綿布一疋絹衣一套俱與靴襪
各一雙

給賜女土官曩罕弄并伊男安撫思柄每人紵絲紗羅各
三疋思柄妻紵絲羅各二疋進過象馬金銀器皿寶石等物
不給價

孟璉賞例

差來頭目舍人每人賞綵段二表裏羅衣一套通事鈔二十
錠絹衣一套從人每人鈔十五錠絹衣一套俱與靴襪各一雙

給賜土官紵絲三疋羅二疋絹四疋土官妻紵絲羅各二疋
進過馬匹金銀器皿不給價

孟艮府賞例

差來頭目賞折鈔絹一疋紵絲羅各二疋紗一疋通事每人賞折鈔絹一疋俱與羅衣一套從人每人折鈔綿布一疋絹衣一套俱與靴襪各一雙

給賜土官舍人紵絲紗羅各二疋進過銀器等物不給價

鄒川州賞例

差來頭目每人賞綵段二表裏羅衣一套通事每人賞鈔二十錠絹衣一套從人象奴每人鈔十五錠羅衣一套俱與靴襪各一雙

給賜土官紵絲三疋羅二疋絹四疋土官妻紵絲羅各二疋進過象馬不給價

查有廣東崖州土官賞例

川廣雲貴腹裏土官朝覲給賞事例

到京土官弟男頭目人等各照銜門品級高下為差

三品四品鈔一百錠綵段三表裏

五品鈔八十錠綵段三表裏

六品七品鈔六十錠綵段二表裏

八品九品鈔五十錠綵段一表裏

雜職銜門并頭目人等自進馬匹方物鈔四十錠綵段一表

裏

差来通把事頭目每人鈔二十錠綵段一表裏

随來土官弟男并把事頭目人等每人鈔二十錠從人伴

吏每人鈔一十錠
數內有進馬一二匹與方物輕者止照雜職例賞
凡到京過期者減半給賞後或全賞弘治三年以後正月
內到者亦全賞二月內到者減半
凡該賞半表裏者折與闊生絹二疋
查得各土官衙門進貢賞例凡進馬一二匹者准一人作差來名色賞鈔
二十錠絲段一表裏進馬三四匹者准二人作差來名色賞鈔四十錠
絲段二表裏進馬五六匹者准三人作差來名色賞鈔六十錠絲段
三表裏隨來人等每人賞鈔十錠進過馬每匹給鈔一百錠
貴州宣慰朝覲賞例

差来舍人鈔二百五十錠綵段二表裏把事鈔十五錠綵段一表裏通事鈔十錠絹一疋頭目每人鈔二十錠從人每人鈔十錠

回賜土官宣慰使錦二段六表裏

四川播州宣慰司賞例

差来長官鈔四十錠綵段一表裏通把頭目人等每人鈔三十錠

回賜土官宣慰使錦二段綵段六表裏

貴州四川湖廣土官慶　賀賞例

貴州宣慰使差来舍人賞鈔五十錠綵段二表裏把事鈔十五錠綵段一表裏通事鈔二十錠從人鈔十錠四川土官差来

人賞鈔二十錠綵段二表裏湖廣土官差來人進馬者賞鈔二十錠綵段一表裏進香者賞鈔二十錠絹二疋随來人鈔十錠

川廣雲貴土官謝恩賞例

雲南四川湖廣差來人賞鈔四十錠綵段一表裏随來通把人等每人鈔二十錠從人每人鈔十錠貴州土官差來人賞鈔二十錠綵段一表裏随來通把人等每人鈔二十錠從人每人鈔十錠

各國通事沿革

女直

正額九員　添設一名　候缺

韃靼

正額八員　添設一名　候缺

回回

正額七員　添設一名　候缺

百夷

正額六員　候缺

西番

正額五員　添設一名　候缺

朝鮮
正額五員　候鈌
占城
正額三員　候鈌
日本
正額四員　候鈌
安南
正額一員　添設一員　候鈌
暹羅
正額三員　候鈌
琉球

正額二員　　候缺

禿兀兒

正額二員　　候缺

滿剌加

正額一員　添設一名　候缺

一訪保

一通事除丁憂緣事未結俱不作缺其有各國見缺十人以上及一國全缺者在外行各邊鎮巡衙門在京行鴻臚寺俱訪保起送到部通行考試將精通夷語之人照缺收補辦事不許將身家有過改名冒籍之徒朦朧妄保事發連坐以罪嘉靖元年例

一有名鈌不必待至十名但該國有鈌一二名者即呈本部轉行該邊鎮廵等官防保起送赴部考試頂補嘉靖七年例
一奉　特旨這訪保通事今後還照嘉靖元年例行欽此嘉靖二十八年例
　一候鈌
一各國通事候鈌者不得過正額之半若正額止一名者許收候鈌一名嘉靖十九年例
　一補鈌
一通事丁憂三名者量補一名成化五年例
一通事丁憂者着令聽候通事暫替辦事不許食粮待

其起復仍舊補缺如無聽缺止是一名者許令選保一名
仍作不支米辦事成化十九年例
一通事補缺三年滿日考中支米又辦事三年滿日考
中咨送吏部冠帶又辦事三年滿日考中咨送吏部
選授序班夷語如不精通及有過名悞事者徑發原
籍爲民成化十八年例
一遇有各館正額名缺將候缺通事查係類考第居
一等者照依到館先後挨補考居二等及季考居一等
者不許槩稱到館在先援此求進嘉靖二十九年例
一食糧
一新收各處額外添設待缺通事不係正額者雖三年六

年後滿考中不許支米直待頂補額內正缺方許支米弘

治六年申明舊例

一通事辦事九年未得食糧者准其食粮協同辦事弘

治六年例

一各國戴頭巾通事三年滿日送部考中頂補正缺者

准支月米添設者雖經考中仍作不支米辦事待有正

缺方許支米成化十七年例

一立教師

一各館中視人數多寡掄選年深通事了曉夷語者一

二人立為教師不分有無夷人每日黎明時進館督率

各該通事人等演說夷語務求精曉者音字不差如三

年之中教習有效候考之時具名奏

請擢用嘉靖二十八年例

一考效

一各館通事官生會同吏部通行考試分為三等一等照舊供事二等量加罰治姑容三等黜退為民每季終本部仍出題考試其有一年三次第居三等者通事本部即時量責序班等官年終類

請罰治

一各館通事官生本部當堂出題通行考試查照嘉靖二十五年事例分為三等題

請發落以後每遇三年如前通考一次本部季考又三年通考之時

必合字與音相兼考校

一考滿

一通事食糧冠帶授職等項，仍各案候俱以三六九年為期通將各館官生一併嚴加隔別考試夷語通曉者方准照例遷轉留用，不通徑自黜退為民，不許照常扣日徑自挨資，求進。嘉靖二十五年例

一今後遇有通事官生三六九年考滿者，查無遺礙，照舊取官對考，如果夷語精通，准令給由，若夷語欠熟，發回習學，候三箇月再考，若三次不稱者，徑自黜退為民。嘉靖二十六年例

一雜行

一女直通事准添設連原設共　名回回韃靼西番各添
設一名連原設各該　名成化十九年例
一通事有犯贓私照吏典例成化十九年例
一各國戴頭巾通事不許遇例上納粮草遷者參問革役
弘治九年例
一南方海外諸國不許差官如遇原來伴送別有事故夷
人奏討不已者本部奏
請定奪弘治十一年例
一聽缺通事告改補事繁額多去處及四夷館譯官奏
改以圖差遣吏部及本部遇有此項即送立案仍參奏
問罪弘治十一年例

一通事出差遣限半年者照例送問雖有堪信文憑不與准理違限一年及養病服闋二年之上作缺待其到京俱令守缺不許作協同辦事色名弘治十一年例

一候缺通事分撥各館之後不許夤緣告改别館違者聽本部參究嘉靖二十九年例

一提督職守

禮部主客司主事令其專一在館提督凡館内一應事務當處治者徑自處治當具奏者徑自具奏其各色通事亦聽管束常川在驛弘治五年例

一違曠

一通事今後有患病至一年給假違限至六箇月托病不考

至三次又不赴館畫卯至三箇月者官聽本部容革冠帶
通事以下聽本部徑自查革嘉靖三十年例
一卯簿
一本部置立卯簿一扇行提督主事每五日令各館官生赴
館畫卯每朔望教師引領生徒試寫夷語季終將卯
簿封呈本部以憑季考兼論其勤怠歲終備開考語
以待三年通考其廉汚嘉靖二十八年例

朝貢　外夷朝貢考下卷

外國四夷所貢方物

朝鮮國

金銀器皿　白綿紬　各色苧布　龍文簾席　人參

各色細花席　豹皮　獺皮　黃毛筆

白綿紙　螺鈿梳函　種馬每三年五千疋近有加貢不在種馬之數

安南國

金銀器皿　薰衣香　降真香　沉香　速香

木香　黑線香　白絹　犀角　象牙

紙扇

暹羅國

象　象牙　犀角　孔雀尾　翠毛
龜筒　烏香　丁香　六足龜　寶石
阿魏　薔薇水　珊瑚　金戒指　丁皮
碗石　片腦　米腦　紫梗　藤竭
糠腦　腦油　藤黄　硫黄　檀香
沒藥　烏爹泥　速香　安息香　肉豆蔻
胡椒　黄熟香　降真香　白豆蔻　蓽撥
羅斛香　乳香　蘇木　腦柴　烏木
樹香　木香　大楓子　苾布　油紅布
白纏頭布　紅撒哈剌布　紅地絞節智布　紅杜花頭布　紅邊白暗花布
乍蓮花布　烏邊葱白暗花布　細棋子花布　織人象花文打布　西洋布

日羅夏治國　忽魯母恩國　甘把里國　麻林國
古麻剌國　沼納撲兒國　白葛達國　天方國
默德那國　加異勒國　忽魯謨斯國　祖法兒國
溜山國　阿哇國　南巫里國　急蘭丹國
奇剌尼國　夏剌北國　窟察尼國　烏涉剌踢國
阿丹國　魯密國　彭加那國　捨剌齊國
八可意國　坎巴夷替國　左法兒國　黑葛達國
八答黑商　日落國

四夷

東北夷

夷北小王子　瓦剌

三衛

泰寧衛　朶顏衛　福餘衛

海西女直

牙魯衛　亦馬忽山衛　忽剌衛　兀者衛

玄城衛　克默兒河衛　莫溫河衛　亦帖列山衛

阿蘭衛　木忽剌河衛　肥河衛　可河衛

莫門衛　兀者左衛　弗河衛　哈里河衛

古里山衛　兀因衛　弗朶禿河衛　考郎衛

塔山前衛　失里山衛　蘇溫河衛　脫木河衛

失里河衛　亦迷河衛　所力河衛　兀的罕河衛

阿真河衛　阿者迷河衛　納剌吉衛　禿里赤山衛

阿魯衛
劄真衛
古城衛
弗納河衛

勒里河衛
葛林衛
亦馬剌衛
老里河衛

古貴河衛
可河衛
南哈剌衛
忽里河衛

脱木衛
可木衛
牛馬衛
木魯衛

亦里克衛
弗思衛
塔山丹衛
禿河衛

阿速江衛
阿速山衛
兀思哈里衛
使坊河衛

哈蘭城衛
斡蘭河衛
塔亭衛
野剌脱衛

蘭無剌衛
納木衛
兀的山衛
阿答赤河衛

忽魯衛
古里河衛
弗孫河地面
卜魯兀衛

可令河衛
阿速河衛
好屯衛
吉灘河衛

哈里速衛
土魯罕山衛
兀魯愛衛
卜魯丹衛

二

兀答衛　納剌吉河衛　隨滿河衛　友帖衛
灘納河衛　察剌禿山衛　撒兒忽衛　忽魯木衛
土魯亭山衛　忽哈衛　竹屯衛　密城衛
渚冬河衛　木魯罕山衛　童同木衛　亦里察河衛
雙古橋　阿倫衛　失木魯河衛　兀屯河衛
哈蘭山衛　兀者前衛　忽答河衛　兀答山衛
兀的山河衛　忽答河衛　亦里河衛　者林山衛
兀里奚山衛　兀的河衛　亦馬忽山衛　撒叉河衛
古魯山衛　失力河衛　兀思忽衛　阿古河衛
木蘭河衛　哈里山衛　速達兒河衛　所力衛
兀山衛　卜魯衛　老河衛　没倫衛

木荅山衛　脱脱衛　哈木衛　漚罕河衛
衣木河衛　荅山衛　哥吉河衛　老哈河衛
野木河衛　脱河衛　兀同衛　河木衛
老哈河衛　撒禿河衛　亦速里河衛　阿者衛
和朶衛　華魯衛　木者納河衛　亦失衛
忽石門衛　塔麻速衛　右城衛　撒力衛
法因河衛　兀右衛　者河衛　替里衛
兀忽衛　希灘河衛　納木河衛　弗提衛
竹墩衛　兀里衛　速塔兒河衛　弗朶禿魯衛
巴里衛　忽魯河衛　埇塔地面　甫門河衛
木興衛　斡蘭衛　右帖衛　失必河衛

四

禿都河衛　剌里河衛　禾屯吉衛　兀者托温千戶所
老里河衛　喜辰衛　失木衛　立山衛
木剌河衛　亦麻剌衛　兀忽河衛　阿資河衛
剳冬衛　亦赤納衛　速温河衛　竹里河衛
兀郎衛　古魯渾山衛　亦馬剌衛　亦屯河衛
忽里山衛　藍河剌衛　野勒速衛　木速河衛
克黙兒河衛　哈兒分衛　薛列河衛　剳嶺衛
忽把希站　巴河衛　乞忽衛　剌山衛
失里木衛　脱倫衛　兀者右衛　野剌脱衛
亦里衛　藍哈剌衛　者剌衛　亦兒古里衛
兀都衛　兀里河衛　克禿衛　好屯河衛

只卜得衛　和卜羅衛　阿失衛　弗昏衛
蜀河衛　亦麻忽衛　童寬山衛　魯罕河衛
朶河衛　阮里河衛　兀失衛　弗增納河衛
兀牙山衛　隨班河衛　朶兒河衛　葛城衛
弗力衛　阿林衛　阿里速衛　脱里衛
簗乜衛　木速衛　甫里河衛　塔罕山衛
礼真河衛　兀提衛　哈魯衛　隨河衛
阿真衛　劄把河衛　脱倫納衛　亦速里河衛
黒里河衛　塔兒河衛　撒里衛　劄同衛
引門河衛　兀剌河衛　木里吉衛　兀剌衛
弗朶河衛　愛河衛　兀者吾衛　藍河剌衛

五

乞勒衛
巴忽魯衛
失里綿河衛
兀者斡衛
撒只剌河衛
阿沙山衛
者列帖山衛
塔林速衛
伏里其衛
撒竹蘭衛
兀實衛

弗里禿衛
列門河衛
忽失衛
欽木河衛
亦馬河衛
也孫倫衛
欽里河衛
順民衛
嘉和衛
箚力衛
哈剌察衛

忽木剌河衛
阿里河衛
禿都河衛
福里河衛
兀塔山衛
亦力衛
乞勒尼衛
乞忽衛
古魯衛
依木河衛
兀者揆野木千戶所

阿納河衛
安河衛
克木衛
蘇溫河衛
阿里衛
葛衛
阿木河衛
脫河衛
撒剌山衛
速失衛

兀納衛　考郎兀衛　弗郎山衛　亦罕河衛
兀的河衛　失里山衛　木忽剌衛　阿速衛
忽實河衛　亦麻迷河衛　禿山衛　卜顏衛
禿里山衛　塔山衛　塴坎地面

建州等處女直

建州衛　建州左衛　建州右衛　毛憐衛
阿真同真衛　喜樂溫河衛　速平江衛　亦馬咬速衛
阿真河衛　阿真同真衛　喜剌烏衛　阿真阿衛
劄真衛　敷荅千戶所　蘇分地面

野人女直

久不朝貢今衛分無所考

西南夷

西域

哈密　哈烈　哈三　哈撒兒沙的蠻

哈失哈兒　哈的蘭　賽蘭　掃蘭

亦力把力　也克力　把丹沙　把力黑

俺力麻　脱忽麻　察力失　斡失

卜哈剌　怕剌　失剌思　你沙兀兒

克失迷兒　帖必力思　果撒思　火坦

火占　苦先　沙六海牙　牙昔

牙兒干　戎　白　兀倫

阿速　阿端　耶思成　坤成

捨黒　擺音　克乩　亦力把力
罕東　赤斤蒙古　安定衛　曲先衛
撒馬兒罕　魯迷　額即乩哈辛　以上二種俱嘉靖間新附入貢
土魯番
番僧
烏思藏闡化王　闡教王　輔教王　贊善王
大乘法王　大寶法王　護教王　以上七王俱烏思藏地面
長河西魚通寧遠等處安撫司　朶甘思宣慰司　董卜韓胡宣慰司
威州金川寺　達思蠻長官司　松潘播州等處長寧安撫司
雜谷安撫司　朝胡埇恰列寺　加渴尾寺　雜道長官司
打喇兒寨　朶甘思直管招討司　本即朶甘思部落今另貢

七

董卜韓胡別思寨安撫司本董卜韓胡部落今另貢

番族

洮州番族

他龍十二族男婦一千一百名口

哈兒占十三族男婦一千名口

吉古十族男婦九百名口

車六十族男婦一千名口

岷州番族

鄧藏族男婦四百二十名口

竹力族男婦三百三十名口

西宗族男婦五十名口

榆樹族男婦五十名口

巴龍族男婦一百五十名口

忍藏族男婦二百五十名口

鵝兒族男婦四十名口

惡卜赤族男婦二百八十名口

挽東哈族男婦二百名口

占城族男婦一百六十名口

劉工族男婦一百八十名口

上答剌族男婦二百五十名口

七的族男婦三十名口

下答剌族男婦二百五十名口

麻子川族男婦三百名口

栗中族男婦一百名口

七龍族男婦二百名口

西固城番族

大亦轄族男婦一百八十名口

的年族男婦六十名口

劉乩族男婦四十名口

莫把族男婦八十名口

辛多族男婦一百二十五名口

花園族男婦八十五名口

三羅灣族男婦一百六十五名口

碌磚族男婦一百七十二名口

栗林族男婦四百名口

多納族男婦一百五十名口

西寧溝族男婦三百八十名口

莫的族男婦一百二十名口

劉卜族男婦五十六名口

窩剛族男婦九十五名口

克年族男婦四十四名口

色吝族男婦一百二十七名口

卜亦轄族男婦一百六十七名口

悪利族男婦一百十三名口

顛尖族男婦四十四名口

納硤族男婦一百名口

林家山族男婦一百三名口

庙見啞族男婦九十六名口

斜坡族男婦一百十四名口

大連占族男婦一百十二名口

通花頭族男婦一百三十七名口

梛桃族男婦一百三十名口

西岔族男婦一百十一名口

苟家堐族男婦一百十名口
大平頭族男婦一百八十九名口
多納族男婦九十二名口
哈硤族男婦一百五十七名口
七合堡族男婦一百四十二名口
八堎族男婦八十六名口
苟家平族男婦一百六十名口
哈他族男婦八十九名口
小五平族男婦五十五名口
火的族男婦八十名口
直文族男婦六十二名口

東岔灣族男婦一百空二名口
各卜族男婦一百五十七名口
大窑牙族男婦一百九十九名口
阿咂族男婦七十五名口
這多族男婦九十四名口
姚家堎族男婦八十九名口
大五平族男婦二百九十七名口
麻節族男婦一百二十名口
哈哤族男婦七十九名口
水平族男婦一百三十七名口
三各平族男婦八十四名口

節硤族男婦一百四十名口
街舍族男婦一百二十四名口
沙灘族男婦二百三十二名口
羊山族男婦一百六名口
馬宗山族男婦一百五名口
窑牙族男婦一百二名口
堙卜族男婦一百三十七名口
多牟族男婦六十二名口
青沙坡族男婦六十二名口
居木族男婦七十九名口
青石山族男婦一百三十八名口

小青山石族男婦一百四十七名口
竹席族男婦一百一十九名口
直莊族男婦一百六十三名口
大平頭族男婦一百七十三名口
居占族男婦九十名口
立堡族男婦一百四十二名口
憨班堡族男婦二百十五名口
男婦一百六十七名口
哂麻族男婦八十六名口
卧牛川族男婦一百三十三名口
商州族男婦一百四十二名口

竹林族男婦四十六名口
峯崖山族男婦九十二名口
竹園莊族男婦一百四十八名口
峯崖族男婦八十七名口
湯吉族男婦一百二十四名口
哈呃族男婦七十五名口
湯的族男婦一百五十名口
竹林族男婦一百六十七名口
補的族男婦一百六十七名口
憨哈族男婦二百名口
劄哈族男婦一百三十五名口

竹泉族男婦六十七名口
長陵山族男婦二百四十名口
陰山族男婦五十八名口
上笆籬族男婦一百五十二名口
狼岔峪族男婦一百七十一名口
南哈族男婦一百二十名口
劄剌族男婦七十九名口
水平族男婦五十三名口
碓墝族男婦一百五十四名口
出麻族男婦一百七十七名口
多爾族男婦六十六名口

芃唖族男婦一百一十七名口
劉古族男婦一百一十七名口
西弄族男婦二百一十二名口
容章族男婦一百三十七名口
約的族男婦一百三十九名
立卜族男婦一百五十二名口
占丹族男婦二百七名口
阿卜族男婦九十九名口
九薗族男婦一百四十三名口
務頭族男婦一百三十四名口
碎堎族男婦五十一名口

雪堎族男婦一百三十五名口
單卜族男婦一百五十三名口
結人族男婦七十八名口
居帖族男婦九十五名口
容龍族男婦一百二十六名口
阿吾族男婦六十五名口
木鄭族男婦一百六十一名口
寨平族男婦一百八十七名口
顛尖族男婦六十七名口
劉麻族男婦一百六名口
好地平族男婦一百七十八名口

上八堎族男婦七十八名口
卜的族男婦一百八十二名口
下笆籬族男婦七十九名口
麻節族男婦五十八名口
鈌哈族男婦一百三十柒名口
奔鍋族男婦九十七名口
荅肉族男婦九十七名口
般兒族男婦五十七名口
峯疊族男婦一百八十二名口
各卜族男婦一百三十三名口
街舍族男婦一百五十三名口

啇剛族男婦一百三十三名口
馬家墩族男婦五十一名口
節硤族男婦一百五十八名口
七谷堡族男婦五十八名口
眠的族男婦三百九十名口
東由族男婦一百八十四名口
下鉢峪族男婦二百五十名口
驢石堡男婦一百三十三名口
阿中堡族男婦一百七十一名口
咩尔族男婦一百三十三名口
滿鄧族男婦一百二十二名口

八墩族男婦一百一名口
肉納族男婦九十六名口
羊果族男婦一百九十名口
咨戎族男婦一百三十七名口
剌啞族男婦一百三十六名口
華嚴族男婦二百三十一名口
椒樹墩族男婦三百九十三名口
大里谷族男婦三百九十三名口
乃乃保族男婦八十八名口
啱咨族男婦一百一十一名口
呵埡族男婦九十六名口

鉄卜族男婦九十九名口
顛哈族男婦一百二十二名口
青沙波族男婦三十九名口
撒裏族男婦二百一十名口
啞泥族男婦一百六十名口
上鉢峪族男婦三百九十三名口
啞納族男婦一百三名口
小里谷族男婦二百六十名口
橫立族男婦六百三十二名口
哈卜族男婦一百七十九名口
申剛族男婦八十一名口

古當族男婦一百五十七名口

階州番族

生洞峪族男婦三百名口

夏後頭族男婦三百名口

利族男婦五百名口

申崗族男婦五百名口

羊糞庄族男婦五百名口

偷石族男婦三百名口

折石族男婦五百名口

塩麥族男婦三百名口

文縣番族

刺哈族男婦四百九十一名口

栗子庄族男婦二百名口

前後頭族男婦三百名口

纏平族男婦五百名口

古當族男婦六百名口

阿木族男婦五百名口

石峪族男婦二百名口

給哈族男婦三百名口

趙家平族男婦二百名口

王家山族男婦四百名口

蒼牙族男婦七百名口

駝龍巷族男婦七百名口

曾卜庄族男婦三百名口

西吳族男婦三百名口

窩峪族男婦二百名口

狗頭族男婦二百名口

敖兒族男婦四百名口

羅家族男婦一百五十名口
通通族男婦二百名口
昝石族男婦九十一名口
日務族男婦七十名口
竹林族男婦六十名口
麥工族男婦二十名口
嘉石族男婦八十二名口
馬兒族男婦四十二名口

中田族男婦一百名口
博峪族男婦二百名口
千哈族男婦一百三十名口
西仲族男婦一百名口
中領族男婦三十名口
煙霧族男婦三十名口
上丹堡族男婦四十六名口

羶哈族男婦二百名口
咱細族男婦二百名口
哈者族男婦一百五十名口
草坡族男婦二十名口
立宗族男婦二十名口
陰地族男婦三十名口
鷄子平族男婦八十二名口

土官

四川

烏蒙軍民府　烏撒軍民府　芒部軍民府

十一

金筑安撫司 後屬貴州布政司
西堡長官司 後屬貴州安順州
頂營長官司 後屬貴州永寧州
貴州宣慰司 後屬貴州布政司
龍州 後屬宣慰司
鎮寧州 後屬貴州布政司
建安州
酉陽宣慰司
黎州
普安軍民府
天全六番招討司

盧山長官司 後屬貴州宣慰司
寧谷寨長官司 後屬貴州安順州
十二營長官司 後屬貴州鎮寧州
平茶洞長官司
程番長官司 後屬府設流官屬貴州布政司
康佐長官司 後屬貴州鎮寧州
禮州
木瓜長官司 後屬貴州金筑安撫司
邛部軍民府 後屬貴州金筑安撫司
東川軍民府
阿苜簇長官司

慕役長官司 後屬貴州永寧州
大華長官司
安順州 後屬貴州布政司
播州宣慰司
永寧州 後屬貴州布政司
建昌衛
栢興州
方番長官司 後屬貴州宣慰司
德昌州
長河西
占藏先結簇長官司

蛒匣簇長官司　北定簇長官司　祁命簇長官司

阿昔洞簇長官司　勒都簇長官司　班班簇長官司

多者簇長官司　麥匣簇長官司　石住宣慰司

泥溪長官司　雷坡長官司　沐川長官司

平夷長官司　蛮夷長官司　馬湖府後改設流官

岳希蓬長官司　隴木頭長官司　靜州長官司

里州　建昌府　潤州

中縣　碧舍縣　會州府

武安州　永昌州　降州

姜州　黎溪州　麻龍縣

會理州　威龍州　昌州

十二

普濟州

廣西

龍英州
思明府
上下凍州
安平州
羅陽縣
鎮遠州
茗盈州
永康縣
那池州

江州
陀龍縣
思陵州
太平州（後設太平府流官統本州及龍英羅陽州縣）
思城州
左州（後改設流官）
南丹州
思同州
金茗州

龍州
養利州
萬承州
都結州
結倫州
崇善縣
結安州
東蘭州
利州

鎮安府　田州府後改田寧府設流官　泗城州
奉議州

雲南

姚安軍民府後改設流官　姚州後改設流官　元江府
廣通　平緬宣慰司　車里軍民宣慰司
八百宣慰司　麗江府　景東府
楚雄府後改設流官　鶴慶府後改設流官　尋甸府後改設流官
鄧川州　海東土官　賓居土官
小雲南土官　臨安府嵋峨縣　大理府後改設流官

湖廣

施南宣慰司　忠建安撫司　永順宣慰司

思南宣慰司後改思南府設流官屬貴州布政司

臻部六洞黃坡等處長官司

保靜宣慰司

曲靖軍民府後改設流官屬云南布政司

外國四夷朝貢沿革

外國

朝鮮國

朝鮮古高麗國洪武二年國王遣使奉表賀即位請封貢方物五年令三歲或一歲遣使朝貢二十五年更其國號曰朝鮮永樂元年其國王奏辯

祖訓條章所載弑逆事　詔許改正自後每歲

聖節正旦　皇太子千秋皆遣使奉表朝賀貢方物其餘慶慰謝

恩等項皆無常期若　朝廷有大事則遣使頒　詔於其國王請封則

亦遣使行禮嘉靖八年使者言其國王不係李仁之後
詔以所上宗系開送史館十年釐正大祀典禮以冬至祀　昊天上帝
於南郊圜丘　詔朝鮮國并泰寧三衛夷人朝正旦者改朝　冬至
俾與履長之慶自是遂以至前來賀二十六年特許其使臣同書狀
官及從人二三名於　郊壇國子監等處游觀本部委通事件行撥
館夫防護以示優異云

安南國

洪武二年遣使朝貢因請封爵　詔封為安南國王永樂四年以來
臣篡立法兵討平之立交趾布政司郡縣其地尋復叛宣德間遣使
來謝罪
請命因宥而封之嗣後三年一朝貢別有進

中宮
東宮方物其或以慶慰謝
恩等事來貢者不在三年一貢之例　朝廷有大事遣使須
詔於其國國王請封亦遣行禮嘉靖十九年又以其臣篡立發兵討之
二十年降　詔革為都統使其所轄海陽等十三路各改設安撫司
每司設安撫一員同知一員聽自行陞黜遇朝　貢之年以陞黜過
官員總數奏　聞

暹羅國

洪武四年遣使來朝貢進金葉表幷方物賀　正旦八年遣使貢
詔及印綬往
賜之十六年給勘合文冊凡中國使至必照驗相同永樂元年遣使乞

量衡為國中式自後定例每三年一朝貢

琉球國

洪武間其國中山王山南王山北王皆遣使奉　表箋貢馬及方物
二十五年中山王遣子姪入國學永樂以來國王嗣立皆請
命冊封自後惟中山王來每二年許朝貢一次每船一百人多不過一
百五十人今惟請封來貢一次

占城國

洪武二年遣使朝貢　詔封為占城國王四年遣使奉金葉表來貢
十六年復遣子來朝貢
聖節乃遣使賫與勘合文冊二十四年復來朝貢以其臣弒立
命絕之永樂後其國與諸國皆來朝貢始定每三年一來正統後其國

襲封遣使行禮

眞臘國

洪武六年遣使來貢後朝貢不常

日本國

洪武七年遣僧人來貢以無表文卻之其陳亦遣僧人貢馬皮茶布刀扇等物以其私貢仍卻之十四年國王遣使來復卻其貢僧人俱發陝西四川各寺俱居住三十五年復來貢後定為十年一來嘉靖六年奏准凡貢不如期及徒衆過百人船過三隻多挾兵器皆阻回勿聽貢十九年二十八年俱入　貢

爪哇國

洪武三年遣使貢方物并納元所授宣諭十四年上金葉表來貢及

黒奴三百人後絶其貢永樂二年其國王遣使朝貢且請印章
命鑄鍍金印遣使賜之正統八年定每三年一貢自後朝貢無常

瑣里國

洪武五年遣使奉金字表文朝貢并圖其土地山川以獻

西洋瑣里國

洪武三年遣使来朝進金葉表文及方物永樂元年復遣使来朝

三佛齊國

洪武四年遣使奉金字表文来朝貢六年復遣使賀正旦并貢方物
八年復遣使從　詔諭拂箖國朝使来貢十年遣使奉表請印綬
命賫駝紐鍍金銀印賜之

浡泥國

洪武四年遣使進金表銀箋及方物永樂三年遣使封其國主爲王給印符誥命六年王率其妃及家屬陪臣來朝至福建遣内臣往宴勞之令所過諸郡設宴至京王奉字表文及諸珎物妃進中宮東宮箋及方物

上御奉天門賜王宴是年王卒輟朝三日祭賻甚厚　詔謚恭順賜葬南京城外石子岡以西南夷人隸籍中國者守之樹碑立祠命有司春秋致祭復令其子襲封遣内官及行人護送還國請封其國後山詔封爲長寧鎮國之山

御製碑文賜之十二年及洪熙元年俱來朝貢

百花國

洪武十一年遣使奉葉來朝貢

彭亨國

洪武十一年遣使奉金葉表貢番奴及方物永樂十二年復遣使朝貢

淡巴國

洪武十年遣使奉表朝賀

西洋古里國

永樂元年遣使來朝貢馬

古里國

永樂三年遣使朝貢　詔封為古里國王給印及　誥五年七年復遣使朝貢

阿魯國

十七

永樂五年遣使附古里等國來朝貢

滿剌加國

永樂三年遣使奉金葉表來朝貢　詔封爲國王給印及詔使者言王慕義願同中國屬郡歲效職貢又請其國西山詔封爲鎮國之山　御製碑文賜之九年國王率其妻子及陪臣五百四十餘人朝貢命官往勞　上御奉天門宴之十年遣使來貢十二年國王毋來二十二年宣德九年國王復來正統十年以後屢遣使來貢天順三年其國王嗣子請封遣使行礼

波羅國

永樂四年東王西王各遣使來朝貢

榜葛剌國

永樂六年遣使来朝貢九年至太倉　命行人往宴勞之十二年又遣使貢麒麟等物正統三年貢同表用金葉

錫蘭山國

永樂九年以拒絶朝使歸路破其城生擒國王及家屬

命釋之擇其屬之賢者立爲王十年　詔諭其國正統十年天順三年皆遣使来貢

蘇門荅剌國

洪武中遣使来貢永樂三年復修貢　詔封爲國王給印及

詔五年至宣德六年屡遣使来貢表用金葉十年復請封其子爲王

小葛蘭國

永樂十二年遣使来朝貢

十六

麻林國

永樂十三年遣使来朝貢麒麟等物

古麻剌國

永樂間國王率其臣来朝至福州卒　詔謚康靖

勑塟閩縣令有司歲時致祭

沼納撲兒國

永樂間遣使　詔諭其國

白葛達國

宣德七年遣其臣來貢

天方國

宣德間遣其臣来朝貢正德十二年嘉靖二年四年八年俱遣使貢

默德那國

宣德間遣使隨天方國使臣來朝貢

加異勒國　忽魯謨斯國　祖法兒國　溜山國

阿哇國　南巫里國　急蘭丹國　奇剌泥國

夏剌比國　窟察泥國　烏沙剌踢國　阿丹國

魯密國　彭家那國　捨剌齊國　八可意國

坎巴夷替國　左法兒國　黑葛達國　八答黑商

日落國

已上二十一國永樂間各遣使來朝貢

四夷

東北夷　迤北　瓦剌

永樂七年封迤北順寧賢義安樂三王賜印及　誥各遣人來貢以後貢無定期成化十三年小王子差求進貢人四千名准放一千七百人弘治元年差來六千餘名准放一千五百三十九名三年差來三千五百名准放一千五百名四年差來五千名准放一千七百三十二名九年差來三千名准放一千名十年差來六千名准放二千名其到京之數皆以五百名為率

三衛

三衛故大寧地國初設大寧都司于此以藩屏京師永樂間移大寧都司于保定仍以屬夷設泰寧朶顏福餘三衛使居其地世奉朝貢衛設都督為統其下都指揮指揮千百戶鎮撫有差各與　勑書一道病故者以其子若孫承襲仍與換勑有進送人口保障地方功多

者奏請加職或欽賞服色入貢者俱以　勅書為驗自嘉靖以前每遇聖節正旦二次朝貢嘉靖十年釐正　郊祀大典始罷正旦朝貢改以冬〻至入賀每來衛各百人進貢馬各百匹到京有筵宴有〻賞賜在衛都督有回賜有加賜以其為我藩籬故優之也近年以來頗傳其與北虜通姻結好潛萌異志已擒其罪狀著者二人然歳例入貢不絶故朝廷亦照常賞賚不深治之云

女直

女直凡三種居海西等處者為海西女直居建州毛憐等處者為建州女直其極東又有野人女直　國初各因其地立為衛為所為站為地面建官　賜勅一如三衛之制野人女直去中國風氣遠甚人

貢不常惟海西建州二處女直每歲一貢先年人無定數大率各衛所地面每衛每年不過五名其都督來朝許另帶進貢達子十五人近來每貢海西千人建州百人自十月為始邊關陸續驗放至十二月終止仍差官伴送到京各與筵宴賞賜有進馬者計馬價給賞譯待之禮大都視三衛　馬

西南夷

西域

哈密

哈密本元脫脫之國洪武年間以其國來降乃改為哈密衛永樂四年封其酋長為忠順王西域諸番朝　貢者皆必由之以後襲封賜金印成化元年令每年來朝一次多不過三百人八月初旬驗放入關起

送三十人到京九年以後及弘治正德間累被土魯番侵虜
朝廷每為遣將経畧還其金銀城池復立其酋長尋被驅掠如故嘉靖
八年十一年雖鄭經本部題議哈密藩蔽三陝正與朵顏相類許令
每年照朵顏例入　貢然哈密失故城日久近寄居甘肅嘉峪關内
間有與土魯番偕來者蓋即土魯番之人因哈烈得其印信冒昧哈
三進　貢而哈撒兒沙的蛮忠順王實亡去久矣

哈烈　哈三　哈撒兒沙的蛮
哈失哈兒　哈的蘭　賽蘭
掃蘭　亦力把力　乜克力
把丹沙　把力黑　俺力麻
脱忽麻　察力失　幹失

十一

卜哈剌　怕剌　失剌思

你沙兀兒　克失迷兒　帖必力思

果撒思　火壇　火占

苦先　沙六海牙　牙昔

牙兒干　戎　白

兀倫　阿速　阿端

耶思城　坤城　捨黑

擺音　克癿

已上西域諸國皆經哈密來貢其貢期或三年或五年許來朝一次起送者不過三十五人

哈烈

洪武三十五年遣使詔諭其酋賜織金文綺永樂七年正統二年俱遣使來朝貢馬及玉石

亦力把力

洪武二十四年國王遣使奉來朝貢馬永樂四年貢玉璞等物十一年遣使諭其國十六年復入貢正統二年貢玉璞駝馬

罕東

洪武三十年設罕東衛永樂二年設赤斤蒙古千戶所賜印及誥尋陞為衛宣德以來俱朝貢不絶

赤斤蒙古

安定衛

洪武七年西域安定王遣使來朝貢鎧甲刀劍等物賜織金文綺四疋　詔其酋長立為四部各賜印曰阿端曰阿眞曰若先曰帖里八

年置安定阿端二衛指揮使司天順三年弘治十一年俱遣使來貢

駝馬

曲先衛

永樂四年置正統二年遣使朝貢

撒馬兒罕

洪武二十年遣使來朝貢馬駝二十二年復進馬二十四年進海青

以後朝貢不常至嘉靖二年後屢入貢

魯迷

嘉靖三年自甘肅入貢後每五年一貢每貢起送十餘人

于闐

永樂六年遣使來朝貢玉璞

土魯番

西域諸國唯土魯番嗜利驕悍屢破哈密鎮城而據其地䧢視諸戎每次入貢輙不守年限人數定制擁和扣關煩𧦅難制今特詳其節年貢例以㨾考閱

永樂七年火州遣使朝貢宣德五年火州王及土魯番萬戶栁陳城萬戶俱遣使貢馬及王璞其後朝貢者止稱土魯番成化元年該本部議稱土魯番等因來朝經由哈密者就彼聽候同來並不許過人十及不得假捏名目不時濫放入關續爲寛禁例以舒夷情事又准每十人起送二人而節年人數漸多不一成化九年土魯番侵陷哈密弘治六年遣官經畧詔絶其貢十年效順復許通貢自後叛服不常正德四年五年俱來貢嘉靖二年以後定為每五年一貢本年止

魯番撒馬兒罕哈密到京七十名存留二百七十三名共三百四十三名嘉靖八年土魯番天方國撒馬兒罕到京五十三名外無存留十一年十六年土魯番到京存留多至八九百人俱經本部查參二十一年土魯番到京十一名存留四十一名撒馬兒罕天方國魯迷哈密伴送到京二十二名存留一百十三名共一百八十七名二十五年土魯番等地面頭目火者阿克力等男婦八百七十餘扣關求貢時甘肅鎮撫不查貢例一時盡放入關安插甘州待命該本部議准土魯番天方國魯迷撒馬兒罕額即飢等夷該於二十六年入貢令先期入關姑准作次年之貢扣該起送赴京五十名存留甘肅二處聽賞二百名其應阻回五百二十二名姑念守候年久於內許量准一百名存留甘肅聽候減半給賞但今次爲因已放入關難盡拒

絕有此寬恩以後來貢不許比例告擾違者罪坐邊臣

番僧

四王

闡教　闡化　輔教　賛善

成化六年十月本部題准事例烏思藏闡教闡化輔教賛善四王三年一貢每王名下許差一百人多不過一百五十人

成化十九年題准事例國師禪師在本地方住坐者與各寺寨輪流進貢輳滿每年百人之數照依舊例不許各另差人其有退老事故等項着令親徒兒男襲替許因襲職赴京進貢國師差一百人禪師都指揮差五十人已賞未襲者再來襲職止許差一二人數外多者照例阻回其都綱指揮以下來襲者止許随同年例進貢番僧一同

赴京襲職　嘉靖二年閏四月題准事例董卜韓胡長河西宣慰使司以後進貢照弘治以前舊額多不過一千名

按四王年例已有額其襲職帶人止許國師禪師都指揮三項其都綱揮指以下襲替止許本身隨同年例進貢番僧來替原無許帶二十五人之說舊例甚明所謂多不過一千名者蓋恐國師禪師輳集數多量為裁抑不過千名若襲職数少或三四百名五六百名自當隨数來貢但此例既開奸番必欲輳滿千人之數若本地方國師禪師不足則借別地方誥勑以冒頂都綱剌麻舊例不許帶人已貢未襲再來襲替者止許一二人仍違例以冒濫前項違例人數部議止減生絹一疋彼所得者多而減者少冒濫如故推原其由蓋因本旬雖累叅其人數過多而不得其冒濫之故是以難於裁減今須革

國師禪師都綱剌麻借勅冒頂之弊革都綱剌麻違例帶人之弊革已賞未襲重復冒濫之弊所謂革借勅冒濫之者凡各地方遇該貢之年國師等官告襲職事有本司司稿可查題准襲替有祠祭司司稿可查若係本地方真正誥勅領勅年月與該貢年月相同其領勅番僧姓名與原來告襲姓名相同若係借勅冒頂者其年月姓名與本地方該貢年分及告襲姓名俱各不同況今後應襲誥勅如二十八年題例明開某地方住坐番僧則借勅之弊除而冒濫之源塞也其都綱剌麻明例不許帶人若不嚴為革減止是減絹一疋恐不足以杜其將來若能再議革減之法而又清查借勅之弊則無人可帶矣若來襲者俱准換誥勅領訖方准起身如未領勅誥告稱住居日久水土不服要行起身者即是希圖再襲冒賞者俱不准理如此則無

已賞未襲重復冒濫之弊矣

闡教王

成化十七年編給勘合凡贊善王名下進貢從陝西來陝西布政司給比號底簿一扇闡教輔教闡化三王名下進貢從四川來四川布政司給比號底簿一扇每三年填寫勘合一道至各官司比號相同并有番王印信番本啓本方許入貢本王自成化十七年給編勘合之後一向不曾入貢

弘治五年五月從陝西洮州入貢二起齎闡字一號二號勘合每起一百五十名

本部題一起准弘治四年貢一起准七年貢

弘治八年四百五名

從四川入貢
不忝全賞

弘治十年二月齎闡字三號勘合從陜西洮州入貢一百五十五名
全賞

弘治十二年五月七百十二名
年例一百五十名国師都指揮襲職三百名共四百五十名合例全賞其招撫五十名禅師賀恩五十名千戸都綱襲職一百名又多餘六十二名俱不忝違例亦全賞

弘治十七年三月一百五十名
合例全賞

正德元年九月一千九十五名
年例一百五十名国師四名四百人禅師四名二百名共七百五十名合例全賞其指揮三名一百五十名千戸一名二十五名都綱六名一百五十名俱係違例帶人不忝賞

正德三年七月一百五十名
洮州入賞全賞

正德九年八月一千一百三十二名

年例一百五十名国師三名帶三百人禪師四名二百人舍一名五十人共七百人合例全賞其賀恩一百名都綱剌麻十三名各帶二十五人共三百二十五名俱係違例不叅全賞

正德十三年正月六百六十二名

年例一百五十人本王襲職一百五十名國師禪師剌麻六名共帶二百五十名又輔教王係勘一百名

嘉靖三年九百一十一名

嘉靖十四年九月一千一百四名

年例一百五十人謝　恩一百名国師三人三百名司徒禪師五人二百五十人共八百名合例全賞其都綱十人多帶三百名合叅例違減賞今止叅十九名減賞不適之甚

嘉靖十八年一千名

年例一百五十名國師禪師十名共八百五十六名合例全賞其一百四十四名係都綱多帶人数減絹一疋

嘉靖二十四年三月一千名

内二百四十名襲職都綱剌麻十名違例多帶人数減賞絹一疋

嘉靖二十八年八月一千名
題本多添都綱亦許帶二十五名有都綱五名
多帶二百五十人不系全賞

闡化王

成化二十一年四月從陝西洮州入貢一百五十人

正德三年九月內一千三百二十五名
內年例一百五十名國師五名五百人禪師五人二百五十人共帶七百五十人都綱十一名剌麻
十名共違例多帶三百人又違例慶賀一百五十人系作下年貢內減賞二十五十人

正德四年九月六百名
年例三百名指揮襲職三百名本部系稱年例正額一百五十人於例相應其額外一百五十人准作正德七年
之貢其指揮襲職多帶二百五十人到京止與彩段表裏存留每人止與絹四疋鈔五十錠茶五十斤

正德十二年十一月內一千五百名
年例一百五十名國師七名七百人禪師四名二百人共千五百人合例全賞都綱十一名違例帶二百
七十五名又謝　恩一百名分外又多七十五名共四百五十人俱不系全賞

嘉靖十年四月一千一十九名

年例一百五十人國師禪師襲職七百六十九名合例全賞其都等襲職二百五十名違
例減折衣絹一疋

嘉靖十八年八月一千名
九百四名年例國師禪師襲職合例全賞其九十六名
叅係都綱四名所帶人數違例減絹一疋

輔教王

弘治二年六月一百五十名
作成化二十三年之貢

弘治四年三月三百名
不由四川起送越河州洮馬關前來送法司問罪阻回

弘治四年九月一百五十四名
從陝西洮州入作弘治一二三三年之貢

弘治七年八月一百五十名

從陝西入貢全賞

弘治七年十月四百一名

從四川入貢不叅全賞

弘治十二年三月一百五十名

從陝西洮州入貢全賞

弘治十七年五百三十九名

年例一百五十名襲職禪師一名土舍三名帶人二百名三百五十名合例其都綱剌麻番僧違例帶人七名一百七十五名不叅全賞

正德三年九月一千四百一十七名

內慶賀一百名年例一百五十名国師三名帶三百名禪師四名帶二百人都綱剌麻二十名違例五百人額外又多一百六十七名俱不叅全賞

正德六年十二月三百名

年例進貢一百五十名全賞內慶　賀一百五十名違例减賞

正德九年五月一千二百二十三名

國師四名四百人禪師六名三百人年例一百五十人共八百五十人合例全賞都綱十二名
違例帶三百人又分外七十三名俱不叅全賞

正德十三年正月一千三百九十一名

國師五名五百人禪師八名四百人年例一百五十人共一千六十三名合例全賞其
都綱十三名多帶三百二十五人違例不叅全賞

嘉靖十年六月一千十九名

申稱番寇作亂道路不通未能來貢至本年方來貢國師四名四百人禪師四名二
百人年例一百五十名合例全賞都綱十名多帶二百五十名俱減絹一疋

嘉靖十四年十二月一千一十八名

內二百五十名叅都綱等十名多帶人數合減絹一疋

嘉靖二十四年三月內一千名

討給勘合二十道年例一百五十名國師五名五百名禪師四名二百名共八百五
十五名合例全賞其都綱六名多帶一百四十五人減絹一疋

贊善王

弘治四年正月一百五十五名
全賞

弘治七年正月一百五十七名
朵甘衛一百五十四名后政朵甘宣慰司

弘治九年六月一百四十九名
全賞

弘治十六年八月四百五十六名
年例一百五十三名止賞外襲職一百五十五名参係違例作十九年貢灌頂國師一百
五十三名内違例多五十名減革絹一疋

正德二年正月一百二十六名
参作正德四年之貢本年遣番僧封賛善王止許帶剌麻十名有題稿後又奏
添十名

正德五年二月一百五十名

係慶賀即位人数不為年例全賞

正德八年二月三百三十名

年例一百五十名全賞内謝　恩一百六十一名准作十一年貢

正德十一年五月三百四十七名

除年例一百五十名外奏討勘合一百五十人并都綱多差人数作十二年貢

正德十四年一百名

係勘大乗王謝　恩進貢本部条題巧立名色止與到一表裏存留生絹三疋

嘉靖三年六月四百一十名

内禅師一名五十名都綱刺麻各一名共五十人并年例一百五十人多差奏討勘合

一百五十人条作六年

嘉靖十五年五百六十七名

内将年例并襲職二百五十八名全賞余三百九名奏討勘合准作十八年之貢

嘉靖二十一年七月六百三十九名
年例一百五十名襲職國師禪師一百五十人多余奏討勘合三百三十六名叅作二十四年之貢
嘉靖二十七年七月四百八十名
内叅違例一百八十四名准作三十年貢
大乘法王　大寶法王
查得成化十七年九月内本部奏准欽須闡教闡化輔教賛善四王勘合之時爲照大乘大寶法王係是出家遊方僧人原無住所原無番民地土管束原不曾給與勘合原無年例進貢事例止事其聽欲來許差僧徒十人隨同四王進貢之人來京累有申明事例至正德七年大乘多至八百名大寶多至九百九十八名本部叅題減賞已爲明白至十年又多至一千三百七十四名該本部叅稱本王既不

管束番民何曾化諭番僧如此之多類是虛捏名數貪圖賞賜全無
高僧戒行可取到京十名止賞綵叚一表裏存留者止賞絹三疋俱
已題允訖后近館奸徒擬置上下夤緣令番僧進本遂得全賞矣然
節年減賞事例具在似應另議

大乘法王

永樂十一年間欽取昆　思巴到京封授王爵至成化十七年其姪徒
羅竹堅粲巴藏卜奏要襲替本部題請洛行闡教等四王保勘奏請
明白任自就彼承襲至弘治三年正月據輔教闡教贊善三王印信
番本保奏准令襲替寫勑付差來人齎回封授

弘治三年一百五十三名

弘治八年九月六百五十名

四川三司等官查得年例一百五十名龍戢三百名與例相合多差二百名照例
減退阻回本年伴送主使番僧擅持兵器扠打戢官戳傷居民驚擾地方該本
部查例将伴送發刑部問擬充軍番僧免其送問尽革賞例

弘治八年十一月從陝西洮州入貢二百九十九名

一不叅全賞

弘治十七年十一月二百三名

本部叅題差人過多止将到京五人全賞余各減絹三疋

正德三年九月一千二百九十七名

年例一百五十名賀　登極一百名国師六人六百名禪師三人一百五十名共一千名合例全賞
其千户二人五十名都綱九人二百二十五名係違例多帶人数不叅全賞

正德五年四月一千二百名

從洮州入貢減退阻回四百名止准八百名俱賀　恩人数叅係違例減賞到京十六人
止與二表裏䋲去綾貼裏衣二件存留者止賞絹三疋

正德六年九月七百九十四名

十一

本部參其不附寫四王年例勘合并無印信番本比照正德五年大寶法王減賞事例到京者全賞存留洮州減賞事例每人再減生絹一疋止與二疋鈔五十錠茶五十斤

正德九年正月五百名

陝西河州入貢法王襲戒四百名年例四百名陝西起送官員省諭減退三百名止起送五百名又賛善仰勘合一百名

正德十二年閏十二月一千一百二十三名

並不參題仍為引董卜衣服折與表裏事例俱與全賞

正德十四年十月七百名

十五年六月賞謝　恩三百名年例進貢四百名本部參題原無年例進貢及謝恩事例止是聽其欲來止差僧徒十人隨同四王進貢之人來京今多差至七百人除二項例該二十人余多六百八十人比照正德十年大寶法王洮州入貢減賞事例到京止與彩叚一疋裏存留人等每人止與生絹三疋

嘉靖十年閏六月一千二十一名

內三百名減賞一疋參係都綱剌麻帶人違例之數

嘉靖十四年九月一千十九名

年例一百五十名国師四人帯四百人禪師三人一百五十名共七百人其部綱十人
多帯二百五十人又多余六十九人俱不叅止將十九人減賞不通之甚

嘉靖十八年六月一千名

年例一百五十名国師五人帯一五百名禪師五人帯二百五十人共九百人全賞外九十六
名係都綱多帯人数減絹一疋

嘉靖二十四年三月一千名

内九十六名減賞係都綱帯人之数

嘉靖二十八年八月一千名

題本不查都綱多帯人数止云自正德以来每次俱一千名姑與給賞

大寳法王

弘治十二年一千二十名

本部叅其差人過多將存留番僧減去衣服止與折彩段絹四疋鈔錠食茶十七
年十一月引此例叅大乗法王本年三月又一起差三百名從陝西入貢本部叅係違
例過多到京人数止與一表裏存留人数止與絹四疋紵絲綫貼裏衣二件俱行裁革

廿二

弘治十五年十一月一百五十名
從洮州入貢照十二年減賞
正德元年十一月一千二百一十八名
不係違例過名俱給全賞
正德五年八月九百九十八名
年例進貢四百名國師一名都綱一名共帶二百名本部參違例且人數過多到京者每
人賞彩段一表裏紵絲并綫貼裏衣二件存留每人生絹二疋鈔五十錠茶三十斤
正德十年七月一千三百七十四名
參題勘明到京十名止賞彩段一表裏存留人數一千三百六十三名減絹一疋止賞絹三
疋鈔錠茶斤如數給賞此年題例極爲明白斬截
嘉靖十八年八月一千名
內年例襲職八百六名全賞一百九十四名係都綱違例過多之數每名減絹一疋又賀
恩一百名四川三司等官審係奉例革免隨即阻回
嘉靖二十四年三月一千名

本年引十八年滕朧引成化年間題准四王事例准其八百五十六名爲合例全賞
其一百四十四名都綱等帶人違例止減絹一疋

嘉靖二十八年八月一千名
照前例一千名題賞題本多添都剌麻許帶二十五人遂以一千名爲常例全賞
可惜

護教王

本部查無本王進貢事例文卷燒毀不全止據西番館通事祁盛等
呈依使臣口說先年護教王賞賜與輔教王相同本年遂照輔教王
賞例題請給賞不叅入貢緣由启來俱是借勑冒濫多至七百餘名
若依正德六年減賞事例存留止與絹二疋庶不爲濫

弘治十八年二百三名

正德六年九月七百八十九名
本部叅其無印信番本又無先年須給勘合比照正德五年大寶法王差人來減賞
事例到京照洮州事例全賞存留每人止與絹二疋鈔五十錠茶二十斤

嘉靖十七年七百七十五名
恭係違例到京六人全賞餘各減絹三疋
嘉靖二十二年七百六十四名
止全賞到京六名余各減絹三疋
嘉靖二十七年七百七十五名
止全賞到京人數余各減絹三疋

三宣慰司
長河西魚通寧遠等處宣慰司　雜道長官司
朶甘宣慰司　朶甘直管招討司
董卜宣慰司　別思寨安撫司　加渴瓦寺
查得大明會典長河西等處宣慰司許每年一貢每貢止許五六十

人多不過一百人朶甘思董卜韓胡二宣慰司每三年一貢每貢一百五十人各夷因不得遂其奸謀故巧立新招撫之名希圖冒賞本部先於成化二十一年四月議擬奏准行移四川鎮巡等官將各處招撫生番進貢止許寨首一人前來如招撫五寨止許寨首五人來貢招撫十寨止許寨首十人來貢不許濫差部下千百成群冒濫賞賜差人過多不行阻退縱放入境者守邊官及三司官參問各夷自弘治十年以來如長河西止一百八十名朶甘思止六百六十六名董卜止八百三十五名其時假以新招撫為名俱未有國師禪師襲職帶人名色至弘治十三年後各夷俱假襲職帶人為由多至一千四五百名如雜道長官司原係長河西宣慰司部落今不附本司年例進貢另行入貢至三百三十余人朶甘直管招討司原係本宣慰

司部落今另入貢冒濫至一千人別思寨本董卜部落弘治十六年
尚同本宣慰司進貢不過一千名至嘉靖初年增至一千七百名嘉
靖二年本部題准董卜韓胡長河西宣慰司以后進貢俱照弘治以
前舊額多不過一千名后因董卜進貢人数過多絫其違例至十二
年本司一千名又分別思寨七百三十五名本部雖題絫減賞大約
調談邊官起送前來欲盡行革賞恐失遠人之心止不過減絹二疋
冒濫恩賞爲費不貲相沿至此勢難遽革唯照四王革弊之法国師
禅師都綱刺麻不許借勑冒頂都綱刺麻不許違例帶人已賞未襲
者再來襲職不許重帶人則弊日清而冒濫少矣

長河西魚通遠等處宣慰司

成化十七年五月本部見思剄寺弘慈妙濟大國師差來二百一員名

成化二十一年正月灌頂國師劄思叭堅參禪師如日領真等共四百九十九名

成化二十二年五月本司三百名

内正賞一百　全賞二百名稱補貢人数減絹二疋另立新撫野龍等寨野列結等二百
二十名本部叅其差人太多冒賞太濫俱減正賞絹二疋奉　欽依折衣絹都減二
疋是通減四疋之数后因求討准加生熟絹各一疋止是減絹三疋

弘治二年國師帕巴思領占巴藏卜等六百五名

本部叅其不附寫本司年例勘合係是違例進貢人数查照成化二十二年長河西
番人野列結等違例進貢事例到京每人賞折衣彩段二表裏鈔一百錠存留
每人賞折衣彩段一表裏闊生絹三疋鈔一百錠

弘治六年六月一百四十名

每名到京闊生絹　一疋折衣彩段二表存留每人絹二疋折衣彩段二表裏内一表
裏與本色一表裏與折絹四疋俱鈔五十錠全賞

弘治七年五月國師帕思巴領占巴藏卜四百一十四員名

本部叅係違例進貢照前弘治二年減賞到京每人听買食茶二百斤存
留無

卅五

弘治十一年四月國師綽思吉領占巴藏卜六百七十五員名

本部恭題照怕思巴例減賞

弘治十二年四月三百五十四名

年例一百名禪師襲職一百五十名番頭一百名　礼字七號稿

弘治十四年八月國師怕思巴領占巴藏卜四百六名

本部恭題照前減賞

弘治十八年二月一千三百一十名

年例一百名寨官一百名寨主一百名国師一員一百名禪師五員二百五十人都綱十四員三百五十人剌麻六員一百五十人高僧二員五十人除年例国師禪師共四百五十人該全賞其都綱等違例多帶人共六百五十人又分多帶一百一十名本部恭題將年例一百名照例全賞其多差之數到京減生絹二尺存留減三尺

正德三年八月國師禄竹領占巴藏卜四百三十六名

年例一百名賀　恩欽極一百名鎮撫一員都綱四員剌麻一員高僧二員各違例每人多帶人二十五名不恭國師違例進貢不恭鎮撫等違例帶人俱與全賞

正德十年五月一千三百五十三名

年例一百名求討誥勅三百国師二員三百人禅師九員四百五十名都綱十五員三百七十五人本部題稱年例一百襲職一千五十一名於例相應外二百二名查係違例減絹二疋而都綱違例三百七十五不叅

正德十年五月長河西灌頂國師撒加剌麻巴堅五百一十八名

襲職国師一人一百人都綱剌麻十六員共四百人本部叅稱違例到京每人減生絹二疋存留每人減三疋

正德十四年十一月一千五十名

本部題稱與先年人数相同照例全賞而都綱剌麻違例帯人不叅

嘉靖四年十月一千名

年例一百名宣慰襲職一百名國師三員三百名禅師五員二百五十名都綱等十員違例二百五十人不叅全賞

嘉靖十四年十月一千十八名

年例一百名国師五員五百人禅師四人二百名都綱八員二百人本部題稱年例襲職一千名與例合相止叅十八名係過多之數減絹三疋而都綱違例帯人不叅

十二

嘉靖二十二年六月一千名
本部題称與節年人数相同全賞
嘉靖二十八年　月一千名
全賞

雜道長官司
查得本長官司係長河西地方例該隨長河西宣慰使司年例進貢每貢止許差僧徒一百名成化十六年不附寫本宣慰司年例勘合另行起貢嘉靖十五年題准查照十七年例将到京七名并年例一百名照例給賞其余違例二百二十七名每名减生絹三疋至弘治十年九月又違例附添甘思直管招討司進貢本部不查恭亦與題賞

成化十六年十月三百五十名

係淨脩禪師差人已先題賞續又有土官阿孟差來并存留六百名並無三司奏詞只據花名譯審亦爲題賞

弘治二年九月三百名

全賞

弘治八年九月三百三十五名

全賞年例一百名舍人千戶襲職三名一百五十人共起送二百五十人減退一百名

弘治十年九月附朶甘直管一百四十九名

全賞

弘治十二年十一月二百五十名

内正賞一百名襲職禪師五十名全賞余稱招撫名色一百人各減絹三疋

弘治十七年十一月二百四十名

廿七

年例一百名　襲職都綱一名二十五人全賞余七十三名系例違例減絹三疋

正德六年四月三百三十四名

年例一百人長官賀　恩五十人千户安撫二員求討誥命各二十五人都綱一員番僧三員襲職共一百八本部系其不随本司年例進貢止全賞到京二名余各減絹三疋

嘉靖十五年五月三百三十四名

正賞一百七名余違例二百二十九名各減絹三疋

嘉靖二十二年六月三百二十九名

到京五名并正貢一百名全賞余二百二十九名各減絹三疋

朶甘思宣慰司

成化二十一年三月八百名

三百照旧例全賞内新招撫五百名比長河西減賞例減絹二疋本年四月内番僧告稱路遠乞要三年一貢題准許一百五十人

弘治六年五月三百五十名

全賞

弘治十年四月六百六十六名

年例一百五十名新招撫番人五百一十六名不忝人多全賞

弘治十三年四月一千一百三十九名

年例進貢一百五十名謝　恩一百五十三名国師四名帶四百人禪師三人都指揮
一人帶二百人都綱六人千戶一人共多帶一百七十五名外多帶四十九人本部止忝謝
恩一百五十三名旧無此例并其余人數過多将起送十五名年例一百五十名全賞
其九百八十四名每名減絹二疋

弘治十七年八月一千一百四十一名

内起送并年例一百五十名全賞国師等官襲職親徒賚有誥勅者照新招撫例給
賞二百六十六名其副使都指揮三名多帶一百五十人奏討誥命查無賞例國師
一員襲一百名不曾賚有原授誥命国師三員襲職三百名禪師二員襲職一百都指揮
襲職五十名千戶襲職二十五名俱曾進貢已賞未襲係違例人数七百二十名每人減絹二疋

正德四年閏九月一千四百二十一名

内年例賀恩三百名全賞襲職国師等六員帶六百人禪師二員帶一百人都綱
二人違例多帶二百人副使将軍二名襲職一百人都指揮指揮二人求討誥命本年將合

廿、

五十名照新招撫例全賞其已賞未襲二百五十名裁賞絹二疋而不恭都綱違例多帶

正德十一年二月一千四百四十九名

內年例一百五十名襲職國師六人六百名襲職都指揮三人一百五十名副千戶一人二十五名禪師襲職七人二百五十名都綱四人一百名共一千三百九十八名照例給賞內一名已賞未襲者五十名減絹二疋其都綱千戶多帶人數不恭

嘉靖十二年八月一千一百名

正賞一千名內有慶賀恩一百名以后不爲常例

嘉靖十七年三月一千一百名

全賞十二年題開賀　恩一百名以后不爲常例至本年不恭徑自依題賞

嘉靖二十二年六月一千名

全賞

嘉靖二十七年十二月一千名

全賞

朶甘思直管招討司

原係朶甘思宣慰司部落例該本司年例進貢向來俱不附寫本司年例勘合亦無印信齎本止全賞到京者其余存留皆減絹二疋

至十七年雖附寫本司勘合然違例帶人過多亦如前減賞

弘治六年五月六百名

内新招撫二百七十五名全賞新招撫者到京每人生絹二疋鈔五十錠折衣段二表裏存留每人生絹二疋折衣段一表裏生絹四疋

弘治十年九月四百一名

年例并到京一百五十四名全賞新招撫二百四十七名照招撫例賞

弘治十三年十月一千五十四名

年例到京一百五十名照例給賞其余襲職謝　恩化諭皆裁絹二疋奏討全賞

三次俱立案

十九

弘治十七年十一月六百八十九名

國師二員帶二百人禪師二員帶一百人都綱八人帶二百八十戶一員二十五人本年
題年例到京一百五十人全賞五百十二名照招撫例賞内襲職二十六名無誥勅减絹二
疋其都綱千戶違例多帶二百二十五人不叅

正德六年八月九百九十六名

本部叅不附寫本宣慰司年例勘合并無印信番本咨文及遣回所賞襲職誥勅俱
不賫來止将到京十五名全賞其余皆减絹二疋

正德十一年二月六百七名

本部叅其不附寫宣慰司勘合於例有違照六年例止将到京十四名全賞其余皆
賞絹二疋

嘉靖十二年八月一千一百名

本部叅其不附寫本司勘合照弘治二年等事例将到京十五名每名减茶十
斤存留一千八十五人每名减絹二疋

嘉靖十七年三月一千名

本年将方物人数附寫本司勘合仍照嘉靖十二年减賞例給賞

嘉靖二十二年六月一千名
照十七年例賞減

嘉靖二十七年十一月一千名
照前例減賞

董卜胡韓宣慰使司

本司照朶甘思例每年一貢許五六十人多不過一百人弘治以前無所考自弘治二年起至嘉靖七年止增至一千七百三十三名本年題爲定例每處不過一千人將年例進貢一百名全賞其余減絹一疋十二年本宣慰使司進貢一千名又將部落别思寨安撫司另開七百三十五名一同起貢節經本部查恭别思寨安撫司止許附搭宣慰司同貢共不得過一千名仍前冒濫本部亦止減絹二疋

弘治二年八月八百五十二名
全賞

弘治七年四月八百五十二名
全賞

弘治九年十一月八百三十五名
全賞年例一百名寨官二百名頭目一百名國師二名二百人禪師三人一百五十人又都綱二名道紀一名多帶七十五人不系全賞

弘治十二年十一月九百七十四名
年例一百名寨官頭目三百名國師一名一百人襲職番舍二人一百名禪師一名五十人共六百五十人合例全賞其都綱十三名多帶三百二十五人違例不系全賞

弘治十六年八月一千一十六名
年例一百名寨主頭目三百名国師一人一百名禪師三名一百五十人別思寨安撫司襲職五十名合例全賞都綱十名剌麻二名多帶三百人不系亦全賞

正德二年四月一千三百五十名

年例一百名寨官頭目三百名國師三名帶三百名禪師四人帶二百人安撫司龍戟五十名共九百五十名合例全賞其都綱剌麻十五名多帶三百七十五名違例不系全賞

正德六年三月一千五百七十五名

年例一百名寨主番頭三百名番舍慶賀即位一百名国師二名二百人禪師六名三百人都指揮二名一百人共一千一百人合例安撫司謝敕命五十名千戶一名二十五人都綱等十五名共多帶三百七十五名違例不系全賞

正德九年九月一千五百七十九名

年例一百名寨官頭目三百名國師五員五百名禪師四員二百名共一千一百名全賞余五百七十九名係安撫討誥命都綱十六人多帶人數違例不系全賞

正德十二年十二月一千六百二十九名

年例一百名寨官番頭三百名国師四員四百人禪師八員四百人共一千二百人全賞余係安撫討誥命都十四員違例多帶人数不系全賞

嘉靖二年四月一千七百三十名

年例一百名寨官番頭三百名国師五員五百名禪師八員四百名共一千三百名除到京并存留共一百一十五名全賞其一千六百一十五名每名減絹一疋

嘉靖七年十一月一千七百三十三名

内中國師止真勅一道禪師止真勅一道余俱借勅安撫討誥命五十人都綱十四人多帶
三百五十人俱違例本年止參比照弘治年間多增一倍本年將年例一百名全賞余減絹一疋

嘉靖十二年七月一千名

又添部落別思寨安撫司七百三十五名二項共一千七百三十五名如前減賞

嘉靖十七年三月一千七百三十五名

照嘉靖二年七年例到京十四名存留正額一百名全賞其余過多人數各減絹
一疋

嘉靖二十二年七月一千七百三十五名

如前減賞本司及祠祭司查稿俱作国師五員五百人禪師六員三百人作弊不襲
准其回還無憑查考都綱十二人三百人

嘉靖二十七年一千七百三十五人

董卜韓胡一千名別思寨安撫司七百三十五人内董卜八人多帶二百人別思寨都
綱四人多帶一百人係違例多帶人數況又出一千名之外本部具題止照前減賞
叅開驗放官員

別司寨安撫司

嘉靖十二年自董卜韓胡另開入貢本年七百名

嘉靖十七年七百三十五名

全賞二百名余各減絹一疋

嘉靖二十二年七百三十五名

照十七年例賞仍叅驗放官題問如律以后本寨俱要附董卜韓胡宣慰司進貢共不許過一千人

加渴瓦寺

四川茂州番僧成化六年十月二十五日欽奉　勅諭内開本處住坐番僧每年朝貢許三十人多不過五十人朝貢起送申文開稱董卜韓胡加渴瓦寺係是董卜部落

弘治六年十一月三百七十八名

不查叅全賞

弘治十年七月四百九十九名
不查黍全賞
弘治十三年二月四百九十九名
不查黍全賞
弘治十五年十一月四百九十九名
不查黍全賞
弘治十八年七月五百三名
不查黍全賞
正德三年正月五百六名
不查黍全賞
正德五年六月五百五名

不查叅全賞

正德八年正月五百八十名

本部題將年例係襲職國師一人五百一十一名全賞新招撫七十名減絹二疋

正德十一年六百四十名

本部題稱五百一十一名比與節年人数相近全賞其舊招撫七十新招撫六十共一百三十名減絹二疋

正德十四年七月六百四十二名

照八年十一年將五百一十一名全賞其新招撫一百三十名減絹二疋

嘉靖二年五月七百六十三名

若以五百一十一名為年例則分外二百五十二名係額外之数俱應筆賞本年題過賞以十四年六百四十二名冒濫之数為定額止叅其新招撫一百二十一名每名減絹二疋

嘉靖五年三月七百六十四名

比照十一年例題賞止將一百二十二名減絹二疋

嘉靖十二年十月六百四十四名

照前例全賞

嘉靖十七年六月七百六十四名

照前例六百四十二名全賞新招撫一百二十名減絹二疋

国師另進方物二分查無事例徑行革去

嘉靖二十一年六月七百六十二名

照前例六百四十名全賞新招撫一百二十名減絹二疋病故二名国師多進方物二分

俱革賞

嘉靖二十六年七月七百六十二名

減賞一百二十名如前例新招撫者無寨数減賞亦欠明

嘉靖三十年七月七百六十二名

全賞二百五十名題為定額年例余六百一十二名各減絹二疋

雜谷安撫司

會典每三年一貢每貢許一百人多不過一百五十人今以本安撫司到京都綱并存留人数與會典所載相同者准給全賞其招撫等寨一千名以上者每名減折衣絹三疋嘉靖二十九年例

成化十九年五月本司并的唐等寺寨共三百七十七名

成化二十一年十二月茂州文川縣上草坡白兒等寨二百一十四名

全賞

弘治四年正月本司一百五十名

弘治八年十一月本司三百三十六名

不恭全賞

弘治十三年五月本司三百五名

弘治十七年七月六百四十三名

本司年例并謝　恩三百名原招撫二十四寨九十四名新招撫上草坡寺部下十三寨二百五十名本部参稱年例止許一百五十名今次起送三百名又多原招撫新招撫人数將到京十四名全賞其六百二十九名比照成化二十二年長河西賞貝絹二疋

正德三年十月六百五十九名

年例併謝　恩三百名原招撫上草坡等寺寨十三寨二百四十五名新招撫克州寺二十五寨共一百一十名年例多一百五十人新旧招撫人数過多不叅全賞

正德八年三月一千一百二名

本司年例并謝　恩三百名克州等寨一百十六名上草坡十三寺寨二百五十名新招撫大八碉鎻麼等五十五寺寨四百三十六名本部題称本寺克州等寨上草坡寺寨六百六十六名全其新招撫大八稜碉每名減絹二疋

嘉靖三年五月本司并各寺寨共一千二百七名

皇上登極一百五十名都綱二員六十七名通共一千四百二十四名到京十七名慶賀一百五十名俱各全賞其存留一千二百五十六名俱各減絹三疋

嘉靖五年十二月本司并各寺寨通共一千二百七十四名

内減賞一千一百七名

嘉靖十年正月一千二百七十四名
內減賞一千一百七名

嘉靖十二年四月一千二百七十四名
內減賞一千一百七名

嘉靖十五年十二月一千四百二十四名
內減賞一千二百五十九名

嘉靖十九年三月一千二百七十四名
內減賞一千一百九名

嘉靖二十四年五月一千二百七十四名
內減賞一千一百一十名

嘉靖二十九年十月一千二百七十四名

內到京都綱十五員名并存留一百四十八名共一百六十三名與會典所載相同全賞其
招撫各寺寨一千一百一十名每名減折衣絹三疋

松潘茂州等處長寧安撫司

本處地方朝　貢事例止二三人十多不過五十名成化二十二年

至正德六年因補貢增至三百名正德十三年本部查例題請減賞

嘉靖八年本夷告稱宣德年間三百人來貢行邊查報准為例

成化二十三年八月一百六名

弘治九年九月一百九十七名

弘治十七年七月二百九十九名

奏称十年至十五年補貢人数本部恭係違例補貢比照長河西減賞事例每人
減絹二疋

正德六年十一月三百名

本部恭称每年止許五十人入貢今補貢人数過多將到京十名全賞其二百九十
名照依補貢事例每人減絹二疋

正德十三年正月一百五十名
題請減賞前例而　欽依全賞
正德十五年閏八月一百五十名
全賞
嘉靖四年十月一百五十名
全賞
嘉靖八年八月三百名
告稱宣德年間三百人來貢行邊查報遂准為例
嘉靖十二年三月三百名
嘉靖十六年六月三百名
嘉靖十九年十二月三百名

嘉靖二十七年五月三百名

達思蠻長官司

會典原不開載名数止云旧来朝貢至正統十年以後止弘治二年

復來至嘉靖五年題奉　欽依今後該貢之年差來人員止照例三

百九十名不許過多自後遂以三百九十名爲正額其額外遠例之

数每名減折衣絹二疋嘉靖二十九年題例

弘治二年九月八十一名

全賞

弘治七年四月二百五名

全賞

弘治十二年六月一百四十八名

全賞

弘治十五年十月二百四十三名

全賞

正德元年二月二百八十五名

全賞

正德四年四月三百四十二名

全賞

正德八年七月三百六十名

年例謝恩二百九十五名旧照撫三十五名新招撫三十名本部題称云比四年多十七名要裁絹二疋启奉　欽依俱與全賞

正德十一年正月三百九十名

本部題稱比照上年人数多三十名各减絹二疋

正德十四年十一月三百九十名

又比十一年例減絹賞三十名

嘉靖二年十一月四百四十名

内五十名係過多之数減絹二疋

嘉靖五年七月四百三十八名

内四十八名過多減賞折衣絹二疋此後題以三百九十名爲正額

嘉靖九年十一月四百三十八名

減賞四十八名

嘉靖十二年五月五百八十八名

内減賞一百九十名

嘉靖十六年三月五百八十八名

內減賞一百九十三名

嘉靖十九年五月四百三十八名

內減賞四十八名

嘉靖二十五年十月四百三十八名

內減賞四十八名

嘉靖二十九年二月四百三十八名

內減賞四十八名

金川寺

四川威州保縣會典每三年一貢每貢許一百人多不過一百五十名至嘉靖十五年違例增至六百五十名本部叅題止將年例一百五十人給與全賞其余五百名每名減去折衣絹二疋嘉靖三十年

俱照前例減賞

成化二十年十二月三百名
全賞

弘治三年十二月九十八名
全賞

弘治六年八月二百名
全賞

弘治十年六月二百四十三名
全賞

弘治十三年二月二百五名
全賞

弘治十七年七月二百八十四名
内年例一百五十名全賞其余襲職進貢一百三十名查無事例各減絹二疋

正德二年七月三百名
除年例一百五十名其余俱違例人数不系全賞

正德八年七月三百四十名
若照弘治十七年賞例止該全賞一百五十名其余俱該革絹二疋若照正德二年人数又多三十四名俱各不系全賞

正德十二年七月四百六十名
新招撫一百十三名每名減絹二疋

嘉靖二年七月五百六十名
年例一百五十名旧招撫三百六十名賀登極五十名全賞

嘉靖五年二月五百三十三名

年例一百五十名旧額招撫二十五寨三百六十名都綱襲二十三名不紊全賞

嘉靖八年八月五百七十三名
比照五年名数多余四十名减絹二疋

嘉靖十一年十一月六百一十名
内禅師襲戝一百多余五十人减賞

嘉靖十五年二月六百五十名
内减賞五百名紊題

嘉靖十九年五月五百五十名
内减賞四百名如前例

嘉靖二十五年十一月六百三十名
内减賞四百八十名如前例

嘉靖三十年四月五百五十名
又謝恩八十名共六百三十名内四百八十名各減絹二疋

韓胡碉怯列寺

查得係四川松潘茂州等處住坐番僧本地方進貢事例每年止許三十名多不過五十名正德十年止將來京七名全賞其存留二百四十二名俱減去折衣絹二疋嘉靖十六年進貢一百五名十作十四年至十六年三年入貢正數給與全賞自後每三年一次以一百五十人為定例

成化十六年九月二十九名

弘治十三年七月二百名

正德二年六月二百名

正德十年四月二百四十九名

　恭題每年貢額多不過五十名中間閙稱補貢謝恩俱係違例人數二百四十二名
　減絹二疋

正德十二年十二月一百五十名

　題稿比照前例欠明而行稿乃令全賞

正德十六年十月一百五十名

　本夷自正德十二年起十六年止又該五年内二年不該補貢改作十四年至十六年
　止准為正貢恭起送官員

嘉靖十二年三月一百五十名

　全賞

嘉靖十六年六月三百名

　内一百五十名全賞内謝恩一百五十名恭作下三年貢對十二年例題賞

嘉靖十九年十二月一百五十名

全賞引上年恭准下年貢

嘉靖二十二年九月一百五十名
全賞內開作十八年十九年三十年三十一年之貢

嘉靖二十七年五月一百五十名
全賞內開作二十一年二十二年二十三年之貢

嘉靖三十年二月一百五十名
原又開領二十四年二十五年二十六年貢該邊已查不許補貢止領二十七年二十八年二十九年正貢

打喇兒寨

本寨係四川威州地方自正德四年招撫四川三司會議御史陳戚具題本部查議許令差人入貢每次俱不過二百五十人嘉靖五年冒增襲職謝恩五十人本部查例草賞其賞例俱照上草坡寺

寮

正德十二年正月二百四十九名

正德十五年十一月二百五十名

全賞

嘉靖四年十二月三百名

内五十名慶　賀登極

嘉靖十五年九月二百五十名

嘉靖十九年十二月二百五十名

嘉靖二十四年八月二百五十名

嘉靖二十八年七月二百五十名

陝西洮岷等處番僧

每寺許四五人每年終遇大節一次赴京朝貢

洮岷等處番族

每二年一貢後三年一貢大族起送爲首者四五人小族起送一二人留聽賞大族不過十五人小族不過七八人

土官

雲南湖貴川廣腹裡土官俱遇三年朝　覲差人進貢一次限本年

十二月終到京慶　賀謝　恩無常期貢物不等
嘉靖元年議准凡土官朝貢今後每歲　萬壽聖節止許宣慰司
宣撫司安撫司襲授宣慰宣撫安撫職事者備辦方物差人赴京
慶　賀其余左二官并土官長官千百戶酋長酋老把事頭目護
印舍人每遇三年朝
覲方物許備差人赴京朝
覲前項差來人俱各齎執各衙門真正印信批文赴各都布二司起送每
司量起的當通把三二人齎執方物多者給與本冊咨批少者給與
咨批各給關文應付馬匹就彼変賣銀兩貯庫降香黃臘茶葉等
要實重五十斤為一扛賞澗絹二疋照扛遞加其不由本布政起送或
斤量不足差人過多不待朝

覲之年擅自起貢本部不與進收責諭
遣回賞賜應付通行停止七年議准湖廣土官襲授宣慰宣撫安撫職
事者差人慶
賀每司不許過三人其三年朝
覲每司止許二人大約各司共不過百人起送到京不過二十人餘俱留
本布政司聽賞所司辦驗方物造冊給批差官伴押慶　賀限
聖節以前朝
覲限十二月終到京本部驗批相同方與　賞賜應付若過期來者各
減半給賞

四夷風土記二卷

〔清〕李文詔編輯

《四夷風土記》二卷，清李文詔編輯。文詔字朗川，長沙人。是編凡二卷，首有任有珪、李壽蓉、龔鎮湘三序。卷一五十餘條，卷二八十餘條，皆抄撮諸史外國傳之文而成。如安南、占城諸國多至千餘字，南巫里、加異勒諸國不滿十餘字，繁簡迥殊。所記諸國，南海尤多，西域僅録漢時數國，去取之理，殊不可解。所本史籍，諸史似僅檢《明史》，其餘以採自《文獻通考》者爲多，如「丹眉流」之作「州眉流」可證。其印地亞、西印度等條則採自《職方外紀》。編次稍顯雜糅，不辨方位，亦不知比附古今。據中國國家圖書館藏清同治十年（一八七一）蓮湖書屋刻本影印。

同治拾年刊

四夷風土記

板存蓮湖書屋

通天地人曰儒儒者茹古含今倘所言不能及遠亦奚足道然言屬旨遠固必確鑿可據方不失爲信今傳後之言　李君朗川高尚士也年三十即絕意進取顏其居曰靜園左右種竹千竿梅數十株每當風晨月夕輒吟詠其中一切紛紜世故久已置諸度外矣予嘗過其處見其竹修修梅冉冉以爲其人有林和靖之概焉其生平著述則有歷代帝王紀略詩春秋列國總論前明君臣論略明室宗藩紀略靜園詩話靜園雜俎各若干卷編輯李氏遺文二卷今復有四夷風土之輯是蓋取裁於諸史滙參乎百家非空言無據者予見而好之謂之曰君可謂博聞彊識矣某方某國某山某水風俗民情疆域土產閱是帙者靡不瞭若指掌是固可信今而傳後也茲於梨棗告竣之後而問序於予予與朗川同研友也兼締兒女好且知其生平甚悉因樂道數語以冠諸篇

研姻愚弟任有珪介臣氏拜譔

從古不朽之業德與言可以自致功則有命與時會參乎其間然人往往舍其可必而為其不可必者終老無成而不悟夫亦誘於外而遺其內者與朗川族兄少篤於行居常訥訥人莫能窺其喜愠好讀書寒暑不輟時與二三良友賦詩論文獨出意見壯年試弟子員弗得入貲為國子生應鄉試又弗得遂決意舍去肆力於古尤精史學上起春秋下訖明紀莫不博覽而論說之著有成書此為四夷風土記奇瑋博贍凡夫車師疏勒之疆儋耳珠崖之俗枸醬邛杖之細皴綃瑇瑁之珍莫不纖悉備載殆可與大宛西域諸傳並傳矣當天下多事時閫外將帥多開幕府招致文學之士士多趨之不數年輒至通顯使兄挾其所長以干當世固亦不患無遇然兄終不以此易彼者知功名之不可強而德與言之可以自立也予既高兄之行又多其能自致於不朽故為之序以諗後之有志讀書者

族弟壽彝謹譔

吾師　朗川先生其　先大母湘之曾祖姑母也　先生與　先君子交最深甫弱冠即與共硯席三易寒暑後同負笈城南課則同題詩則聯韻當其時兩人者意氣雄豪爭自奮勵以期備　國家之選斷不甘以布衣終無奈俱以數奇久阨於童子試奮飛莫必然　先生亦不屑屑以科第為意隱居雲林者垂三十年於五經史漢手不停披殆藉是以涵養性天而已以外無所求也晚年來著作甚富前有歷朝紀畧詩二卷始自盤古終明懷宗上下數千年間治亂興衰君道政迹備具於聲韻中湘於受讀之餘不揣固陋謹撰七言古題詞一則以列諸簡端　先生意將以是書付梓而未果今復輯有四夷風土記一書東西南北相去中國各三萬餘里風土人情逐一備載大率溯源於兩漢漢以前諸番猶未通中國商湯之時氐羌恬服周成之世越裳來朝然一僅見於史以外無多聞焉其後漢至武帝開邊拓境北伐匈奴

西通西域東平朝鮮南并交趾自是外番朝貢者益衆而中國歷代以來如唐如明好事四夷屢遣使招諭諸番亦貪貢市之利不憚道里之遠有從古之所未通者言語侏儒衣冠詭異相率拜伏闕下因得述其山川形勢人物土產史臣得有所考焉此外藩傳之所由作也但史籍汗牛充棟不能家有其書　先生今日之輯删繁就簡尋源竟委既無左氏浮誇之談豈爲鄒衍荒唐之論而於各國疆域不啻親履其地焉試展閱之亦可爲博物洽聞者之一助云爾時

同治十年辛未季春月

受業門人龔鎮湘謹序

四夷風土記卷一

長沙李文詔朗川氏編輯

天下有五大州而中國居其東南自開闢以來清淑之氣久已薈萃於玆矣其山之大者有五嶽分奠於寰區其水之大者有五湖滙流於東海其人之聖者有堯舜禹湯文武周公孔子間世而一出其書之精者有論孟詩書易禮春秋終古而常存是邦也固衣冠禮義之地四夷之所聞風向慕者也雖其間風氣各殊語言不一不能無千里百里之異而人盡彝倫攸叙類能敦詩說禮東則極於海濱西則至於流沙南則止於瓊州北則抵於開平亦莫不皆然知其沐浴於帝王之教澤也深矣惟是東西南北四夷其俗不類請約畧而言之〇朝鮮箕子所封國也漢以前曰朝鮮始爲燕人衛滿所據漢武帝平之置眞番臨屯樂浪玄菟四郡漢末有夫餘人高氏據其地改國號曰高麗又曰高句麗居平壤即樂浪也已爲唐所

破東徙後唐時王建代高氏兼併新羅百濟地徙居松嶽曰東京而以平壤爲西京其國北鄰契丹西則女直南曰日本元至正中西京內屬置東寧路總管府盡慈嶺爲界明興王高麗者王顓爲權相李仁人所弑顓無子以寵臣辛旽之子禑爲子仁人遂立之明洪武二十一年其臣李成桂以兵攻破王京囚王王請遜位於其子昌已而成桂廢昌而立昌國君瑤瑤實王氏之苗裔也越一年而成桂自立遂有其國

瑤出居原州王氏自五代傳國數百年至是絕二十五年成桂表請更國號太祖命仍古號曰朝鮮又請更已名曰旦子孫相繼世服於明雖稱屬國而其愛戴中朝朝貢絡繹使命往還同於域內而明之於朝鮮亦錫賚有加撫綏備至不等諸番萬歷中倭奴搆亂朝鮮破王京走李昖八道幾沒中朝命將出師不遺餘力七年之久克復其邦如同再造至　本朝龍興東土朝鮮効順獨先遂定比年一貢歷今又二百

餘年矣其虔事　天朝視外番稱最云其地東西二千里南北四千里在　盛京東一千八百里由國都[illegible]鴨綠江至　京師三千五百里其八道曰京畿江源黃海全羅慶尚忠清咸鏡平安俱領郡領府領縣○日本古倭國唐咸亨初改日本以近東海日出而名也地環海惟東北限大山有五畿七道三島共一百十五州統五百八十七郡其小國數十皆服屬焉國小者百里大不過五百里國王世以王爲姓羣臣

亦世官宋以前皆通中國朝貢不絕俗尚強力民多習武元世祖時以兵十餘萬擊之盡死海島還者僅三人明洪武初日本王良懷上書不遜太祖欲伐之然終鑑元人之轍不加兵也嘉靖時屢爲邊患浙東西江南北濱海數千里迄無寧日其後至萬歷中有平秀吉者以人奴篡立雄據三十六州興兵攻朝鮮中國救之喪師十餘萬朝鮮八道幾沒至秀吉死共患始息秀吉凡再傳而亡○琉球居東南大海中其

俗信鬼畏神人驍健耐飢寒無疾病兵甲堅利鄰國視爲勁敵自古不通中國元世祖遣官招諭之不能達明初歸附分國爲三曰中山曰山南曰山北皆以尙爲姓其中山王曰察度山南王曰承察度山北王曰怕尼芝洪武中三王屢遣使入貢而中山尤數且令從子及寨官子偕來國學肄業其慼慕華風如此嗣後惟中山勢強而山南山北兩國悉爲所倂其朝貢中國猶如初也至萬曆末日本以勁兵三千入其

國擄其王尙甯遷其宗器大掠而去已而王得釋歸復遣使修貢於明然其國殘破亦已甚矣天啓崇禎之間亦嘗請封入貢奉事惟謹厥後兩京淪沒唐王立於福建猶遣使奉貢沿及　國朝仍受封世守康熙初　御書世表中山額以賜之目今中山之爲國殆漸染華風矣○安南一名交阯唐虞時南交也秦象郡漢交趾日南九眞三郡地歷吳梁陳隋俱置郡置府唐曰交州後改爲安南都護府五代時始爲土

人曲承美竊據宋初封丁部領爲交阯郡王三傳爲大臣黎桓所簒黎氏亦三傳爲大臣李公蘊所簒李氏八傳無子傳其壻陳日炬李氏之主國也八人合計歷年二百一十有一陳氏之主國也十有二人歷年止一百七十有一當明洪武初其王日煃聞廖永忠定兩廣將遣使納款以元梁王在雲南未果太祖乃命漢陽知府易濟招諭之日煃卽遣使奉表貢方物帝嘉賜宴命侍讀學士張以甯典簿牛諒往封爲

安南國王詔曰咨爾安南國王陳日煃惟乃祖父守境南陲稱藩中國克恭臣職以永世封朕荷天地之靈肅淸華夏馳書往報卿卽奉表稱臣專使來賀法前人之訓安遐壤之民眷茲勤誠深可嘉尙是用遣使齎印仍封爾爲安南國王於戲廣視同仁思效哲王之盛典爵超五等俾承奕葉之遺芳益茂令猷永爲藩輔欽哉迨以甯等至日煃先卒姪日熞嗣位四年爲伯父叔明逼死叔明懼罪貢象及方物踰年至

京禮官見署裴非日煃名詰得其實詔却之叔明復
朝貢謝罪且請封其使者抵言日煃實病死叔明遜
避於外爲國人所推帝命叔明姑以前王印視事越
三年叔明尋遣使謝恩自稱年老乞命弟煓攝政從
之煓遣使謝恩洪武十年煓侵占城敗沒弟煒代立
二十一年國相黎季犛廢煒尋弑之立叔明子日焜
主國事仍假煒名入貢朝廷不知而納之建文元年
季犛弑日焜立其子顒方在襁褓中復弑之大殺陳

氏宗族而自立更姓名爲胡一元名其子蒼曰胡奃
僭國號大虞尋稱太上皇傳位於奃朝廷不知也永
樂元年奃遣使朝貢且請封帝乃命禮部郎中夏止
善往封爲安南國王奃遣使謝恩然帝其國中自若
也既而故陪臣裴伯耆詣闕告難老撾又送陳天平
至天平前王日煃弟也請兵復讐帝始悔封奃之誤
遣使詰責令具篡奪之狀以聞奃復遣使謝罪請迎
天平歸國帝信之三年冬遣黃中呂毅以兵納天平

於安南至芹站山徑險惡伏兵起刼殺天平帝大怒
乃大發兵討之命朱能爲征夷將軍沐晟張輔副之
時永樂之四年七月也張輔尋大破安南兵其明年
春又大破之至五月遂禽季犛及其子蒼檻送京師
安南平取其地置交阯布政司分十七府四十七州
百五十七縣十二衛以尚書黃福鎮之六年秋陳氏
故官簡定與其黨陳希葛鄧悉阮帥等倡亂定乃僭
大號紀元興慶國號大越出沒乂安化州山中尋自

稱上皇立陳季擴爲帝至七年冬張輔進師鹹子關
縱火焚賊舟追至太平海口大破之遂自黃江入神
投海獲簡定於美良山中及其黨送京師皆伏誅惟
陳季擴遁去九年春復命張輔討交阯至十二年三
月張輔追陳季擴於老撾獲之及其孥送京師斬之
越二年詔張輔還是時也李彬代鎮交阯交人故好
亂而中官馬騏以採辦至大索境內珍寶人情騷動
桀黠者鼓煽之大軍甫還即並起爲寇李彬遣將討

定之至是俄樂巡檢黎利及乂安知府潘僚等復乘機作亂旋兵四掠帝命榮昌伯陳智助彬討之其後羣寇悉破滅惟利竄匿老撾山中寇掠如故仁宗新立遣中官山壽齎敕招黎利而利已陷茶籠州清化府殺將吏得敕終無降意宣德元年尋命成山侯王通討之至應平遇伏大敗復遣柳升督師赴討亦遇伏死後軍相繼陷沒楊士奇楊榮遂建議棄其地盡撤軍民北還詔未至而王通等已棄交阯還官吏軍

民得還者八萬六千餘人爲賊所殺及拘畱者不可勝記六年夏勑命黎利權署安南國事利雖受朝命其居國則稱帝紀元順天建交州府爲東都清華府爲西都分十三道置百官設學校以經義詩賦二科取士彬彬有華風焉六年卒子麟嗣貢獻不絕正統初命麟爲安南國王麟卒子濬繼立遣將侵占城奪新州港擄其王摩訶賁該以歸掠人口至三萬三千有奇天順三年十月其庶兄諒山王琮弒之而自立

尋爲國人所誅以濬弟灝嗣位灝雄傑自負國富兵强成化四年侵據廣西憑祥七年破占城執其王盤羅茶全逾三年又破之執王盤羅茶悅遂改其國爲交南州設兵戍守弘治十年灝卒計灝之嗣位也已歷三十八年其享國亦云久矣子暉繼之十有七年子瀈繼之七月而卒弟誼嗣立時在正德之元年也誼寵任母黨阮种阮伯勝兄弟恣行威虐屠戮宗親酖殺祖母种等怙寵竊權四年逼誼自殺擁立其弟

伯勝國人黎廣等討誅之立灝孫晭其後有陳暠者社堂燒香官也與其二子昺昇作亂殺晭而自立詭言前王陳氏裔稱大虞皇帝改元應天晭臣莫登庸初附暠後與黎氏大臣阮弘裕等起兵討之暠敗走獲昺暠與昇奔諒山道據長寧太原清節三府自保登庸等乃共立灝之子譓以登庸有功封武川伯總水陸諸軍既握兵柄潛蓄異志自爲太傅仁國公正德十六年率兵攻陳暠暠走死嘉靖元年登庸自

稱安興王譓弒譓譓母以告乃與其臣杜溫潤閒行以免居於清華府登庸立其庶弟應居海東長慶府六年登庸遂篡其位改元明德立子方瀛爲皇太子旋酖殺應嘉靖九年登庸禪位于方瀛自稱太上皇其年九月黎譓卒於清華其子寧遣使告難於明仍居清華十九年世宗乃詔右都御史毛伯溫討莫登庸二十年夏伯溫等督師抵廣傳檄諭登庸父子登庸乃與諸酋入鎮南關上土地軍民籍請奉正朔永

爲藩臣帝大喜詔改安南國爲安南都統使司更十三道爲十三宣撫司授登庸都統使令三年一貢以爲常越三年登庸卒方瀛子福海嗣二十五年福海卒子宏瀷嗣時方五歲阮敬專恣用事國內亂四十三年宏瀷卒子茂洽嗣萬歷元年授都統使三年遣使謝恩賀即位進方物又補歷年所缺之貢時莫氏漸衰黎氏復興互相搆兵其國益多故始黎寧之居清華也仍僭帝號以嘉靖九年改元元和居四年爲

登庸所攻竄占城界國人立其弟憲改元光照十五年知憲所在迎歸清華後遷于漆馬江寧卒其臣鄭檢立寧子寵寵卒無子國人共立黎暉四世孫維邦維邦卒檢子松立其子維潭世居清華自爲一國萬歷十九年維潭漸强舉兵攻茂洽茂洽奔嘉林縣明年冬松誘土人內應襲殺茂洽親黨多遇害自是安南復爲黎氏有矣而莫氏但保高平一郡宗黨多竄處海隅時出侵軼爲邊患黎維潭以萬歷二十五年

請服於明詔命以維潭爲安南都統使頒歷奉貢一如莫氏故事二十七年維潭卒子維新嗣維新卒子祺嗣天啓四年發兵擊莫敬寬克之殺其長子掠其妻妾及少子以歸敬寬與次子逃入山中復回高平勢益弱然迄明之世二姓分據終不能歸一云其後有黎維禔者　國朝康熙間入貢禔子維禧受封爲安南國王維禕乃禧之後也改元景興維祁禕之孫改元昭統甫二年爲阮光平所篡時乾隆之五十四

年也阮氏奉中國正朔無元號阮光纘嘉慶初嗣位旋失國阮福映代之今改爲越南都會在交州即唐都護治所其疆域東距海西接老撾南渡海即占城北達廣西之思明南寧雲南之臨安元江土膏腴氣候熱穀歲二稔國中姓氏文字與中華同人性獷悍驩演二州多文學交愛二州多倜儻士較他方爲異

○馬韓韓有三種一曰馬韓二曰辰韓三曰弁韓馬韓在西有五十四國其地與樂浪南倭接辰韓在東

十有二國其北與濊貊接弁韓在辰韓之西十有二國其南亦與倭接凡七十八國百濟是其一焉小者百餘戶大者數千家各在山海間地合方四千餘里東西以海爲限皆古之辰國也馬韓最大共立其種爲辰王都月支國盡王三韓之地其諸王先皆是馬韓之種馬馬韓人知田蠶作綿布出大栗如梨有長尾雞尾長五尺邑落雜居亦無城郭作土室形如冢開戶在上不知跪拜無長幼男女之別不貴金寶錦

罽不知騎乘牛馬唯重纓珠以綴衣爲飾及縣頸垂耳大率皆魁頭露紒布袍草履其人壯勇常以五月祭鬼神晝夜酒會羣聚歌舞舞輒數十人蹋地爲節十月農功畢亦復如之諸國邑各以一人主祭天神號爲天君其南界近倭亦有文身國其國各有帥散在山海間無城郭其餘五十餘國皆著名不悉錄以其部落小而無事實可紀故畧之辰王治月支國其官有魏率善邑君歸義侯中郎將都尉伯長侯初朝

鮮王準箕子四十餘代孫也既爲衛滿所攻奪乃將其左右宮人走入海攻馬韓破之自立爲韓王不與朝鮮相往來其後絕滅今韓人猶有奉其祭祀者準既滅馬韓人復自立爲辰王後漢建武以來至晉武帝朝頻入中國朝貢自後遂無聞三韓殆爲百濟新羅所吞併又有州胡在馬韓之西海中大島上其人差短小言語不與韓同皆髡髮如鮮卑但衣韋衣有上無下畧如裸勢○辰韓國之耆老自言秦之亡人

避苦役來適韓國馬韓割其東界地與之有城柵其言語有類秦人其王常以馬韓人爲之世相係襲辰韓不得自立爲王諸小邑各有渠帥土地肥美宜五穀知蠶桑作縑布乘駕牛馬嫁娶以禮其俗男女有別以大鳥羽送死其意欲使死者飛揚國內出鐵諸市買皆以鐵如中國用錢又以供給鄰郡俗喜歌舞飲酒鼓琴瑟其瑟形似筑彈之亦有音曲兒生便以石壓其頭欲其匾故辰韓人皆匾頭男女近倭亦文

身便步戰兵仗與馬韓同其俗行者相逢皆住讓路晉武帝太康中三來朝貢○弁韓與辰韓雜居亦有城郭衣服居處言語風俗與辰韓同其人形皆長大美髮衣服潔淨而刑法嚴峻其國近倭故頗有文身者○夫餘在玄菟北千里地方二千里本濊地也初北夷橐離國王出行其侍兒於後姙身王還欲殺之侍兒曰前見天上有氣大如雞子來降我因以有身王因之後遂生男王令置於豕牢豕以口氣噓之不

死復徙於馬欄馬亦如之王以爲神乃聽母收養名曰東明東明長而善射王忌其猛勇欲殺之東明奔走南至掩淲水以弓擊水魚鼈皆聚浮水上東明乘之得渡因至夫餘而王之馬於東夷之域最爲平敞土宜五穀出名馬赤玉貂豽大珠如酸棗以員柵爲城有宮室倉庫牢獄其人粗大強勇而謹厚不爲寇抄以弓矢刀矛爲兵以六畜名官有牛加馬加狗加其邑落皆主屬諸加食飲用俎豆會同拜爵洗爵揖

讓升降臘月祭天大會連日飲酒歌舞是時斷刑獄解囚徒有軍事亦祭天殺牛以蹏占其吉凶行人無晝夜好歌吟音聲不絕其俗用刑嚴急被誅者皆沒其家人爲奴婢盜一責十二男女淫皆殺之尤治惡妬婦既殺復尸於山上兄死妻嫂死則有槨無棺殺人殉葬多者以百數其王葬用玉匣後漢建武末王乃遣使奉貢光武厚答報之於是使命常通順帝永和初其王尉仇台來朝京師帝作黃門鼓吹角抵戲

以遣之其後尉仇台死簡位居立無適子有孽子麻余位居死諸加共立麻余牛加兄子名位居爲大使輕財好施國人附之頻遣使詣京師貢獻魏正始中麻余死子依慮年六歲立以爲王晉太康元年爲慕容廆所襲破依慮自殺子弟走保沃沮明年夫餘後王依羅遣使詣護東夷校尉何龕求率見人還復舊土龕遣督護賈沉以兵送之廆又要之於路沉與戰破之依羅乃得復國自後遂無聞○豆莫婁在勿吉

北千里舊夫餘也室韋之東至海方二千餘里多山陵廣澤地宜五穀不生五果其人長大性强勇謹厚不寇抄其君長皆以六畜名官邑落有豪帥飲食亦用俎豆有麻布衣製類高麗而帽大其國大人以金銀飾之用刑嚴急殺人者死沒其家人爲奴婢性淫尤惡妬者殺之尸於國南山上至腐○百濟即後漢末夫餘王仇台之後馬韓五十四國百濟其一也初以百家濟因號百濟後漸强大兼併諸小國晉時畧

有遼西晉平自晉以後據有馬韓故地其國東西四百里南北九百里南接新羅北距高麗千餘里西限大海處小海之南國西南海中有三島出黃漆樹似小椶樹而大六月取汁漆物器若黃金其光奪目晉代受蕃爵自置百濟郡宋齊並遣使朝貢授官封其地多下濕人皆山居其都治建居拔城王號於羅瑕王妻號於陸官有十六品其衣服男子畧同高麗拜謁之禮以兩手據地爲敬婦人衣似袍而袖微大在

室者編髮盤於首後垂一道爲飾出嫁者乃分爲兩道焉兵有弓矢刀矟俗重騎射兼愛書史其秀異者頗解屬文又解陰陽五行醫藥卜筮占相之術有投壺樗蒲等雜戲然尤尚奕碁僧尼寺塔甚多而無道士賦稅以布絹麻米等嫁娶之禮畧同華俗父母及夫死者三年持服餘親則葬訖除之氣候溫暖五穀雜果菜蔬及酒醴肴饌樂器之屬多同於內地唯無駞驢騾羊鵝鴨等云其王以四仲之月祭天又每歲

四祀其始祖仇台之廟大姓有八族沙氏燕氏劦氏解氏眞氏國氏木氏苩氏自晉歷南北朝皆遣使稱藩奉貢尋爲高麗所破衰弱累年遷居南韓地梁普通二年王餘隆復遣使奉表稱累破高麗今始與通好隋開皇初王夫餘昌遣使貢方物大業之末隋室方亂貢使遂絶唐興王夫餘璋乃遣使入貢自是數朝貢且訟高麗梗道太宗貞觀初詔使者平其怨又與新羅世仇數相侵帝賜璽書和解之璋上表謝然

兵亦不止璋卒子義慈立義慈事親孝與兄弟友時號海東曾子明年與高麗連和伐新羅取四十餘城發兵守之新羅告急帝遣使齎詔諭解聞唐新討高麗乃取新羅七城久之又奪十餘城因不朝貢高宗立乃遣使者來帝詔義慈諭以所奪地還之新羅王不如詔至顯慶五年乃詔左衛大將軍蘇定方等發新羅兵討之自城山濟海百濟守熊津口定方縱擊虜大敗王師乘潮以進趨眞都城虜悉衆拒復大破

之斬首萬餘級拔其城義慈挾太子隆走北鄙定方圍之令將士超堞立幟王次子泰開門降定方遂執義慈隆及小王演酋長五十八人送京師平其國五部三十七郡二百城戶七十六萬九月定方以所俘見詔釋不誅義慈病死許舊臣赴臨詔葬孫皓陳叔寶墓左授隆司稼卿尋命劉仁軌鎭百濟是時也王夫餘璋之從子福信與浮屠道琛據周留城反迎故王子夫餘豐於倭立爲王西都皆應引兵圍劉仁願

龍朔元年仁軌發新羅兵往救道琛立二壁熊津口仁軌與新羅兵夾擊之奔入壁爭梁墮溺者萬人新羅兵還道琛保仁孝城自稱領軍將軍福信稱霜岑將軍俄而福信殺道琛並其軍豐不能制二年七月仁願等破之熊津拔支羅城夜薄眞峴比明入之斬首八百級新羅餉道乃開仁願請濟師詔右威衛將軍孫仁師爲熊津道行軍總管發齊兵七千往福信顓國謀殺王豐率親信斬福信與高麗倭連和仁願

已得齊兵士氣振乃與新羅王金法敏率步騎而遣劉仁軌率舟師自熊津江偕進趨周留城豐衆屯白江口四遇皆克火四百艘豐走不知所爲僞王子夫餘忠勝忠志率殘衆及倭人請命諸城皆復仁願勒兵還留仁軌代守帝以夫餘隆爲熊津都督俾歸國平新羅故憾詔還遺人麟德二年與新羅王會熊津城刑白馬以盟乃作金書鐵券藏新羅廟中仁願等還隆畏衆攜散亦歸京師儀鳳時進帶方郡王遣歸

藩是時新羅强隆不敢入舊國寄治高麗死武后又以其孫敬襲王而其地已爲新羅渤海靺鞨所分百濟遂絕百濟自漢末建國至是四百六十有餘年矣其傳世次序史多失紀○新羅魏時新盧國其先本辰韓種也其國在百濟東南五百餘里東濱大海魏將毋丘儉討高麗破之奔沃沮其後復歸故國留者遂爲新羅焉故其人雜有華夏高麗百濟之屬其王本百濟人自海逃入新羅遂王其國苻堅時其王樓

寒遣使衛頭朝貢梁武帝普通二年王姓募名秦始使人隨百濟貢方物至隋文帝時遣使入貢其王姓金名眞平文帝拜爲樂浪郡公新羅王梁史前云姓募茲云姓金未詳易姓之由然其後則皆金姓世相承也唐武德貞觀時兩遣使入朝且獻女樂二詔歸之眞平卒無子立女善德爲王國人號聖祖皇姑十七年爲高麗百濟所攻使者來乞師會帝伐高麗詔率兵掎角善德使兵五萬人入高麗南鄙拔水口城

以聞善德卒妹眞德襲王明年遣子文王弟子春秋等來朝因請改章服從中國制內出珍服賜之高宗永徽元年攻百濟破之遣春秋子法敏入朝眞德織錦爲頌以獻詞意甚美帝喜擢法敏太府卿五年眞德卒朝廷遣使弔祭以春秋襲王明年百濟高麗靺鞨共伐取其三十城使者來請救帝命蘇定方討之以春秋爲嵎夷道行軍總管遂平百濟龍朔元年死法敏襲王以其國爲雞林州大都督府授法敏都督

咸亨五年納高麗畔畧百濟地守之帝怒詔削官爵以其弟右驍衛大將軍仁問爲新羅王自京師歸國詔劉仁軌發兵討之上元二年二月仁軌破其衆於七重城以靺鞨兵浮海入南境斬獲甚衆三戰虜皆敗法敏遣使入朝謝罪貢篚相望仁問乃還辭王詔復法敏官爵然多取百濟地遂抵高麗南境矣法敏以開耀元年死子政明襲王政明死子理洪襲王理洪死弟興光襲王玄宗開元中數入朝又以兵擊走

渤海靺鞨入掠登州之衆帝嘉進興光寧海軍大使使攻靺鞨二十五年死帝尤悼之贈太子太保命使弔祭子承慶襲王後承慶死亦詔使者弔臨以其弟憲英襲王帝在蜀遣使泝江至成都朝正月大歷初憲英死子乾運立甫丱遣金隱居入朝待命詔遣使弔贅册命之會其宰相爭權相攻國大亂三年乃定於是歲朝獻建中四年死國人共立宰相金良相嗣貞元元年遣使持節命之是年死立良相從父弟敬

信襲王十四年死立嫡孫俊邕明年遣使持册未至而邕死子重興立永貞元年遣使册命後七年死子彦昇立彦昇死子景徽立朝廷俱遣使册弔如前儀以後傳世多失紀會昌後朝貢不復見至後唐同光元年其王金朴英遣使來朝貢長興四年權知國事金溥遣使來二人俱不克詳其所自出自晉以後不復見殆爲高麗王氏所併云○沃沮在高麗東北與挹婁夫餘接無大君長世世邑落各有長帥言語飲

食衣服禮節與高麗畧同土地肥美背山向海宜五穀善田種人性質直強勇少牛馬便持矛步戰其後魏毋丘儉討高麗高麗王宮走沃沮遂進師擊之沃沮邑落皆破斬獲首虜三千餘級宮奔北沃沮○北沃沮去南沃沮八百餘里其俗南北皆同與挹婁接挹婁喜乘船寇抄北沃沮畏之夏月恒在山岩深穴中爲守備冬月冰凍船道不通乃下居村落王頎別遣追討宮盡其東界問耆老海東復有人否耆老言

國人嘗乘船捕魚遭風見吹數十日得一島上有人言語不相曉其俗常以七月取童女沉海又言有一國亦在海中純女無男又說得一破船隨出在海岸邊有一人項中復有面生得之與語不相通不食而死其地皆在沃沮東大海中○挹婁即古肅慎之國也周武王及成王時皆貢楛矢石砮其後千餘年雖秦漢之盛不能致也魏常道鄉公景元末來貢獻楛矢石砮弓甲貂皮之屬其國在不咸山北在夫餘東

北千餘里濱大海南與北沃沮接不知其北所極廣袤數千里土地多山險車馬不通人形似夫餘而言語各異有五穀牛馬麻布出赤石好貂無君長其邑落各有大人處於山林之間土氣極寒常爲穴居以深爲貴大家接至九梯好養豕食其肉衣其皮冬以豕膏塗身厚數分以禦風寒夏則裸袒以尺布蔽其前後其人臭穢不潔作厠於中圍之而居無文墨以言語爲約坐則箕倨以足挾肉啖之俗皆編髮將嫁

娶男以毛羽插女頭女和則持歸然後致禮聘之婦貞而女淫貴壯而賤老死者其日即葬之於野交木作小椁殺豬積其上以爲死者之糧性凶悍以無憂哀相尚父母死男女不哭泣有哭者謂之不壯相盜竊無多少皆殺之雖野處而不相犯有石砮皮骨之甲國東北有山出石其利入鐵將取之必先祈神其人衆雖少而多勇力處山險又善射弓長四尺青石爲鏃鏃皆施毒中人即死鄰國畏其弓矢卒不能服

也便乘船好寇盜鄰國患之俗最無紀綱晉元帝初又詣江左貢其石砮至成帝時通貢於石虎四年方達○勿吉一曰靺鞨在高麗北邑落各有長不相統一其人勁悍於東夷最強言語獨異常輕豆莫婁等國諸國亦患之其部類凡有七種曰粟末曰伯咄曰安車骨曰拂捏曰室韋曰黑水曰白山而黑水部尤爲勁健自拂捏以東矢皆石鏃即古肅慎氏也東夷國此最爲強所居多依山水國南有從太山俗甚敬

畏之人不得山上溲溺行經山者以物盛去上有熊
羆豹狼皆不害人人亦不敢殺也地卑濕築土如堤
鑿穴以居開口向上以梯出入其國無牛有馬車則
步推相與偶耕土多粟麥穄菜則有葵水氣鹹生鹽
於木皮之上亦有鹽池其畜多豬無羊嚼米爲酒飲
之亦醉婚嫁婦人衣布裙男子衣豬皮頭插虎豹尾
初婚之夕男就女家執女乳其妻外淫人有告其夫
夫輒殺妻而後悔必殺告者由是姦淫事終不發人

皆善射以射獵爲業角弓長三尺箭長尺二寸常以
七八月造毒藥傅矢以射禽獸中者立死煮毒藥氣
亦能殺人其父母春夏死立埋之冢上作屋令不雨
濕若秋冬死以其尸餌貂貂食其肉則多得之魏孝
文延興中遣乙力支朝獻太和初又貢馬五百疋自
此迄於正光貢使相尋隋開皇初相率遣使貢獻帝
厚勞之令宴飲於前使者與其徒皆起舞曲折多戰
鬬容然其國與隋懸隔唯粟末白山爲近煬帝初渠

帥突地稽率其部降拜右光祿大夫賜以錦綺冠帶
居之柳城及遼東之役突地稽率其徒以從每有戰
功賞賜甚厚後又從幸江都放還柳城唐武德五年
渠長阿固郎始來太宗貞觀二年乃臣附所獻有常
以其地爲燕州帝伐高麗其北部反與高麗合高惠
真等率衆援安市每戰靺鞨常居前帝破安市執惠
真收靺鞨二千餘悉坑之開元十年其酋倪屬利稽
來朝玄宗即拜勃利州刺史於是安東都護薛泰請

置黑水府以部長爲都督刺史朝廷爲置長史監之
賜府都督姓李氏名獻誠以雲麾將軍領黑水經略
使隸幽州都督訖帝世朝獻者十五至貞元元和中
不絕再後唐同光二年黑水兀兒遣使來其後常來
朝貢自登州泛海出青州明年黑水胡獨鹿亦遣使
來兀兒胡獨鹿爲兩部首長各以使來至長興三年
胡獨鹿死子桃李花立嘗請中國後不復見云○渤
海本粟末靺鞨附高麗者姓大氏高麗滅率衆保挹

婁之東牟山地直營州東二千里築城郭以居唐萬歲通天中契丹盡忠殺營州都督趙翽反有乞乞仲象者與靺鞨酋乞四比羽及高麗餘種度遼水保太白山之東北阻奧婁河樹壁自固武后封乞四比羽爲許國公乞乞仲象爲震國公赦其罪比羽不受命后詔將軍李楷固等擊斬之時仲象已死其子祚榮引殘痍遁去楷固窮躡度天門嶺祚榮因高麗靺鞨兵拒楷固楷固敗還於是契丹附突厥王師道絕不克討祚榮得并比羽之衆恃荒遠乃建國自號震國王遣使交突厥地方五千里勝兵數萬頗知書契盡得夫餘沃沮弁韓朝鮮海北諸國中宗時使侍御史張行岌招慰祚榮遣子入侍睿宗先天中遣使拜祚榮爲左驍衛大將軍渤海郡王以所統爲忽汗州都督自是始去靺鞨號專稱渤海玄宗開元七年祚榮死其國私謚爲高王子武藝立斥大土宇東北諸夷畏臣之私改元曰仁安帝賜典册襲王并所領未幾

黑水靺鞨使者入朝帝以其地建黑水州置長史武藝聞之恐其與唐謀已乃遣其弟門藝將兵擊之門藝曰黑水請吏於唐而我擊之此亡國之勢也武藝強遣之門藝棄衆來奔武藝請殺之帝密遣門藝詣西安報云已流嶺南武藝知之上表曰大國當示人以信豈得爲此欺誑帝乃暫遣門藝詣嶺南以報之後十年武藝遣大將張文休率海賊攻登州帝馳遣門藝發幽州兵擊之又別遣使使新羅督兵攻其南會大寒雪盈丈士凍死過半無功而還武藝怒其弟不已募客入東都相刺於道門藝格之得不死河南捕刺客悉殺之武藝死其國私謚武王子欽茂立改元大興有詔嗣王及所領欽茂因是赦境內天寶末欽茂徙上京去舊國三百里忽汗河之東訖帝世朝獻者二十九寶應元年詔以渤海爲國欽茂王之進檢校太尉貞元時欽茂死私謚文王子宏臨早死族弟元義立一歲猜虐國人殺之推宏臨子華璵爲王

改元中興死謚成王欽茂少子嵩鄰立改元正曆有詔授右驍衛大將軍嗣王死謚康王子元瑜立改元永德死謚定王弟言義立改元朱雀並襲王如故事死謚僖王弟明忠立改元太始立一歲死謚簡王從父仁秀立改元建興其四世祖野勃祚榮弟也仁秀頗能討伐海北諸部開大境宇有詔加檢校司空襲王元和中凡十六朝獻太和四年仁秀死謚宣王子新德早死孫彝震立改元咸和詔襲爵終文宗世

來朝十二會昌凡四彝震死弟虔晃立死玄錫立咸通時三朝獻初其王數遣諸生詣京師太學習識古今制度至是遂為海東盛國地有五京十五府六十二州以肅慎故地為上京其南為中京濊貊故地為東京沃沮故地為南京高麗故地為西京俗謂王曰可毒夫曰聖主曰基下其命為教王之父曰老王母太妃妻貴妃長子曰副王諸子曰王子官有宣詔省中臺省有左右相左右平章侍中常侍諫議又有左

六司忠仁義部右六司禮智信部各有郎中員外又有武員左右衛大將軍之屬大抵倣中國之度服章亦有紫緋淺緋綠及牙笏金銀魚之製餘俗與高麗契丹略等自營平距京師蓋八千里而遠其後梁開平以來迄於周顯德俱遣使朝貢後遂隔絕不通其王之傳世次序史俱失紀至宋太宗興國四年太宗平晉陽移兵幽州其酋帥大鸞河率小校李勳等十六八部族三百騎來降以鸞河為渤海都指揮使六

年賜詔略曰蠢茲北戎犯我封略今欲鼓行深入大殲醜類素聞爾國密邇寇讐勢迫併吞力不能制因而服屬同於卑割當靈旗破虜之秋是鄰邦雪憤之日所宜盡出族帳佐予兵鋒俟其翦滅沛然封賞幽薊土宇復歸中朝朔漠之外悉以相與朂乃協力朕不食言時將率兵大舉北伐故降是詔渤海自祚榮於唐武后時建國至宋興國六年已歷三百年矣其主國者約二十餘傳俱於中朝不失事大之禮自是

以後遂爲契丹所併云○女眞卽古肅慎氏世居混同江之東長白山鴨綠水之源南鄰高麗北接室韋西界渤海鐵甸東瀕海後漢謂之挹婁元魏謂之勿吉隋唐謂之靺鞨姓拏氏於夷狄中最微且賤隋開皇時曾入貢其族分六部有黑水部卽今女眞其水掬之則色微黑號爲混同江一曰黑龍江江甚深地多山林俗勇悍善射獸多野豬野牛驢之類出行以牛馱物又多良馬常至中國貿易唐開元中其酋來

朝拜爲渤利州刺史遂置黑水州以部長爲都督置長史監之訖唐世貢不絕五代時始稱女眞後契丹阿保機慮其爲患誘遷豪右數千家於遼陽而著籍焉分其勢使不得與本國相通謂之熟女眞其處契丹東北隅者不隸籍於契丹地方千餘里戶十餘萬無大君長亦無國名各散居山谷間自推豪俠爲酋渠小者千戶大者數千則謂之生女眞宋建隆二年遣使入朝貢方物四年八月遣使貢馬自後迄天禧

末頻入貢先是契丹怒其朝貢中國舉兵伐之而女眞衆僅萬人弓矢精勁又有灰城以水淋之爲堅冰不可上距城三百里燔其積聚設伏於山林間契丹旣不能攻城野無所得遂引騎去大爲山林之兵掩襲殺戮又大中祥符二年契丹征高麗道由女眞女眞與高麗合兵拒之契丹大喪師而還是時金之始祖肇基於此則金之種族殆出自生女眞矣又曰其酋本新羅人號完顏氏女眞服其練事以首領推之

其酋自襲福以下班班可紀襲福生訛魯訛魯生洋海洋海生隨闊隨闊生實魯實魯生胡來胡來三子伯曰核里頗叔曰蒲刺束季曰楊割楊割聚族帳最多能用其人遂稱強諸部賦歛調發刻箭爲號楊割之子曰阿骨打楊割陰懷異志契丹主洪基知其必爲東方患欲因事除之而不果建中靖國元年楊割死阿骨打立後以政和五年更名旻稱皇帝卽金之稱爲太祖者也旻死弟晟立晟死亶立亶被弒亮立

亮祕弑雍立雍死璟立璟死允濟立允濟被弑珣立珣死守緒立自晏至守緒凡九傳而亡其事迹具見國史以其旣竊有中原故事迹不入四夷之錄云○定安本馬韓之種爲契丹所攻破其酋帥糾合餘衆保於西鄙建國改元自稱定安國宋開寶元年其國王烈萬華因女眞遣使入朝乃附表貢方物太平興國中太宗方經營遠略討擊胡虜因降詔其國令張掎角之勢其國亦怨寇讎侵侮不已得詔大喜六年

冬會女眞遣使朝貢路由本國乃託其使附表來上其國王爲烏玄明帝答以詔書令其發兵協力同伐契丹以詔付女眞使令齎以賜之端拱二年其王子因女眞使附獻馬鵰羽鳴鏑淳化二年其王子大元因女眞使上表其後不復至○侏儒人長四尺又南有黑齒國裸身去倭四千餘里船行可一年至又西南萬里有海人身黑眼白裸而醜其肉美行者或射而食之○長人在新羅之東人類長三丈鋸牙鉤毛

不火食噬禽獸或搏人以食得婦人以治衣服其國連山數千里有峽固以鐵闔號關門新羅常屯弩士數千守之○文身梁時通焉在倭國東北七千餘里人體有文如獸其額上有三文文大直者貴其文小曲者賤土俗歡樂物豐而賤行客不齎糧有屋宇無城郭國王所居飾以金銀珍麗繞屋市用珍寶○大漢梁時聞焉在文身國東五千餘里無兵戈不攻戰風俗並與文身國同而言語異○扶桑在大漢國東

二萬餘里地在中國之東其土多扶桑木故以爲名扶桑葉似桐初生如筍國人食之實如梨而赤績其皮爲布以爲衣亦以爲錦作板屋無城郭有文字以扶桑皮爲紙無甲兵不攻戰其國法有南北獄犯輕罪者人南獄罪重者入北獄有赦則放南獄不放北獄在北獄者男女相配生男八歲爲奴生女九歲爲婢犯罪之身至死不出國王出行有鼓角導從其衣色隨年改易如甲乙年靑丙丁年赤之類有牛角長

以角載物至盛二十斛有馬車牛車鹿車國人養鹿
如中國畜豕以乳爲酪有赤棃經年不壞多蒲桃無
鐵有銅不貴金銀其婚法則壻往女家門外作屋晨
夕灑掃經年而女不悅卽驅之相悅乃成婚婚禮大
抵與中國同親喪七日不食設坐神像朝夕拜奠不
制衰經嗣王立三年不親國事其俗舊無佛法宋大
明二年罽賓國嘗有比丘五人流行其國流通佛法
經像教令出家風俗遂改○女國在扶桑東千里其
人容貌端正色甚潔白身體有毛髮長委地至二三
月競入水則懷娠六七月產子女人胷前無乳項後
生毛根白毛中有汁乳子百日能行三四年則成人
矣見人驚避偏畏丈夫食鹹草葉似邪蒿而氣香味
鹹蝦夷海中小國也其使鬚長四尺尤善弓矢插箭
於首令人戴之而立數十步無不中者唐顯慶四年
十月隨倭國使者入朝○呂宋在廣州之東南去漳
州甚近明萬曆間佛郎機强與呂宋互市久之窺其

無備舉兵襲殺其王逐其人民而據其國名仍呂宋
實佛郎機也○合貓里海中小國近呂宋土瘠多山
山外大海饒魚蟲人知耕稼市法最平○美洛居居
東海中頗稱饒富男子削髮女椎結有香山雨後香
墮沿流滿地居民拾取不竭丁香胡椒在在有之萬
歷時爲紅毛番佛郎機兩國所分○吶嗶嘽在海畔
沙瑤稍紆入山隈皆與呂宋近男女蓄髮椎結男子
用履婦人跣足以板爲城崇釋教多建禮拜寺○雞
籠山在彭湖嶼東北故名北港又名東番去泉州甚
近地多深山大澤聚落星散無君長有十五社以子
女多者爲雄聽其號令雖居海中酷畏海不善操舟
老死不與鄰國往來明永樂時鄭和招之不至家貽
一銅鈴俾挂諸項蓋擬之狗國也其後人反寶之地
多竹大至數拱長十丈以竹構屋覆之以茅廣且長
聚族而居後遭倭寇焚掠國遂殘破○古麻剌朗東
南海中小國也永樂時其國王幹剌義亦奔敦來朝

還至福建遘疾卒詔謚康靖有司治墳葬以王禮焉
嘉施蘭亦東洋中小國永樂初朝貢者三○文郎馬
神以木爲城其半倚山民多縛木水上築室以居男
女用五色布纏頭腹背多袒或以小袖衣蒙頭而入
下體圍以幔其俗惡淫奸者論死華人與女通輒削
其髮以女配之永不聽歸○闍婆在南海中西北泛
海十五日至渤泥國又十日至三佛齊國又七日至
古邏國又七日至紫歷亭抵交阯達廣州其土平衍

宜種植產稻麻粟豆無麥民輸十一之租煮海爲鹽
多魚鱉雞鴨山羊兼椎牛以食亦務蠶織室宇壯麗
飾以金碧中國賈人至者待以賓館食豐潔地不產
茶其酒出於椰子及蝦蝚丹樹之中或以檳榔挑榔
釀成亦甚香美不設刑禁雜犯罪者隨輕重出黃金
以贖惟寇盜者殺之王出入乘象或腰輿壯者五七
百輩執兵以從國大見王皆坐俟其過乃起以王子
三人爲副王官有落信連四人共治國事如中國宰

相無月俸隨時量給土產諸物次有文吏三百餘員
目爲秀才掌文簿總計貨財又有卑官殆千員分主
城池帑廩及軍卒其領兵者每半歲給金十兩勝兵
三萬每半歲一給金有差土俗婚嫁無媒妁但納黃
金於女家以娶之土人被髮疾病不服藥但禱神求
佛其俗有名而無姓宋元嘉時始朝中國其後遂絕
至宋淳化三年其王穆羅茶乃遣使朝貢使至帝令
有司優待之久使還賜幣甚厚仍賜良馬戎具大觀

三年復入貢詔禮之如交阯建炎三年詔加其國王
官封明洪武十一年其王曰摩那駝喃遣使入貢○
爪哇近占城漢宣帝元康元年乃其建國之始也其
國有東西二王後東王戰敗國滅西王得併爲一明
時朝貢前後數十次其國地廣人稠性兇悍男子無
少長皆佩刀稍忤則相賊故其甲兵爲諸番之最氣
候常似夏稻歲二稔無几榻匕箸人有三種華人流
寓者服食鮮華他國之賈人居久者亦尚雅潔其本

國人最汚穢好啖蛇蟻虫蚓與犬同寢食狀黝黑猱
頭赤脚崇信鬼道殺人者避之三日即免罪父母死
舁至野縱犬食之不盡則大戚燔其餘妻妾多燔以
殉或曰爪哇即闍婆然元史爪哇傳不言明太祖時
又兩國同時入貢其王之名不同或本爲二國後爲
爪哇所滅然不可攷○婆登在林邑南海行二月東
與訶陵西與迷黎車接北鄰大海風俗與訶陵同種
稻每月一熟有文字書於貝多葉人死口實以金又

以金釧貫於四肢然後加以檀沉龍腦等香積薪以
燔之唐貞觀末遣使朝貢○訶陵在南海中東距婆
利西接婆登南瀕海北眞臘以木爲城國最富造大
屋重閣象牙爲牀柳花爲酒有穴自湧鹽其人貌極
美而有毒中國人與同宿即生瘡與女人交合則必
死旋液着草木即枯人死屍不腐王居闍婆城其祖
吉延遷東遷於婆露伽斯城旁小國二十八莫不臣
服其官有三十三大夫而大坐敢兄爲最貴山上有

郎卑野州王嘗登以望海唐貞觀中遣使入貢太宗
以璽詔優答至上元間國人推女子爲王號悉莫威
令整肅道不舉遺大歷中訶陵使者三至訖太和初
仍朝貢咸通中獻女樂○墮和羅自廣州行五月乃
至國多美犀西有二屬國無蠶桑有稻麥麻豆畜有
白象牛羊豬喜樓居親喪在室不食燔屍已則剔髮
浴於池然後食唐貞觀時並遣使者再入朝○蘇吉
丹爪哇屬國國在山中止數聚落酋居吉力石其水

濁舟不可泊其地平衍與國有思魯瓦及豬蠻豬蠻
多盜華人鮮至○碟里近爪哇其地尚釋教俗淳少
訟物產甚薄○日羅夏治近爪哇國小知種藝無盜
賊亦尚釋教所産止蘇木胡椒○丁機宜爪哇屬國
也幅員甚狹僅千餘家與柔佛接壤時被其害後以
厚幣求婚稍得休息其國以木爲城酋所居旁列鐘
鼓樓出入乘象以十月爲歲首性好潔酒禁甚嚴婚
者男往女家持其門戶故生女勝男喪則火葬華人

往商交易甚平○蘇祿地近浡泥闍婆其國有東西二王明永樂中並率其家屬頭目凡三百四十餘人浮海朝貢禮之有加尋並封爲國王賜印誥東王歸次德州卒於館命有司營葬勒碑墓道諡恭定其後東西二王各遣使朝貢萬歷時佛郎機屢攻之城據山險迄不能下其國於古無所考地瘠無粟麥民率食魚蝦織竹爲席氣候常熱有珠池夜望之光浮水面土人以珠與華人市大者利數十倍旁近有高藥

國出玳瑁○婆羅又名文萊東洋盡處西洋所自起也唐時高宗朝入貢其地負山面海王之邸旁有中國碑王有金印一係明永樂朝所賜民間嫁娶必請此印印背上以爲榮○蘇門答剌在滿剌加之西明永樂初入貢詔封其酋宰奴里阿必丁爲蘇門答剌國王賜印誥遂比年一貢終成祖世不絕中官鄭和凡三使其國成化二十二年入貢後不復至萬歷間國兩易姓其時爲王者人奴也易國名曰啞齊其國

地跨赤道之中土產金向稱金島俗頗諂出言柔媚惟王好殺歲殺十餘人取其血浴身謂可除疾貨舶至貿易稱平地木瘠無麥有禾四方商賈輻輳其氣候朝如夏暮如秋夏有瘴氣婦人裸體惟腰圍一布○須文達那明洪武十六年入貢或言即蘇門答剌洪武時所更然其貢物與王之名皆不同無可攷○南渤利在蘇門答剌之西順風三日夜可至王及臣民皆回回人僅千餘家俗樸實地少穀人多食魚蝦

西北海中有山甚高大曰帽山其西復大海名那沒黎洋西來洋船俱望此山爲準近山淺水內生珊瑚樹高者三尺許明成祖世比年入貢○干陁利在南海洲上其俗與林邑扶南略同出班布吉貝檳榔特精好爲諸國之極劉宋孝武世王釋婆羅那隣陁遣長史竺留弛獻金銀寶器梁天監元年其王瞿曇修跋陀羅遣使奉表獻玉盤等物後跋陀死子毗針邪跋摩立十七年遣長史毗員跋摩奉表獻金芙蓉雜

音察等普通元年復獻方物其後無聞○宋名三佛齊亦修貢不絶明洪武初其王馬哈剌扎八剌卜遣使貢黑熊火雞孔雀五色鸚鵡諸物至洪武末爲爪哇所破據其國改其名曰舊港三佛齊遂亡國中大亂爪哇亦不能盡有其地華人流寓者往往起而據之其國俗富好淫習於水戰及水多上少惟將領得陸居民率架筏水中建梁柱而居○滿剌加在占城南即唐哥羅富沙明永樂初中官尹慶往其地宣示

威德及招徠之意其酋拜里迷蘇剌遣使隨慶入朝貢帝嘉之封其酋爲滿剌加國王賜印誥九年其王率妻子陪臣五百四十餘人來朝及歸朝廷厚賜之十年夏其姪入謝嗣後或連歲或間歲入貢以爲常正德末佛郎機强舉兵侵奪其地至嘉靖初竟爲所滅改爲麻六甲云其國有山出泉流爲溪土人淘沙取錫煎成塊曰斗錫田瘠少收民皆淘沙捕魚爲業氣候朝熱暮寒男女椎結身體黝黑間有白者唐人

種也俗淳厚市道頗平自爲佛郎機所破其風頓殊商船稀至○阿魯近滿剌加風俗氣候大類蘇門答剌田瘠少收藝芭蕉椰子爲食男女皆裸體以布圍腰明永樂時入貢宣德五年鄭和使諸番亦有賜其後貢使不至○佛郎機近滿剌加正德中據滿剌加地逐其王十三年遣使臣加必丹末等貢方物請封始知其名詔給方物之直遣還其人久留不去剽劫行旅至掠小兒爲食其後越境互市商於福建往來

不絶其市香山澳壕鏡者至築室建城雄列海畔若一國然久之其來益衆諸國人畏而避之萬歷中破滅呂宋盡擅閩粤海上之利勢益熾至三十四年又於隔水青州建寺高六七丈閎敞奇閟非中國所有天啟元年遣官毀其所築青州城番亦不敢拒其人長身高鼻鷹嘴貓睛拳髮赤鬚好經商恃强陵轢諸國無所不往所產多犀象珠貝衣服華潔貴者冠賤者笠見尊長輒去之初奉佛教後奉天主教市易但

伸指示數雖累千金不立約契有事指天爲誓不相負自滅滿剌加呂宋巴西三國海外諸番無敢與抗者○和蘭又名紅毛番近佛郎機其人深目長鼻髮眉鬚皆赤足長尺二寸頎偉倍常舟長三十丈廣六丈厚二尺餘樹五桅後爲三層樓旁設小窗置銅礮桅下置二丈巨鐵礮發之可洞裂石城震數十里世所稱紅夷礮即其製也然以舟大難轉或遇淺沙即不能動而其人又不善戰故往往挫衄其所役使名爲鬼人水不沉走海面若平地其桅後置照海鏡大徑數尺能照數百里其人悉奉天主教國土富饒遇中國貨物當意者不惜厚貲故華人樂與爲市○那孤兒又名花面國在蘇門答剌之西明永樂中鄭和使其國其酋長常入貢方物男子皆以墨刺面爲花獸之狀男女止單布圍腰猱頭裸身不自以爲羞也然俗淳田多稻禾黍自耕而食無寇盜亦稱樂土

四夷風土記卷二

○占城居南海中自瓊州航海順風一晝夜可至即周越裳地秦爲林邑漢爲象林縣漢末區連據其地始稱林邑王子孫相承其後王無嗣外孫范熊代立熊死子逸立至晉武帝太康中遣使貢獻成帝咸康三年逸死奴文篡位乃攻旁國並有衆四五萬穆帝永和初文率其衆陷日南遂據其地又襲九真害士庶十八九文死子佛立猶屯日南九真太守灌邃率兵討佛走之遂追至林邑佛乃請降至佛曾孫文敵爲扶南王子當根純所殺大臣范諸農平其亂而立爲王死子陽邁立死子咄立復名曰陽邁時劉宋文帝元嘉之年也陽邁雖入貢於宋而侵暴日南九德諸郡縣不止宋遣交州刺史檀和之討之和之進圍區粟城遣宗慤爲前鋒擊林邑別將破之和之等乃乘勝入象浦林邑王陽邁傾國來戰以具裝被象前後無際宗慤曰吾聞外國有獅子威服百獸乃製形

與象相拒象果驚走和之遂克林邑獲寳不可勝計又銷其金人得黃金數十萬斤其後累代歷宗齊梁陳皆遣使朝貢隋文帝時遣大將軍劉方步騎萬餘人擊之其王梵志棄城而走方入其都獲其廟主十八枚皆鑄金爲之蓋其有國十八葉矣方既平其國班師故地遂空梵志收合遺人别建國邑唐貞觀時其王頭黎獻馴象火珠其言不恭羣臣請問罪帝不聽後頭黎死子鎮龍立十九年摩訶慢多伽獨弑鎮

龍滅其宗范姓絶國人立頭黎壻婆羅門爲王大臣共廢之更立頭黎女爲王諸葛地者頭黎之姑子父得罪奔眞臘女主不能定國大臣共迎諸葛地爲王妻以女永徽至天寳三入獻會獻火珠大如雞卵狀如水晶日正午以艾藉珠輒火出云得之羅刹國至德後更號曰環元和初不朝獻安南都護張丹執其僞驩愛州都督斬三萬級虜其王子五十九人其後王居占城迄周宋遂以占城爲號周顯德中其王曰

釋利因德漫遣使貢方物有雲龍形通天犀菩薩石又有薔薇水灑衣經歲香不歇猛火油得水愈熾皆貯以琉璃瓶宋建隆二年其王釋利因陀盤遣使入貢自是頻入貢訖紹興末凡三十有八但其國自淳化以來數爲交州所侵掠朝廷降詔賜黎桓令各守境毋侵鄰國然卒不能禁也後又與眞臘搆兵乾道七年閩人有泛海官吉陽軍者飄至占城見其國與眞臘乘象以戰無大勝負乃說王以騎戰教之弓弩

騎射其王大悅具舟送之吉陽厚賫隨以買馬得數十疋以戰則克次年復來人徒甚盛瓊州不受怒歸肆行刧掠淳熙四年五月以舟師襲眞臘請和不許殺之遂爲大讐寧慶元己未眞臘大舉入占城俘其王戮其臣僕勦殺幾無噍類更立眞臘人爲王自是與中國絶歷百餘年元世祖時遣使諭其來朝不至世祖惡其阻命乃大舉兵擊之然亦不能定也至明太祖興遣官詔諭其國其王阿答阿者先已遣使奉

表來朝貢象及方物帝喜即遣官齎璽書大統歷文
綺紗羅偕其使者往賜未幾又命路景賢甘桓齎詔
封阿答阿爲占城國王自後或比歲一貢或間歲或
一歲再貢六年冬遣使獻安南之捷十年又與安南
王陳煓大戰煓敗死自是與安南搆怨數世不解而
其時阿答阿多失道大臣閣勝懷不軌謀二十三年
弒王自立明年遣太師奉表來貢帝惡其悖逆卻之
成祖即位其王曰占巴的賴奉表朝貢且告安南侵

掠請降敕戒諭帝可之四年貢白象方物復告安南
之難帝大發兵往討占城亦助兵劾戰遂取安南所
侵地正統六年占巴的賴卒訃王之立也以洪武之
末至是乃卒蓋巳歷四十餘年矣其孫摩訶賁該嗣
位十二年王與安南戰大敗被執故王占巴的賴姪
摩訶貴來遣使奏請欲王其國朝廷因遣官封爲王
景泰三年王卒訃聞命給事中潘本愚行人邊永封
其弟摩訶貴由爲王越八年而卒王弟槃羅茶全嗣

旋入貢訴安南見侵求索白象成化五年又入貢時
安南索占城犀象寶貨令以事天朝之禮事之占城
不從大舉[illegible]往伐七年破其國執其王並家屬五十
餘人劫符印大肆焚掠遂據其地王弟槃羅茶悅逃
山中遣使告難八年以槃羅茶悅請封朝廷遣陳峻
李珊持節往峻等至新州港守者拒之始知其國巳
爲安南所據改爲交南州乃不敢入安南既破占城
復遣兵執槃羅茶悅立前王孫齋亞麻弗菴爲王以

國南邊地予之不久遂卒其弟古來遣使乞封而安
南乃先降僞敕立其國人提婆苦爲王十七年古來
遣使朝貢言臣兄權國未幾遽爾隕歿臣當嗣立不
敢自專仰望天朝之册印臣國所有土地本二十七
處四府一州二十二縣東至海南至占臘西至黎人
山北至阿本喇補凡三千五百餘里乞特諭交人盡
還本國時安南貢使方歸即賜敕詰責黎灝令速還
地毋抗朝命而古來所遣使臣時在館召問之云古

來賓王弟其王病死非弒提婆若不知何人帝乃命
給事中李孟暘行人葉應冊封古來爲國王孟暘等
議宜令來使傳諭古來詣廣東受封從之古來乃自
老撾挈家赴崖州孟暘竣封事而還朝廷旋命南京
右都御史屠滽往至廣東傳檄安南示以禍福募從
卒二千人駕海舟二十護古來還國安南以滽大臣
奉特遣不敢抗古來乃得入明年弘治改元遣使入
貢然其國自殘破後民物蕭條貢使自是漸稀十八

年古來卒子沙古卜洛嗣至嘉靖二十二年遣王叔
沙不登古魯來貢訴數爲安南侵擾道阻難歸乞遣
官護送還國報可其後貢使不常至其國無霜雪四
時皆似夏草木常青民以漁爲業無二麥力穡者少
故收穫薄國人皆食檳榔終日不離口不解朔望以
月生爲初月晦爲盡不置閏分晝夜爲十更非日中
不起非夜分不臥見月則飲酒歌舞爲樂無紙筆用
羊皮槌薄熏黑削細竹蘸白灰爲字狀若蚯蚓有城

郭甲兵人性狠而狡貿易多不平戶皆北向民居羔
覆茅檐高不得過三尺部領分差等門高卑亦有限
飲食穢汚魚非腐爛不食釀不生蛆不爲美人體黑
男蓬頭女椎結俱跣足王瑣里人崇釋教歲時取生
人膽入酒中與家人同飲且以浴身曰通身是膽又
以洗象目國中有鱷魚潭疑獄不決者令兩造騎牛
過其旁曲者魚輒躍而食之直者即數往返不食也
○眞臘在占城西南本扶南之屬國也順風三晝夜

可至先是其王姓刹氏名質多斯那自其祖漸已強
盛至質多斯那遂兼扶南而有之死子伊那先代立
居伊奢那城郭下二萬餘家城中有一大堂是其王
聽政所總三十餘城各有部帥官名與林邑同其王
三日一聽朝坐五香七寶牀上施寶帳以文木爲竿
象牙金鈿爲壁狀若小屋懸金光耀前有金香鼎階
庭門閣侍衛有千餘人被甲持仗其國與參半朱江
二國和親數與林邑陀桓二國戰爭隋大業十二年

遣使貢獻帝禮之甚厚唐武德至聖歷凡四來朝神龍後分爲二半北多山阜號陸眞臘半南際海饒陂澤號水眞臘半水眞臘地八百里王居婆羅提拔城陸眞臘地七百里王號笡屈開元天寶時王子率其屬二十六人來朝拜果毅都尉大歷中副王婆彌及妻來朝獻馴象十一擢婆彌殿中監賜名賓漢元和末水眞臘亦入貢宋時貢獻之使亦不絶其國舊與占城鄰好歲貢金若干兩淳熙四年五月望日占城

王以舟師襲其國都誓必報怨慶元己未大舉兵入占城破之更立眞臘人爲主占城今亦爲眞臘屬國矣因改國名曰占臘元時仍稱眞臘明洪武三年至永樂十七年朝使凡七至其國而其王遣使入貢亦十有九宣德景泰時亦嘗入貢自後不常至萬歷後改爲柬埔寨云先是其俗非王正妻子不得爲嗣王初立日所有兄弟並刑殘之或去一指或劓其鼻別處供給不得仕進人形小而色黑婦人亦有白者悉

拳髮垂耳性氣捷勁居處器物頗類赤土娶妻者唯送女人女擇日遣媒人送婦男女二家各八日不出晝夜燃燈不息男婚禮畢即與其父母分財別居父母死小兒未婚者以餘財與之若婚畢財物入官人死置於野任鳥鳶飛食盡者謂爲福報或則焚屍收灰以金銀瓶送大水之內貧者用瓦而以五采色畫之其國地氣熱無霜雪饒稻少黍粟果菜與日南九眞相類海有魚名建同四足無鱗鼻如象吸水上

噴高五六丈有浮胡魚形似鮰嘴如鸚鵡有八足多大魚半身出望之如山每五六月浮遊水上即以白豬白羊於城西門外祠之不然五穀不登畜多死人疾病其人尤敬信鬼神多奉佛法信道士佛及道士並立像於其館僧皆食魚肉或以供佛惟不飲酒今其國之城隍周七十里幅員廣數千里國中有金塔金橋殿宇三十餘所王歲時一會羅列王猿孔雀白象犀牛於前名曰百塔洲盛食以金盤金椀故有富

貴眞臘之諺云○黎伐在那孤兒之西南大山北大海西接南渤利居民三千家推一人爲主隷蘇門答剌聲音風俗多與之同明永樂中嘗隨其使臣入貢○彭亨在暹羅之西明洪武永樂間頻遣使入貢其國土沃多山繁草宜穀上下親狎無寇賊然惑於鬼神刻香木爲像殺人祭賽以禳災祈福至萬歷時爲柔佛國副王所攻破大肆焚掠當是時國中鬼哭三日人民半死蓋已先爲之兆云○柔佛近彭亨明萬

歷間其酋好構兵鄰國丁機宜彭亨屢被其害國中列木爲城環以池無事通商於外有事則召募爲兵稱强國焉地不產穀常易米於鄰壤男子薙髮徒跣佩刀女子蓄髮椎結節序以四月爲歲首居喪婦人薙髮男子則重薙死者皆火葬○覽邦在西南海中明洪武以來至宣德中嘗附鄰國朝貢其地多沙礫麻麥之外無他種商賈鮮至山坦迤無峯巒水亦淺濁俗好佛勤賽祀交易用錢○淡巴亦在西南海中

明洪武初入貢其國石城瓦屋王乘輿官跨馬有中國威儀土衍水清草木暢茂蓄產甚多男女耕織市有貿易野無寇盜稱樂土焉○百花近西南海中明洪武初貢白鹿紅猴玳瑁諸物國中氣候恒燠無霜雪多奇花異卉故名百花民富饒尚釋教○南巫里在西南海中○加異勒西洋小國也○甘巴里亦西洋小國其鄰境有阿撥把丹小阿蘭二國急蘭丹沙里灣泥千里達古里班卒剌泥外更有數國曰夏剌

比曰奇剌比曰窟察泥曰捨剌齊曰彭加那曰八可意曰烏沙剌踢曰坎巴曰阿哇曰打回是皆於明永樂中而入貢者也但其國之風土物產不克稽豈當日吏臣以其國之微小而不足記歟抑或貢使入朝之日未及詳問歟○浡泥在西南大海中去闍婆四十五日程其國以板爲城城中居者萬餘人所統有十四州其地無麥有麻稻婚聘之資先以椰子酒檳榔次之指環又次之然後以吉貝布或量出金銀成

其禮喪葬亦有棺斂以竹爲轝載棄山中以十二月
七日爲歲節地熱多風雨國人宴會鳴鼓吹笛擊鼓
歌舞爲樂無器皿以竹編貝多葉爲器盛食訖棄
之其國鄰底門國有藥樹取其根煎爲膏服之及塗
其體兵刃所傷皆不死前代未嘗朝貢宋太平興國
二年其王向打始遣使朝貢詔館其使於禮賓院優
賜以遣之元豐五年其王錫里麻喏復遣使貢方物
後遂無聞明洪武初入貢永樂六年其王麻那惹加

那乃妃及弟妹子女陪臣泛海來朝十月卒於館詔
有司具棺槨明器葬之安德門外石子岡樹碑神道
又建祠墓側有司春秋祀以少牢謚曰恭順賜敕慰
其子遐旺命襲封國王十年九月遐旺偕其母來朝
至萬歷中其王某卒無子族人爭立國中殺戮幾盡
乃立其女爲王國統十四洲在舊港之西自占城四
十日可至初屬爪哇後屬暹羅改名大泥○扶南在
林邑西南三千餘里國俗裸身被髮形皆醜黑不知

禮義氣候物俗大較與林邑同貢賦以金銀珠香亦
有書記文字類胡又好雕文刻鏤食器多以銀爲之
人居喪則剔除鬚髮國王居重閣出則乘象國人亦
爲閣居爲船八九丈廣止六七尺頭尾似魚其先有
女人爲主號柳葉年少壯健有似男子其南有激國
人名混潰來伐柳葉降之遂以爲妻惡其裸露形體
乃穿疊布貫其首理其國子孫相傳至王混盤況死
國人立其大將范師蔓爲王蔓勇健有權略以兵威

伐旁國咸服屬之自號扶南大王開地五六千里蔓
死國亂大將范尋自立爲王是吳晉時也西晉太康
大始中皆遣使朝貢東晉時有竺旃檀稱王亦遣使
其後王姓憍陳如天竺婆羅門也有神語曰應王扶
南憍陳如南至盤盤扶南人聞之迎而立焉復改制
度用天竺法宋齊梁並獻方物隋時其國王姓古龍
遣使貢獻唐武德後頻來貢貞觀中又獻白頭國二
人於洛陽其國在扶南之西在參半之西南男女生

皆素首身又凝白居山洞之中四面巖險故人莫至與參半國相接○頓遜梁時聞焉地方千里王並羈屬扶南北去扶南可三千餘里其東界通交州其西界接天竺安息徼外諸國賈人多至其國市焉其市東西交會日有萬餘人珍寶貨物無種不有又有酒樹似安石榴採其花汁停酒甕中數日成酒出蕃香揷枝便生葉其俗多鳥葬人將死親賓歌舞於郭外有鳥如鵝曰鸕鶿而紅色飛來萬許家人避之鳥食

肉盡乃去燒其骨沉海中鳥若迴翔不食乃自悲復以爲已有穢乃更就火葬其後有邏羅國亦與同○毗騫梁時通焉在頓遜之外大海洲中去扶南八千里傳其王身長丈二尺頭長三尺自古來不死莫知其年其王神聖知將來事南方號曰長頭王國俗有居室衣服噉粳米其人言語小異扶南國不受估客有往者則殺而噉之是以商旅不敢至王常樓居不血食不事鬼神其子孫生死如常人惟王不死亦能

作天竺書書可三千言說其宿命所由與佛經相似並論善事○狼牙修在南海中其北去廣州二萬四千里其俗男女皆袒而被髮以吉貝爲汗漫其王及貴臣乃加雲霞布覆身以金繩爲絡帶金鐶貫耳女子則布以瓔珞繞身其國累塼爲城重門樓閣王出乘象兵衛甚嚴國人說立國以來四百餘年後嗣衰弱王族有賢者國人歸向之王聞乃加囚之其鎖無故自斷王以爲神不敢害乃逐出境遂奔天竺天竺

妻以女俄而狼牙王死大臣迎還爲王二十餘年死子婆加達多立梁天監十四年遣使阿撒多奉表入貢以後遂無聞○錫蘭山或云即古狼牙修梁時曾通中國自蘇門答剌順風十二晝夜可達其國地廣人稠貨物多聚東南海中有山三四座大小七門門皆可通舟一山尤高大其人皆巢居穴處赤身髡髮相傳釋迦佛昔經此山浴於水或竊其袈裟佛誓云後有穿衣者必爛其皮肉自是寸布掛身輒發瘡毒

故男子皆裸體但紉木葉蔽其前後或圍以布故又名裸形國地不生穀惟啖魚鰕及山芋波羅密芭蕉實之屬此山西行七日見鸚哥嘴山又二三日抵佛堂山即入錫蘭國境海邊山石上有一足跡長三尺許故老云佛從翠藍嶼來踐此故足跡尚存中有淺水四時不乾人皆手蘸拭目洗面曰佛水清淨山下僧寺有釋迦眞身側臥牀上旁有佛牙及舍利其寢座皆以沉香爲之飾以諸色寶石王所居側有大山高出雲漢其巔有巨人足跡深二尺長八尺餘云是盤古遺跡此說乃附會或一時傳聞之誤豈有足長八尺之理與此山產諸色寶石每大雨衝流山下土人競拾之旁有浮沙珠蚌聚其內光彩爛然王使人撈取置之地蚌爛而取其珠王瑣里人崇釋教重牛有殺牛者罪至死氣候常熱米粟豐足民富饒然不喜啖飯欲啖則於暗處不令人見徧體皆毫毛悉薙去惟髮不薙明永樂中鄭和奉使至其地其王亞烈

苦奈兒欲害和和覺去之他國王又不睦鄰境屢遮刼往來使臣諸番皆苦之及和歸復經其地乃誘和至國中發兵五萬刼和塞歸路和乃率步卒二千由間道乘虛攻拔其城生擒亞烈苦奈兒及妻子頭目獻俘於朝廷臣請行戮帝憫其無知並妻子皆釋且給以衣食命擇其族之賢者立之有邪巴乃那者諸俘因咸稱其賢乃遣使賫印誥封爲王其舊王亦遣歸新王自是屢入貢相傳至天順三年入貢後遂不復至　本朝嘉慶元年大西洋英國盡其有地○婆利在廣州東南海中洲上去廣州二月行國界東西五十日行南北二十日行有一百三十六聚落土氣熱如中國之盛夏穀一歲再熟草木常榮王出以象駕輿輿以雜香爲之上施羽蓋珠簾其導從吹螺擊鼓自古未通中國梁天監十六年遣使奉表獻金席隋書通三年其王頻伽復遣使珠智入貢隋大業唐貞觀中俱遣使朝貢其時王姓刹利邪伽名護路那

婆其國有舍利烏通人言其人黑身朱髮而拳鷹爪獸牙穿耳傭璫以吉貝一幅纏於腰自掩其面以夜爲市國之東即羅利也與婆利同俗○槃槃梁時通焉在南海大洲中北與林邑隔小海自交州船行四十日至其國其王曰楊粟翼粟翼父曰楊德武連以上無得而記百姓多緣水而居國無城皆豎木爲柵王坐金龍牀每坐諸大人皆兩手交抱肩而跽又其國多有婆羅門自天竺來就王乞財物王甚重之有

僧尼寺十所僧尼讀佛經皆食肉而不飲酒亦有道士寺一所道士不食酒肉讀阿修羅王經其國不甚重之俗呼僧爲比丘呼道士爲貪宋元嘉孝建大明中並遣使貢獻梁中大通元年四年其王遣使奉表累送佛牙及畫塔並獻香物十種隋大業中亦遣使朝貢○黃支漢時通焉俗略與珠崖相類自武帝以來皆獻見有明珠玉璧琉璃奇石異物大珠至圍二寸以下○哥羅漢時聞焉在槃槃東南亦曰哥羅富

沙羅國云其王姓矢利婆羅名米失鉢羅其治城累石爲之城有樓闕門有禁宮室覆之以草國有二十一州而無縣庭列儀仗有纛以孔雀羽飾焉兵器有弓箭刀矟皮甲征伐皆乘象一隊有象百頭每象百人衛之賦稅人出銀一銖國無蠶絲麻紵唯出吉貝布畜有牛少馬嫁娶初問婚惟以檳榔爲禮多者至二百盤成婚時則以黃金爲財多者至二百兩婦人嫁訖則從夫姓音樂有琵琶橫笛銅鈸鐵鼓簧吹蠡

擊鼓死亡則焚屍盛以金甖沉之大海○阿羅陁本西南夷也外有阿羅單婆皇婆達俱於宋元嘉時入貢○邊斗都昆拘利比嵩四國並隋時聞焉扶南度金隣大灣南行三千里有此四國其農作與金隣同其人多白色都昆出藿香及流黃其藿香樹生千歲根本甚大伐之四五年木皆朽敗唯中節堅固芬香獨存取以爲香○杜薄隋時聞焉在扶南東漲海中其國人貌白皙皆有衣服國有稻田女子作白疊華

布出金銀鐵以金爲錢出雞舌香以外十餘國城皆稱王○薄利隋時聞焉在拘利南海灣中其人色黑而齒白眼正赤男女並無衣服○敦焚洲在南海中風土不傳○火山隋時聞焉去諸薄東五千餘里國中山皆有火雖雨不息火中有白鼠扶南土俗傳云火洲在馬五洲之東可千餘里春月霖雨雨止則火然洲上木得雨則皮黑得火則皮白諸左右洲人以春月取其木皮績以爲布布若小垢投之火中便絜

又有加營國北諸薄國西山周三百里從四月火生正月火滅火然則草木葉落如中國寒時人以三月入山取木皮績爲火浣布○無論隋時聞焉在扶南西二千餘里其國大道左右夾種杷枇樹及諸華果行其下常有玄陰十里一亭亭皆有井食麥飯飲蒲萄酒如膠若飲即以水和之味甚甘美○羅刹在婆利之東其人極陋朱髮黑身獸牙鷹爪時與林邑人作市輒以夜晝日則掩其面隋煬帝大業三年遣使

常駿等往赤土至羅刹○投和隋時聞焉在南海大洲中眞臘之南自廣州西南水行百日至其國王姓投和羅名脯邪乞遥理數城覆瓦以居屋壁皆以彩畫之城內皆王宮室城外人居可萬餘家王宿衛之士百餘人唐貞觀中遣使奉表以金函盛之又獻金榼金鎖寶帶犀象海物等數十品以後無聞○烏篤在中天竺南地方五千餘里百姓殷富人性懊弱頗詭詐尤工禁術篤信佛法文字禮儀略同天竺自古

不通中國唐貞觀中遣使獻龍腦香○多蔑其人短小兄弟共娶一妻唐貞觀中通焉在南邊國界周廻可一月行南阻大海西俱遊國北波刺國東眞陀桓國戸口極多置三十州不役屬他國有州郭宮殿樓櫓並用瓦木以十月爲歲其物產有金銀銅鐵象牙犀角百姓二十而税一五穀菜蔬與中國不殊○多摩長比與訶陵等國接其國界東西可一月行南北可二十五日行其王之先龍子也名骨利骨利得大

鳥卵剖之得一女子容色殊妙郎以爲妻其王尸羅
勿傋伊說郎其後也唐顯慶中遣使貢獻其俗無姓
王居以柵爲城以板爲屋衣服與林邑同勝兵一萬
餘人無馬有弓刀甲矟婚姻無同姓之别其食器有
銅鐵金銀所食尚蘇乳酪沙糖石蜜死亡無喪服之
製以火焚其屍〇哥羅舍分在南海之南接墮和羅
國勝兵二萬人其王蒲越加摩唐顯慶五年遣使入
貢〇州眉流東至占臘五十程西至西天竺三十五

程其俗以板爲屋跣足衣布無紳帶以白紵纏其首
貿易以金銀其王所居廣袤五里無城郭出則乘象
車亦如小駟地出犀象四時炎熱無霜雪宋咸平四
年國王多須機始遣使入貢木香蘇木胡黄連花布
象牙等物詔見崇德殿賜以冠帶服物又賜其王詔
書以敦奬之〇蒲甘宋崇寧五年入貢〇南毗在西
南自三佛齊便風百餘日可到王出先差官及兵卒
百餘人持水洒地以防颷風播揚精飲食鼎以百計

日一易之其國最遠番舶罕到〇層檀在南海傍城
距海二千里宋熙寧七年始入貢海道便風行百六
十日經勿巡古林三佛齊國乃至廣州其王名亞美
羅亞眉蘭傳國五百年已十世其人語音如大食王
出入乘象馬畜有胡羊山羊沙牛水牛交易用錢官
自鑄三分其齊金銅相半銀居一分禁民私鑄元豐
六年來貢朝廷念其絶遠厚賜之〇緬甸古朱波地
東北至雲南省三十八程宋寶祐時入貢始通中國

有城郭廬舍多樓居元至元中屢討之乃入貢明洪
武末置緬中宣慰使司以土酋卜剌浪爲使永樂初
又詔設緬甸宣慰使司以那羅塔爲之賜冠服印章
於是緬有二宣慰使皆入貢不絶其後至萬曆中緬
酋莽瑞體恃其兵力屢爲邊患朝議命劉綎鄧子龍
各提兵征討大破之再後暹羅亦連年興師攻緬緬
勢頗衰自此不敢内犯〇八百大甸世傳土酋有妻
八百各領一寨因名八百媳婦東北去雲南省三十

八程元初征之以道路不通而還後又遣使招附元統初置八百等處宣慰司明洪武中入貢遂設宣慰司自是頻入貢嘉靖間爲緬所并其酋避居景線名小八百自是朝貢遂不至〇赤土本扶南之别種也在南海中水行百餘日而達所都土色多赤因以爲號東婆羅刺國西婆羅娑國南訶羅旦國北距大海地方數千里其王姓瞿曇氏名利富多塞不知有國遠近稱其父釋王位出家爲道傳位於利富多塞在

位十六年矣有三妻並鄰國女也居僧祇城有門三重相去各百步許每門圖畫菩薩飛仙之象王宫諸屋悉是重閣其俗皆穿耳翦髮無跪拜之禮以香油塗身每婚姻擇吉日女家先期五日作樂飲酒父執女手以授壻七日乃配既娶即分居唯幼子與父居父母兄弟死則剔髮素服就水上構竹木爲棚棚内積薪以屍置上燒香建幡吹蠡擊鼓以送火焚薪遂落於水貴賤皆同唯國王燒訖收灰貯以金瓶藏於

廟屋冬夏常濕雨多晴少種植無時特宜稻穄白豆黑麻自餘物産多同交阯以甘蔗爲酒雜以紫瓜根酒色黄赤味亦香美隋大業三年屯田主事常駿虞部主事王君政等奉使至其國王具儀衛導從禮遣甚厚隨遣那邪迦貢方物駿以明年春與那邪迦於弘農謁帝帝大悦那邪迦等官賞各有差其後不知何時遂分爲羅斛暹二國暹土瘠不宜稼羅斛地平衍種多穫暹仰給焉元時暹常入貢其後羅斛强併

有暹地遂稱暹羅斛國明洪武初遣使詔諭其國王參烈昭昆牙遣使奉表與朝使來貢方物明年貢黑熊白猿十年帝命禮部員外郎王恒等齎詔及印賜之文曰暹羅國王之印自是其國遵朝命始稱暹羅比年一貢或一年兩貢正統後或數年一貢終明世不絶崇禎十六年猶入貢然攷其國在隆慶時有鄰國號東蠻牛以求婚不得慚怒乃大發兵攻破其國王自經擄其世子及天朝所賜印以歸次子嗣位奉

表請印予之自是爲東蠻牛所制嗣王勵志復仇萬歷間敵兵復至王整兵奮擊大破之殺其子餘衆宵遁暹羅由是雄海上移兵攻破眞臘降其王從此歲歲用兵遂覇諸國嗣王之勇略機權於是可見其國周千里風俗勁悍習水戰但其地下濕民樓居婦人多智夫聽於妻妻與中國人私不爲怪曰我婦美而爲華人所悅也祟信釋教男女多爲僧尼亦居菴寺持齋受戒富貴者尤敬佛百金之產卽以其半施之

氣候不正或寒或熱男女椎結以白布裹首富貴者死用水銀灌其口而葬之貧者則移置海濱卽有羣鴉飛啄俄傾而盡家人拾其骨號泣而棄之於海謂之鳥葬與前稍異事後亦延僧設齋禮佛其國有三寶廟祀明中官鄭和○麻葉甕在西南海中自占城靈山放舟順風十二晝夜至交欄山其西南卽麻葉甕山峻地平田膏腴煮海爲鹽釀蔗爲酒男女椎結衣長衫圍之以布俗尚節義婦喪夫剺面剃髮絕粒

七日與屍同寢多死七日不死則親戚勸以飲食終身不再嫁或於焚屍日亦舉火自焚交欄山甚高饒竹木元史弼高興伐爪哇遭風至此山下舟多壞乃登山伐木重造遂破爪哇其病卒百餘留養不歸後益蕃衍故其地多華人又有葛卜及速兒米囊二國俱不曾朝貢○賓童龍係占城屬國父母死行三年之喪以蘖盛飲食有目連舍基存焉○溜山自錫蘭山別羅里南去順風七晝夜可至自蘇門答剌過小

帽山西南行十晝夜可至明永樂中凡四入貢並與忽魯謨斯偕後竟不至其山居海中有三石門皆可通舟無城郭倚山聚居氣候常熱土薄穀少無麥土人皆捕魚暴乾以充食山下有八溜或言外更有三千溜舟或失風入其處卽沉溺又有國曰比剌曰孫剌鄭和亦嘗齎敕往賜以去中國絕遠二國貢使竟不至○白葛達明宣德元年遣其臣和者里一思入貢其使臣言遭風破舟貢物盡失國主惓惓忠敬之

忱無由上達此使臣之罪惟聖天子恩貸賜之冠帶俾得見國主知陪臣實詣闕廷庶幾免責帝許之使附鄰國貢舟還國諭之曰倉卒失風豈人力能制歸語爾主朕嘉王之誠不在物也宴賜悉如禮及辭歸仍賜路費及衣服其國土地瘠薄崇釋氏市易用鐵錢○黑葛達亦於宣德時入貢國小民貧尚佛畏刑多牛羊亦以鐵鑄錢○小葛蘭與柯枝接境東大山西大海南北地窄西洋小國也明永樂初遣使偕古

里蘇門答剌入貢王及群下皆瑣里人奉釋教重牛俗淳土薄少收仰給於榜葛剌○大葛蘭波濤湍悍舟不可泊故商人罕至土黑壤本宜穀麥民懶事耕作歲賴烏爹之米以足食風俗物產多類小葛蘭○柯枝自小葛蘭行西北順風一日夜可至宋梁隋唐皆入貢明永樂初尹慶鄭和先後使其國十年其入貢使臣請賜印誥封其國中之山帝乃再遣和封可亦里為王並撰碑文命勒石山上嗣後閒年入貢其

國與錫蘭山對峙中通古里東界大山三面距海俗頗淳人分五等屋高不得過三尺衣上不得過臍下不得過膝氣候常熱一歲中二三月時有少雨國人皆治舍儲食物以俟五六月間大雨不止街市成河七月始晴八月後不復雨歲歲皆然田瘠少收諸穀皆產獨無麥六畜亦皆有獨無鵝與驢云○木骨都束自小葛蘭舟行二十晝夜可至明永樂中三入貢鄭和亦三使其國國濱海山連地曠磽瘠少收歲常

旱或一二年不雨俗頑囂時操兵習射地不產木壘石為屋○不剌哇與木骨都束接壤明永樂間凡四貢並與木骨都束偕鄭和亦三使其國其國傍海而居地廣斥鹵少草木壘石為屋有鹽池但投樹枝於中已而取鹽即凝其上俗淳田不可耕蒜葱之外無他種專捕魚為食○竹步與木骨都束接壤明永樂中遣使入貢其地戶口不繁風俗頗淳亦無草木壘石以居歲多旱曠與木骨都束同○木蘭皮其國產

麥粒長三寸瓜圍三四尺榴一顆重五斤桃重二斤
有胡羊高三四尺尾大如扇春則剖腹取膏十數斤
再縫能復活○巴喇西在南海中去中國絕遠明正
德初遣使臣沙地白入貢舟行經六年之久始達闕
下朝廷嘉其遠來賜賚有加○天竺後漢通焉卽漢
時身毒國一曰西天去月氏東南數千里地方三萬
餘里分中東西南北五天竺國後又改爲五印度云
國各有主地各數千里昔其國人性强獷好殺周伯

陽父惡其兇殺出關化之作浮屠法至莊王九年四
月八日恒星不見星隕如雨是夜釋氏生能修伯陽
之道國人宗之稱名曰佛其次曰菩薩至漢明帝夢
見金人長大頂有光明帝因遣使往天竺問佛道法
遂於國中圖畫形像焉中國因此頗有奉其道者天
竺都臨恒河有靈鷲山山皆青石頭似鷲鳥其時皆
屬月氏月氏殺其王而置將令統其人俗修浮屠道
不殺生飲酒遂以成俗地卑濕暑熱其國臨大水乘

象而戰其人弱於月氐和帝時數遣使貢獻後西域
反畔乃絕桓帝延熹二年復從日南徼外來獻魏晉
世絕不復通唯吳時扶南王范旃遣親人蘇勿至其
國天竺王卽令觀視國內仍差陳宋等二人以月氐
馬四匹報旃勿積四年方至其時吳遣中郎康泰使
扶南及見陳宋等具問天竺土俗云佛道所興國也
人敦龐土饒沃宮殿皆雕文鏤刻街曲市里屋舍樓
觀鐘鼓音樂服飾香華水陸通流百賈交會器玩珍

瑋恣心所欲左右嘉維舍衛葉波等十六大國去天
竺或二三千里共尊奉之以爲在天地之中宋元嘉
五年遣使入貢其後梁天監初後魏宣武時亦會入
朝獻方物隋煬帝志通西域遣裴矩應接西番諸國
多有至者唯天竺不通帝以爲憾唐武德中國大亂
王尸羅逸多勒兵戰無前象不馳鞍士不釋甲因討
四天竺皆北面臣之貞觀中遣使者上書唐因詔尉
衛丞李義表報之大臣郊迎尸羅逸多率羣臣東面

受詔復獻火珠鬱金菩提樹二十二年遣王玄策使其國以蔣師仁爲副未至尸羅逸多死國復亂其臣那伏帝阿羅那順自立發兵拒玄策時從騎纔數十戰不勝皆没遂剽諸國貢物玄策挺身奔吐蕃西鄙檄召鄰國兵吐蕃以兵千人來泥婆羅以七千騎來玄策部分進戰茶鎛和羅城三日破之斬首三千級溺水死萬人阿羅那順委國走合散兵復陣師仁擒之俘斬千計餘衆奉王妻阻乾陀衛江師仁擊之大

潰獲其妃王子虜男女萬二千人雜畜二萬降城邑五百八十所東天竺國王尸鳩摩送牛馬三萬餽軍及弓刀寶纓絡迦没路國獻異物并上地圖玄策執阿羅那順獻闕下有司告宗廟後高宗及玄宗朝東天竺並西南北各天竺俱以次遣使來貢乾元末河隴陷没遂不復至周廣順三年西天竺僧薩滿多等十六族來貢名馬宋乾德三年滄州僧道圓自西域還得梵經四十夾來獻道圓以天福中詣西域在塗

十二年住五印度凡六年五印度即天竺也還經于闐與其使偕來太祖召問所歷風俗山川道里一一能記開寶後天竺僧持梵夾來獻者不絕八年冬東印度王子來朝貢天竺之法國王死太子襲位餘子皆出家爲僧不復居本國其後天竺僧至者多以梵經佛像獻而朝廷每賜以束帛袍帶○榜葛剌即東印度也地廣人稠財物豐衍氣候極熱俗淳龐有文字男女勤耕織容體皆黑間有白者王及官民皆回

回人喪祭冠婚悉用其禮男子皆薙髮裹以白布衣則頸貫下用布圍之歷不置閏刑有笞杖徒流數等官司上下亦有文移醫卜陰陽百工技藝悉如中國明永樂初至正統四年頻入貢後不復至○沼納樸兒其國在榜葛剌之西或言即中印度古所稱佛國也明永樂十年遣使詔諭其國而其王以去中國絕遠朝貢不至○西印度與莫卧爾國爲鄰一日莫卧爾以兵攻西印度其西印度王統兵五十萬馬十五

萬象二百每象負一木臺容人可二十又載銃千門
其大者四門每門駕牛二百又盛載金銀滿五十巨
甖以樂之不勝盡爲莫卧爾所獲而西印度幾不能
自保其風土物産未克詳考○注輦卽南印度東距
海五千里西至西天竺千五百里南至羅蘭二千五
百里北至屯田三千里去中國最遠自古未嘗朝貢
宋大中祥符八年其國主羅茶羅乍遣侍郎娑里三
文副使蒲甘心判官翁勿防援官亞勤加等奉表獻

眞珠衫帽各一眞珠二萬一千一百兩象牙六十株
乳香六十斤三文等又獻珠六千六百兩香藥三千
三百斤其表文曰昨遇舶船商人到本國告稱鉅
宋之有天下也二帝開基聖人繼統登封太嶽禮祀
汾陰至德升聞上穹眷命臣昌期斯遇古語幸聞輒
傾就日之誠傾露朝天之欵臣伏聞人君之御統也
無遠不臻臣子之推誠也有道則服伏惟皇帝陛下
功超邃古遂建大中衣裳垂而保合乾坤劒戟鏘而

範圍區宇神武不殺人文化成廓明明之德以臨御
丁民懷翼翼之心以昭事上帝至仁不傷於行葦大
信委及於淵魚故得天鑒孔彰帝臨有赫顯今古未
聞之事保邦家大定之基竊念臣微類醯雞賤如芻
狗世居夷落地遠華風虛荷燭幽會無執贄今者竊
聽歌頌普及遐陬限年屬於桑榆阻躬陳於玉帛矧
滄溟之曠絶在跋涉以稍艱是敢傾倒赤心遥瞻丹
闕任土作貢同螻蟻之慕羶委質事君比葵藿之向

日明年使回降詔羅茶羅乍賜物甚厚其後天禧之
間兩入貢神宗熙寧十年復遣二十七人來貢詔以
其使爲懷遠將軍保順郎將各賜衣服器幣答賜其
王錢八萬一千八百緡銀五萬二千兩按注輦國水
行至廣州約四十一萬一千四百里凡一千一百五
十日而至其去中國最遠又自古未嘗相通今讀其
表文叙述有理詞采可觀略無島夷侏離鄙俚之談
有類中華操觚文士之筆高麗交趾反所不逮美哉

亦奇矣意者當日史臣或爲之修飾以入史而失其實歟○印第亞在印度河左右國人面皆紫色其南土曉天文頗識性學亦善百工技巧無筆扎以錐畫樹葉爲書國王之統例不世及以姊妹之子爲嗣親子弟給祿自贍男子不衣衣僅以尺布掩臍下女人有以布纏首至足者其俗士農工商各守其業其地有加得山中分南北南半則山川氣候鳥獸虫魚草木之屬無不詭異自立夏至秋分無日不雨反是則

片雲不合酷暑難堪惟日有凉風解之草木異於常者五百餘種○吐蕃在吐谷渾西南不知有國之所由或云禿髮利鹿孤有子樊尼其王傉檀爲乞伏熾盤所滅樊尼挈餘衆依沮渠蒙遜其後子孫在西魏時爲臨松郡丞與主簿皆得衆心西魏末中華擾亂招撫羣羌日以强大遂改姓爲窣勃野國人號其王曰贊普貫臣曰典簿又或云始祖贊普自言天神所生號鶻提悉補野因以爲姓其國都號爲邏婆城其

國風雨雷雹每隔日有之盛夏節氣如中國暮春時山有積雪地冷瘴令人氣急不甚爲害俗養牛羊取乳酪供食兼取毛爲褐而衣焉不食驢馬肉以麥爲麨人死殺牛馬以殉取牛馬積累於墓上其墓正方累石爲之狀若平頭屋其臣與君自爲友號曰共命人其數不過五人君死之日共命人皆日夜縱酒葬日於脚下針血盡乃死便以殉葬又有親信人用刀當腦縫鋸亦有將四尺木大如指刺兩肋下死者十

有四五亦殉葬焉設官父死子代絕嗣即近親襲焉非其種類輒不相伏法令嚴肅兵器有弓刀楯矟甲冑每戰前隊皆死後隊皆進人馬俱披鏁子甲其製甚精周體皆徧唯開兩眼非勁弓利刃之所能傷也其戰必下馬列行而陣死則遞收之終不肯退無文字刻木結繩爲約徵兵用金箭寇至舉燧與其臣下一年一小盟三年一大盟以麥熟爲歲首議事則自下而起因人所利而行之此其所以能强且久也董

壯賤老毋拜於子重兵死惡病終以累代戰歿者爲甲門臨陣奔北者懸狐尾於其首表其似狐之怯其贊普弄贊雄霸西域唐初有勝兵數十萬號爲强國男女皆辮髮地多金及小馬黨項白蘭諸部及吐谷渾西域諸國咸畏懼之至與中國往來叛服及一切戰鬬則自唐而宋數百年來事極繁雜俱詳載歷朝國史茲編則未能具錄云○烏斯藏在雲南西徼外去雲南麗江府千餘里陝西西寧衛五千餘里其地

多僧無城郭羣居大土臺上不食肉娶妻無刑罰亦無兵革鮮疾病佛書甚多楞伽經至萬卷其土臺外僧有食肉娶妻者元世祖尊八思巴爲大寶法王錫玉印明洪武初遣使招諭自是番僧接踵而至頻年入貢朝廷常厚賜之其後有八王之封終明世奉貢不替○西天阿難功德國西方番國也明洪武初王卜哈魯遣使入貢詔賜文綺襌衣後不復至和林國亦同時入貢或曰和林卽元太祖故都在極北非西

番也而其時西番亦或有和林國則固莫得而攷矣○尼八剌國在諸藏之西去中國絶遠其王皆僧爲之其鄰境有地湧塔國明洪武中二國皆遣使入貢又有速覩嵩者亦西方之國也永樂初遣行人往招其酋以道遠不至○朶甘在四川徼外唐吐蕃地元置宣慰司元帥府萬戶府分統其衆明洪武初遣使招諭其後皆來朝入貢西陲宴然終明世無番寇之患○長河西魚通寧遠宣慰司在四川徼外地通烏斯

藏唐爲吐蕃地明洪武初入貢其後朝貢不絶○董卜韓胡宣慰司在四川威州之西其南與天全六番接明永樂初其酋長南葛遣使入貢迄萬歷朝不替○羌無弋爰劍者秦厲公時爲秦所拘執以爲奴隸不知爰劍何戎之種也後得亡歸而秦人追之藏於巖穴中得免與劓女遇合於野女恥其狀被髮覆面羌人因以爲俗遂俱亡入三河間諸羌共畏事之推以爲豪以射獵爲事爰劍教之田畜種人依之者益

衆羌人謂奴爲無弋以爰劍嘗爲奴隸故因名之其
後世世爲豪至爰劍曾孫忍忍季父卬畏秦之威將
其種人部落而南出析支河曲西數千里與羌絕遠
不復交通其後子孫分別各自爲種任隨所之或爲
氂牛種越巂羌是也或爲白馬種廣漢羌是也或爲
參狼種武都羌是也忍及弟舞獨留湟中忍生九子
爲九種舞生十七子爲十七種羌人興盛從此始矣
及忍子研立研豪健故羌中號其後爲研種秦始皇

兵務東向故種人得以繁息漢武帝時征伐四夷西
逐諸羌乃渡河湟築令居塞隔絕羌胡羌後與匈奴
通合兵十餘萬共攻令居圍枹罕漢遣將軍李息擊
破之羌乃去湟中依西海鹽池左右至宣帝時諸羌
寇攻金城酒泉太守辛武賢破降之朝廷從趙充國
議乃置金城屬國以處降羌從爰劍種五世至研自
後以研爲種號十三世至燒當復豪健子孫更以燒
當爲種號王莽末豪滇良内侵燒當之玄孫也及後

漢初遂寇金城隴西自燒當至滇良世居河北大允
谷後徙大小榆中由是始强至子滇吾爲漢竇固擊
破之徙七千口置三輔而滇吾諸弟迷吾等數爲寇
盜章帝時馬防等討破之迷吾等悉降防乃築索西
城自後或降或叛少有寧歲和帝時迷吾子唐復將
兵向塞金城守侯霸及諸郡卒兵破之種人瓦解迷
唐遂孤弱不滿千人遠踰賜支河首依發羌居明年
安定降羌燒當種脇諸種數百人反叛郡兵擊破之

時西海及大小榆左右無復羌寇迷唐失衆病死有
一子來降戶不滿數十滇吾曾孫麻奴初隨父降漢
居安定至安帝初乃與種人俱西出塞先零别種歸
湳豪滇零與種羌大爲寇掠征西校尉任尚與戰於
平襄尚軍大敗於是滇零自稱天子於北地招集武
都參狼上郡西河諸雜種衆遂大盛東犯趙魏南入
益州遂寇抄三輔斷隴道湟中諸縣粟石萬錢百姓
死亡不可勝數諸郡屯兵救之三輔衆羌乘勝漢兵

數挫當煎勒姐種攻沒破羌縣鐘羌又沒臨洮軍營久出無功有廢農業乃詔任尚將吏兵還屯長安罷京兆虎牙都尉於長安扶風都尉於雍以備禦之是時漢中太守鄭勤戰死羌勢轉盛而二千石令長多內郡人並無守戰意皆爭上徙郡縣以避寇難朝廷從之遂詔隴西徙襄武安定徙美陽上郡徙衙百姓戀土不樂去舊遂乃刈其禾稼發撤室屋夷營壁破積聚時連旱蝗饑荒而驅蹙劫掠流離分散隨道死

亡咸棄捐老弱或爲人僕妾喪其大半滇零死子零昌立漢將任尚從虞詡策乃遣輕騎抄擊斬首數百級漢又築馮翊北界候塢五百所自後頻破之諸羌解散三輔益州無復寇警而隴西上郡武威張掖則仍寇盜未息也順帝永建四年帝用虞詡議乃詔復三郡使郭璜督促徙者各歸舊縣繕城郭置候驛後河渠儲穀粟至永和中爲并州刺史者則來機也天性虐刻到州之日多所擾發而諸羌遂乘之反叛大

寇三輔詔令馬賢爲征西將軍發諸郡兵十萬人討之與羌人戰大敗賢及二子皆戰沒於是東西羌遂大會入寇隴西北地自永和以來十餘年間費用八十餘億士卒死者相望於野桓帝延熹二年燒當八種寇隴右以段熲爲校尉將兵擊破之會段熲坐事徵還而羌衆寇患轉盛中郎將皇甫規張奐雖累破之而寇不已復遣段熲擊之自春及秋無日不戰虜遂饑困敗散西羌於是弭定東羌先零等自覆沒馬

賢後既降又叛帝以問熲熲曰狼子野心難以恩納唯當白刃加頸耳帝許之靈帝建寧初熲與先零諸種戰斬首八千餘級熲復追之且破且追及大敗之於瓦亭山羌衆潰東奔復聚射虎谷熲進擊之斬其渠帥以下萬九千級獲畜產諸物不可勝計於是東羌悉平凡百八十戰斬三萬八千六百餘級牛馬羊驢騾駝四十二萬七千五百餘頭自爰劍後子孫支分凡百五十種其九種在賜支河首以西及在蜀漢

徼外其五十二種衰少不能自立分散爲部落或絕滅無後或引而遠去其八十九種唯鍾最強勝兵十餘萬其餘大者萬餘人小者數千人更相抄盜盛衰無常大凡順帝時勝兵可二十萬人發羌唐耗等絕遠未常往來氂牛白馬羌在蜀漢其種別名號皆不可知也中平元年北地降羌先零種及枹罕河關羣盜因黃巾大亂乃與漢中羌義從胡北宮伯玉等反寇隴右燒州郡侵逼園陵詔遣破虜將軍董卓討羌

大破之興平元年馮翊降羌反寇諸縣郭汜樊稠擊破之斬首數千級晉時有姚弋仲者南安赤亭羌人也世爲羌酋弋仲少英毅衆長而服之晉永嘉之亂東徙榆眉戎夏襁負隨之者數萬自稱護西羌校尉雍州刺史扶風公後歸劉曜曜以爲平西將軍封平襄公曜亡復事石勒勒以弋仲行安西將軍六夷左都督石氏亡乃遣使降晉詔拜持節六夷大都督車騎大將軍開府儀同三司大單于高陵郡公弋仲死

子襄嗣自稱大將軍大單于引兵圍關中兵敗爲符生所殺襄弟萇降於生符堅以爲龍驤將軍封益都侯堅敗於淮南歸長安萇叛之自稱秦王後襲堅執而弒之遂僭即皇帝位都長安國號秦傳子興孫泓凡三十三年而亡○氐者西戎之別種在冉駹東北廣漢之西其種非一或號青氐或號白氐或稱蚺氐此其中國人即其服色而名之也土地險阻有仇池方百頃四面斗絕氐人數爲邊寇郡縣討之則依固

自守各自有姓如中國之姓其衣服尚青俗能織布善田種畜羊豕牛馬驢騾婚姻備六禮知書疏多知中國語漢元封三年氐人反遣兵討破之分徙酒泉郡昭帝元鳳初氐人復叛遣田廣明率兵討破之至後漢初氐人悉附隴蜀及隗囂滅其酋豪乃背公孫降漢隴西太守馬援奏復其王侯君長賜以印綬後囂族人隗茂反攻殺武都太守氐人豪齊鍾留爲種類所敬信威服諸豪與郡丞孔奮擊茂破斬之其後

亦時寇盜郡縣不足爲大患魏武之初諸氐或戎或叛
或服乃令夏侯妙才討之因徙武都之種於秦川以
禦蜀晉時關隴屢爲氐羌所擾孟觀西討因擒氐帥
齊萬年其先有氐酋楊騰者後漢建安時人也其子
名駒勇健多計略始據仇池於上平地立宮室倉庫
其地東接秦嶺西接宕昌八百里南去漢中四百里
北至岐州三百里駒後有名千萬者魏拜爲百頃氐
王千萬孫飛龍漸强盛晉武帝假平西將軍居略陽

無子養外甥令狐茂搜爲子晉惠帝時避齊萬年之
亂率部落還保百頃自號右賢王關中人士奔流者
多依之自茂搜至姪曾孫纂皆降附於晉受官爵符
堅遣將討纂克之徙其人於關中空百頃之地其後
符堅敗於淮南關中擾亂茂搜有玄孫名定因堅被
姚萇所弑乃將家屬奔隴右徙理歷城置倉儲於百
頃招合夷夏人得千餘家進平天水略陽郡遂有秦
州之地後與乞伏乾歸戰定軍敗見殺其叔佛狗子

盛先襲位分諸四山氐羌爲二十部各爲鎮戍不置
郡縣至子難當時宋梁州刺史甄法護刑政不理難
當舉襲梁州法護委鎮奔洋州難當遂有漢中之地
時宋文帝元嘉之十年也難當自爲大秦王號年曰
建義置百官後傾國南寇規有蜀土不克乃還宋遣
將裴方明等討之方明等至漢中長驅而進取白水
仇池難當於是將妻子奔後魏難當從弟文度自立
爲武王後魏遣將皮歡嘉破殺之弟文泓自爲武都

王並孫紹先爲後魏破滅以其國爲武興鎮尋改爲
東益州後唐永爲刺史氐人反攻圍州城永奔氐遂
削平城堞因此復爲氐地西魏大統四年南岐州氐
符安壽反攻陷武都遣侯莫陳順等討破之周文帝
於武興又置東益州以紹先子辟邪爲刺史辟邪據
州反吐羅協與趙昶討平之○符洪字廣世亦略陽
氐人世爲西戎酋長始其家池中蒲生長五丈五節
如竹形時咸謂之蒲家因以爲姓父懷歸爲部落小

帥先是隴右大雨百姓謠曰雨若不止洪水必起故因名洪好施多權略驍武善騎射晉永嘉之亂宗人蒲光等推洪爲盟主劉曜僭號長安洪歸曜拜率義侯曜敗洪西保隴山又降於石虎拜冠軍將軍委以西方之事屢有戰功封西平郡公虎死洪降晉有衆十萬詔以爲征北大將軍都督河北諸軍事洪以讖文有草付應王遂改姓苻氏自稱大將軍大單于三秦王洪死子健去秦王之號稱晉官爵遣使告喪自稱晉安西大將軍雍州刺史率衆西行入潼關取長安遂僭即皇帝位國號秦傳生堅丕登五世凡四十四年而亡○葱茈羌燉煌西西域之南山從婼羌西至葱嶺數千里有月氏餘種葱茈羌白馬黃牛羌各有酋豪北與諸國接不知其道里廣狹傳聞黃牛羌種類孕身六月生南與北馬羌鄰並魏時聞焉○吐谷渾本遼東鮮卑也西晉時酋帥徒河涉歸有二子長曰吐谷渾次曰若洛廆代統部落别爲慕容氏渾

庶長廆正嫡父在時分七百戶與渾後渾與廆兄弟成隙渾乃擁馬西行西附陰山屬永嘉之亂始度隴西止於枹罕至子孫遂據有甘松之南洮水之西南極於白蘭在益州西北境內有青海周廻千餘里其孫葉延以禮云公孫之子得以王父字爲氏遂以吐谷渾爲氏自吐谷渾至葉延曾孫視羆皆有才略知古今司馬博士皆用儒生至其子阿豺自號車騎將軍河州刺史部內有黃沙周廻數百里不生草木因號沙州阿豺又并氐羌地方數千里號强國遣使南通劉宋貢方物文帝元嘉中又加朝命遣使入朝貢阿豺卒弟慕璝立遣兵擊乞伏茂蔓敗之東奔隴右慕璝據有其地後弟慕延立魏太武遣軍擊延大破之慕延率部落西奔白蘭攻破于闐國南依罽賓七年乃還舊土慕延死阿豺兄樹洛干子拾寅立始邑於伏羅川後數傳至唐龍朔三年吐蕃盡取其地吐谷渾自晉永嘉時有國至是滅凡三百五十年○宕

昌其界自仇池以西東西千里席水以南南北八百
里後魏時有梁勤者代爲酋帥得羌豪心乃自稱王
地多山阜部衆二萬餘落至其孫彌忩始遣使於後
魏太武帝拜爲宕昌王七葉孫彌秦皆受南北兩朝
封爵後見兩魏分隔永熙末種人企定乃引吐谷渾
寇金城後企定弟彌定寇石門戍周武帝太和初詔
大將軍田弘討平之以其地爲宕州○鄧至羌之别
種也後魏時有像舒理者代爲白水酋帥因號鄧至

王其地自千亭以東平武以西汶嶺以北宕昌以南
風土習俗與宕昌同自舒理至十代孫舒彭附於後
魏孝文帝封甘松縣子鄧至王宋文帝及武帝時俱
遣使南來修貢受其官爵後數代西魏恭帝初其王
壚術因亂來奔周文帝遣兵送還以後無聞鄧至之
西有赫羊國風俗粗獷魏時遣使貢獻皆假以雜號
將軍子男巨帥之名○黨項漢西羌之别種在古析
支之西魏晉以降西羌微弱周滅宕昌之後黨項始

强其地東接臨洮西平西拒葉護南北界數千里處
山各間俗尚武力無法令各爲生業有戰陣則屯聚
無徭役不相往來養犛牛羊豬以供食不知稼穡其
俗淫穢烝報於諸夷中爲甚無文字但候草木以記
歲時三年一聚會殺牛羊以祭天魏周之際數來擾
邊隋開皇間寇會州詔發隴西兵討之大破其衆人
相率降遣子弟入謝罪自是朝貢不絶唐太宗貞觀
三年其酋細封步賴舉部降以其地爲軌州即授步

賴刺史其後諸酋悉內屬以其地爲崌奉巖遠四州
即首領拜刺史其後拓跋赤辭等又舉部降以其地
爲懿嵯麟可三十二州以松州爲都督府擢赤西戎
州都督賜姓李職貢不絶於是自河首積石山而東
皆爲中國地後吐蕃浸盛拓跋畏逼請內徙始詔慶
州置靜邊等處之地其處者皆爲吐蕃役屬更號弭
藥至德末爲吐蕃所誘使爲鄉導寇邊俄悔悟來朝
乾元間中國數亂因寇邠寧二州肅宗詔郭子儀杜

昆桑如珪分二隊討之子儀至黨項潰去以後仍入
朝至太和中國勢浸强數寇掠宣宗大中四年內寇
邠寧詔鳳翔李業河東李拭合節度兵討之羌乃破
殄餘種竄南山後唐同光二年其首領薄香來貢良
馬天成二年又來朝進馬宋朝建隆二年代州刺史
折乜埋來朝乜埋黨項之大姓也世居河右有捍邊
之功故授以方州召令入覲而遣還其後蕃族之大
者時叛時服訖天禧之末亦有朝貢不絕者朝廷每

加拊慰或補官賜器幣羈縻之恩有加焉○白蘭羌
之別種東北接吐谷渾西至叱利摸徒南界郡鄂風
俗物產與宕昌同周武帝保定元年朝獻使至有勝
兵萬人勇於戰鬬唐武德二年使者入朝以其地爲
維恭二州貞觀六年與契苾數十萬內屬永徽時特
浪生羌卜樓大首領凍就率衆來屬以其地爲劍州
龍朔後白蘭春桑及白狗羌爲吐蕃所臣藉其兵爲
前驅白狗與東會州接勝兵纔千人天授中內附凡

二十萬以其地爲朝吳浮十州散居靈夏間○乙弗
敵後魏聞爲在吐谷渾北國有屈海周迴千餘里衆
有萬落風俗與吐谷渾同然不食五穀唯食魚與蘇
子蘇子狀如中國枸杞子或赤或黑西有契翰一部
風俗亦同土特多狼白蘭山西北又有可蘭國風俗
亦同土無所出直大養羣畜而戶落亦可萬餘人頑
弱不知戰鬬忽見異人舉國便走性如野獸體輕工
走逐不可得○大羊同東接吐蕃西接小羊同北直

于闐東西千餘里勝兵八九萬人其人辮髮氈裘畜
牧爲業地多風雪冰厚丈餘所出物產頗同蕃俗無
文字但刻木結繩而已刑法嚴峻其酋豪死抉去腦
實以珠玉剖其五臟易以黃金假作金鼻銀齒以人
爲殉卜以吉辰藏屍巖穴他人莫知其所多殺牸牛
羊馬以充祭祀葬畢服除其王姓姜葛有四大臣分
掌國事自古未通中國唐貞觀十五年遣使來朝○
悉立在吐蕃西南戶五萬有城邑村落依溪澗丈夫

以繒綵纏頭衣氈褐婦人辮髮短裙以蒸報爲俗畜
多水牛羖羊鷄豕穀宜秔稻麥豆饒甘蔗諸果死葬
於中野不爲封樹喪制一年𢦤吉刑有刖劓黥事吐
蕃自古未通中國唐貞觀十年遣使貢方物○章求
拔或云章揭拔本西羌種也在悉立西南居山之內
近代移出西接東天竺遂衣服變西羌之俗其地延
袤八九百里勝兵二千餘人居無城郭好爲寇掠商
旅患之閏悉立入朝亦遣使朝貢○泥婆羅國在吐

蕃西其俗翦髮與眉齊穿耳璫食用手其器皆銅多
商賈少田作以銅爲錢面文爲人背文爲馬其牛鼻
不穿孔衣服以一幅蔽身數日盥漱以板爲屋壁皆
雕畫俗重博戲頗解推測盈虛兼通曆術又喜事五
天神鐫石爲像每日清水浴神烹羊而祭其王那陵
提婆身著眞珠諸寶耳垂金鉤玉璫其國有阿耆波
㳽池周廻二十餘步以物投之卽生烟焰懸釜而炊
須臾而熟唐永徽二年遣使朝貢○大勃律或曰布

露直吐蕃西與小勃律接西鄰北天竺烏萇地宜鬱
金役屬吐蕃唐萬歲通天逮開元時三遣使者朝其
後有蘇失利之立爲王爲吐蕃陰誘妻以女故西北
二十餘國皆臣吐蕃貢獻不入安西都護三討之無
功天寶六載詔副都護高仙芝伐之城中大酋五六
皆吐蕃腹心蘇失利之挾妻走仙芝至斬爲吐蕃者
斷娑夷橋是暮吐蕃至不能救仙芝約王降遂平其
國於是拂菻大食諸胡七十二國皆震恐咸歸附執

小勃律王及妻歸京師詔改其國號歸仁置歸仁軍
募千人鎮之帝赦蘇失利之不誅授右武衛將軍賜
紫袍黃金帶使宿衛○箇失蜜或曰迦濕彌邏北距
勃律五百里環地四千里山回繚之他國無能攻伐
多大河地宜稼多雪不風出火珠世傳地本龍地龍
徙水竭故往居之唐開元初遣使入朝其後有木多
筆者朝廷册立爲王自是職貢有常其國兵有象馬
步三種其役屬有五種亦名國所謂咀叉始羅者地

二千里有都城西南隔七百里得僧訶補羅三千餘里亦治都城東南山行五百里得烏剌尸地二千里有都城宜稼穡東南限山千里即箇失蜜西南行險七百里得半笯蹉地二千里又得曷羅闍補羅其大四千里有都城多山阜人驍勇五種皆無君長云○骨咄或曰珂咄羅廣長皆千里王治思助建城多良馬赤豹有四大鹽山出鹽唐開元十七年王俟斤遣子骨都施來朝二十一年王頡利發獻女樂天寶十

五載冊其王羅金節爲葉護○蘇毗本西羌族爲吐蕃所并號孫波在諸部最大東與多彌接西距鶻莽硤戶三萬唐天寶中王沒陵贊欲舉國內附爲吐蕃所殺子悉諾率首領奔隴右節度使哥舒翰護送闕下玄宗厚禮之○多彌亦西羌族役屬吐蕃號難磨濱犁牛河土多黃金貞觀六年遣使朝貢賜遣之○杅彌漢時通焉去長安九千三百里南與疏勒東北與龜茲西北與姑墨接西通于闐四百里後漢改其國

曰拘彌居寧彌城靈帝熹平中爲于闐所破殺掠殆盡衆纔千口○西且彌國王治天山東于大谷在車師北本屬役車師去長安八千六百七十里又有東且彌王治天山東兌虛谷風土物產未詳○且末國漢時通焉王治且末城去長安六千八百里北接尉犁丁零東與白提西接波斯精絕南至小宛可三日行地有蒲萄諸果人皆剪髮著氈帽小油衣爲衫則開頸而縫前多牛羊驢騾其王安末深盤梁武帝大

通五年遣使貢獻謂之末國其國西北有流沙數百里夏月有熱風爲行旅之患風之欲至老駝先知即鳴而聚立埋口鼻於沙中人每以爲候即將氈擁蔽鼻口其風迅駃斯須過盡若不防者必至危斃